行走的思政课

——首都师范大学实践育人文集（第二辑）

首都师范大学党委宣传部 编

首都师范大学出版社
CAPITAL NORMAL UNIVERSITY PRESS

图书在版编目(CIP)数据

行走的思政课：首都师范大学实践育人文集．第二辑 / 首都师范大学党委宣传部编．—北京：首都师范大学出版社，2022.6

ISBN 978-7-5656-6912-5

Ⅰ.①行…　Ⅱ.①首…　Ⅲ.①师范大学－思想政治教育－北京－文集
Ⅳ.①G651-53

中国版本图书馆 CIP 数据核字(2022)第 055985 号

XINGZOU DE SIZHENGKE
行走的思政课
——首都师范大学实践育人文集(第二辑)
首都师范大学党委宣传部　编

责任编辑　邢　淑　李佳艺
首都师范大学出版社出版发行
地　址　北京西三环北路 105 号
邮　编　100048
电　话　68418523(总编室)　68982468(发行部)
网　址　http://cnupn.cnu.edu.cn
印　刷　北京印刷集团有限责任公司
经　销　全国新华书店
版　次　2022 年 6 月第 1 版
印　次　2022 年 6 月第 1 次印刷
开　本　787mm×1092mm　1/16
印　张　19.5
字　数　279 千
定　价　58.00 元

编 委 会

序　言

习近平总书记指出："立足新时代新征程，中国青年的奋斗目标和前行方向归结到一点，就是坚定不移听党话、跟党走，努力成长为堪当民族复兴重任的时代新人。希望广大青年用脚步丈量祖国大地，用眼睛发现中国精神，用耳朵倾听人民呼声，用内心感应时代脉搏，把对祖国血浓于水、与人民同呼吸共命运的情感贯穿学业全过程、融汇在事业追求中。"

社会调研是实践育人和思想政治工作的重要方式，是青年大学生了解社会、服务社会、报效国家的重要途径。首都师范大学高度重视实践育人工作，充分发挥社会调研的重要作用，用心、用情将实践育人融入立德树人全过程，倾力打造"行走的思政课"实践育人品牌，鼓励和引导广大青年学子走出校园，观察社会，把论文写在祖国大地上，构建了第一课堂与第二课堂有机融合、思政课程与课程思政同向同行、学校小课堂与社会大课堂同频共振的实践育人体系。

多年来，我校积极推进社会调研工作走深走实，结合师生学科、专业和特长，围绕服务国家战略和首都经济社会发展需求，深入农村、乡镇、街道、社区、企业等基层一线开展社会调研，让大学生在生动的社会实践中增强"四个自信"，涵养家国情怀，在广泛的调查研究中增长知识才干，历练责任担当。

我校社会调研工作机制健全、内容丰富、形式多样、参与广泛、成果丰厚、成效突出。近几年已经有1800余支调研团队，一万余名大学生参与其中，形成报告700余万字，足迹遍布全国各地，调研内容涵盖改革发展、城市管理、文化传承、精准扶贫、乡村振兴、"双减"政策、疫情防控、首都"四个中心"功能建设、"一带一路"、助力"冬奥"等。同学们用多年的坚守与执着诠释了首师学子踔厉奋发、脚踏实地、勤于钻研、甘于奉献的精神品质和优良作风。

社会调研是生动鲜活的教育课堂。本文集收录的作品，既有师生共同参与的北京市“双百行动计划”调研项目、学校寒暑假社会调研项目的成果，也有部分院系学生主动开展的调研报告，体现了一定的参与性、广泛性、代表性，全方位展现了我校开展实践育人工作取得的丰富而立体的教育成果。有的同学走入“最美逆行者”群体中，理解责任与担当；有的同学针对疫情防控效果展开访谈，从中国防疫的成功实践中体会到中国特色社会主义制度的优势；有的同学走入中小学开展基础教育调研，进一步增强了对教育现状的了解，坚定了奉献教育事业的责任感、使命感；有的同学走进红色革命旧址，缅怀革命先烈，追寻红色记忆，传承革命精神；有的同学在京华大地开展服务首都“四个中心”建设调研，感受京华大地的新变化，投身中国特色社会主义建设的火热实践……这一幕幕场景，一个个生动的事例，既是我们开展思想政治教育的生动素材，也是我们近年加强思想政治教育结出的累累硕果，更是新时代大学生读懂中国、倾听时代、奉献社会的行动宣言，展现了我校青年师生与祖国同呼吸、与人民共命运的精神风貌。

新时代赋予新使命，新征程呼唤新作为。我们将继续围绕“培养什么人、怎样培养人、为谁培养人”这一根本问题，扎根中国大地办教育，立足社会实际，立足学生成长成才，切实加强和改进思想政治工作，不断探索实践育人新机制，提升社会实践的实效性，大力引导广大学生发扬攀登精神，践行青春担当，将小我融入大我，深入观察时代、解读时代、引领时代，把论文写在祖国大地上，写在中华民族伟大复兴的征程中，让青春在祖国和人民最需要的地方焕发绚丽光彩。

首都师范大学党委书记　孟繁华

2022 年 6 月

目录

服务首都　报效国家

踏青春之路　阅百年华章

向实践学习 拜群众为师

以行践知 笃行致远

调研中国　青春报到

服务首都　报效国家

为引导广大师生以实际行动服务首都“四个中心”功能建设，把个人理想追求融入党和国家事业之中，我校持续组织师生参与北京市委教育工委、北京市教委组织的“双百行动计划”，引导师生围绕“四个中心”功能定位，结合首都发展需求，发挥专业优势开展调研实践活动。了解北京发展过程、感受北京发展成果、融入北京发展大势，以实际行动助力首都经济社会建设发展，在服务首都发展的生动实践中进一步树立和坚定“四个自信”。

首都功能核心区文创产品考察

——以国家博物馆的“文创中国”平台为例

历史学院　刘婧涵
文学院　韩　易
生命科学学院　姜宇彤

一、研究背景

北京有着深厚的历史底蕴。随着文化在城市振兴中发挥着越来越大的作用，北京也站在时代的路口，面临着机遇与挑战。2012 年 9 月的《北京市主体功能区规划》提出，要挖掘古都文化内涵，形成传统文化核心聚集区。这一规划在《北京城市总体规划(2016 年—2035 年)》中得到了明确，它指出要构建“一核一主一副、两轴多点一区”的城市空间结构，其中“一核”指首都功能核心区。最终，以 2020 年 8 月出台的《首都功能核心区控制性详细规划(街区层面)(2018 年—2035 年)》为标志，首都功能核心区建立起较为细致且全面的规划体系。博物馆的定位、性质、使命和功能也随着时代的变化而不断更迭，文化创意产业已成为博物馆发展中不可或缺的一部分。但不能忽略的是，目前，核心区的博物馆文化创意产品在研发设计环节和市场营销环节仍存在着诸多问题，有待进一步的探讨与解答。

二、研究现状

关于文创的意义，张晓欢在《我国博物馆文创产品创新面临的问题与对策》中提出，文创产品开发有助于提升文物保护和利用的层次；文创产品创新为文化创意产业良性发展注入新活力；文创产品创新发展有助于中华优秀传统文化的挖掘和传播。魏婷婷在《当代博物馆文创产品与产业的发展现状与对策探讨》中对国内目前文创产品发展状况做出了部分总结，内容包括文创产品发展现状、2004 年发行的文化相关产业分类、2005 年发行的文化相关产业的索引系统结构(文化产业中包括了博物馆)。中国博物馆的文化和创新产业尚未进行系统改革，还在概念转变的第一个探索阶段，它们面临着各种困难。但是从世界博物馆的发展趋势和中国文化产业发展现状来看，中国的博物馆文化和创造产业发展的潜力和空间巨大。对于核心区文创的研究，以最具代表性的故宫来说，曹薇在《视听》期刊上发表的《文创产品立体化出版的价值创造及传播模式研究——以故宫文创出版为例》中提出："故宫文创根植于其丰富的历史文化背景，结合时代发展的主题，综合运用各类科技手段和传播手段研发、销售其独特、高品质的文创产品，是我国文创产业中的先进典型。从故宫文创的发展模式中我们可以看到，作为文创产业，故宫文创产业文化价值的创造，不仅依托于其本身的文化内涵，同样需要借助时代所提供的传播环境、技术背景等，实现传播革新发展。"

当然，目前文创还面临着一些问题：大多文创产品以简单复制品展销为主，形式单一且更新速度慢；优质文创资源垄断性强，文创产品创新两极分化严重；高质量人才培养缺位，专业研发和经营人才不足；文创产品开发尚存在较大的体制机制障碍。可见文创要不断转化传统思维，探寻其中丰富的文化内涵，并与各行业合作，走出一条真正的文创之路。

三、国家博物馆的"文创中国"平台

国家博物馆最为重要的创新点在于其抓住了"互联网＋"普及的最好时机，开创了"文创中国"授权的平台。国博在 2017 年正式提出"文创中国"的授权模式，充分利用"互联网＋"合作模式，到了 2018 年 1 月 18 日，其重要成果——国博天猫旗舰店正式上线运营，国博文创市场扩大到数亿网民。

2016 年 3 月 1 日，国博与阿里巴巴集团签署全面战略合作协议，并就文创产品开发进行深度合作，联合打造“文创中国”品牌和线上运营平台。国博整合馆藏文物版权资源，与阿里集团全线对接设计、投资、销售三大优势资源，强强联合，经营成果表现为双方对版权授权开发产品的总销售额按协议比例分成，创建了合作共赢的模式。并且平台向所有文博单位开放，愿意加盟开发的文博单位只需要将自身版权资源梳理好，经过授权委托国博馆属企业代理其版权交易及文创开发即可，既省心又可以双赢。2016 年 6 月国家博物馆与上海自由贸易试验区管理委员会举行合作协议签约仪式，共同承接“文创中国”大型运营项目，促进文创产品走出国门。截至目前，国博授权模式也由最初的通过阿里巴巴集团对其线上资源、营销渠道进行整合，发展到了对于市场资源的撬动不只局限于同阿里巴巴的合作，而是拓展了更为多元的渠道。

国博经过平台授权相关文物资源、展览资源、空间资源、活动资源、市场资源等，去对接创意设计、投资生产、线上销售三大优势资源，形成了文化资源与产业资源的完美对接，创建了文博系统文创产业合作发展的新模式，是中国文创发展模式探索的重要“排头兵”。

四、存在的问题及对策

（一）上游：文化创意挖掘不足，同质化问题严重

1. 明确各博物馆定位，系统梳理馆藏藏品。

2. 做好市场调研，提供优质文创产品。

3. 培养优秀人才，加深对文化创意的挖掘。

4. 完善相关政策，增强资金制度保障。

（二）中游：文创产品质量不高，合作授权问题丛生

1. 提高产品质量，建立反馈机制。

2. 增强知识产权意识，加强品牌建设。

3. 完善授权合作模式，加强人才的培养。

（三）下游：销售乱象较多，过度的商业化经营

1. 结合实际情况，合理分布文创店。

2. 分类售卖产品，形成特色专题。

3. 利用多种方式，加强内涵阐释。

4. 增强社会意识，减少过度的商业化经营。

5. 利用多种形式，加强对文创产品的宣传。

综上，博物馆和文化地标是传统文化的聚集地，也是人文发展的见证者，我们有责任和义务把中国文化发扬光大。在融媒体时代，博物馆和文化地标在坚守传统阵地的同时，还应认真研究受众的心理特征和兴趣爱好，运用官网、微博、公众号等新媒体平台把文创产品所蕴含的历史文化发扬光大，同时要坚持适度性原则，历史底蕴的传播不可过度娱乐化。只有这样才能真正地做好文化传播工作，才能促进传统文化的创造性转化和创新性发展，让富有历史底蕴的文物、符号和氛围活在当下。

(团队成员还包括：方清扬　董慧敏　陈雅轩　吴梓煊　王　义　赵　薇　刘艾琳　刘奥然　唐敬伊　孙景怡　李凌萱　刘茜璇　李婧箫　胡冀贤　李安安　焦　涵　姚曙光　/指导教师：教师教育学院　张　琪)

考古与遗产类课程融入中小学教学的有效途径研究

——以教育部编人教版《中国历史》七年级上册为例

历史学院　王　涛

2020年9月，习近平总书记在中央政治局第二十三次集体学习时强调："要通过深入学习历史，加强考古成果和历史研究成果的传播，教育引导广大干部群众特别是青少年认识中华文明起源和发展的历史脉络，认识中华文明取得的灿烂成就，认识中华文明对人类文明的重大贡献，不断增强民族凝聚力、民族自豪感。"让考古走进中小学是传播考古成果、引导青少年认识中华文明灿烂成就的重要方式。通过让考古知识走进中小学教材，在孩子们心中埋下考古的种子，让他们逐渐树立起对民族文化的自信，希望在此基础上，让更多公众关注考古、关心祖国的文化遗产保护工作。

本项目拟针对目前北京地区中小学历史类课程开设、教材内容等展开较为全面的调研分析，在系统总结的基础上，提出针对现有教材修订的具体建议；并设计针对中小学的考古学等方面知识的课程大纲，完善现有的中小学培养体系。项目研究内容包括：

1. 针对现有的初中和高中历史教材开展调研梳理，统计分析其最新的考古文物类知识的收录情况。

2. 调研中小学生对考古知识的认知情况。

3. 在分析总结的基础上，提出针对现有教材修订的具体建议。

4. 针对中小学生，设计考古科学普及课程大纲。

一、针对初中教材的调研与分析

(一)调研结果

此次统计的是2016年7月第一版，2019年7月第四次印刷的部编人教版《中国历史》七年级上册。该书共有4个单元20课，涉及的历史时期从旧石器时代至魏晋南北朝，几乎每节课都有与考古相关的内容。从教材安排来看，我们可以将这些内容分为正文、插图、相关史事、知识拓展4个部分。从全书来看，全书的考古内容占全书总内容的43%，主要表现形式为插图、相关史事和知识拓展。从插图部分来看，考古相关内容所占的比例在51%，且其中还有大量与考古相关的想象图、复原图等并未包括在内，可见对于考古资料的介绍集中在插图介绍。相关史事是对正文内容的补充，深化对于课文内容的理解，整本教材共有41处相关史事内容，考古相关的有9处，占22%，且集中在第一单元。知识拓展部分是课后补充内容，全书20课各有一个，其中涉及考古的有6处，占30%。此外，在第一单元和第二单元的内容中，教材的主要内容也大量引用考古材料，或者就是根据考古材料所写的。时间上主要包括史前考古和三代考古，这也是传统史学难以发挥作用的部分，考古学在这一阶段起着主导作用。

(二)分析

从上述统计数据来看，考古涉及的内容众多，基本各个时期都有相应的考古文物、遗址等资料进行补充，包括遗址分布、人骨化石、石器骨器、农业发现、陶器玉器、青铜甲骨等多种多样的内容。从这些考古资料之中，我们可以看到其中的一些特点：

1. 插图介绍占据考古资料介绍的主体。基于考古学自身的特点，其研究的对象均为实物资料，因此可以很好地转化为图片资料从而引入到课本之中。这样的插图可以增强历史知识的真实性、可靠性，深化学生对于知识的吸收和理解。

2. 考古内容所占比例随着历史时间的推进呈现明显的下降趋势。在史前和夏商周时期，完全没有或缺少文献材料，考古发现成为讲述这一时期历史的主要材料。在课本上则体现在前两个单元在正文内容、插图、相关史事以及知识拓展部分对于考古内容的大量介绍。随着进入历史时期，特别是秦汉以后，大量的文献资料记载使得考古学必须和历史学相结合，在后两个单元之中，虽然还有一些考古插图，但在相关史事和知识拓展的介绍方面则较少。

3. 对于考古内容的选取更加丰富、更加翔实、更加新颖。对于考古资料的介绍更加详细，涉及的考古方向也越来越广泛，特别是突出了新发现，新成就。

二、不足与建议

在历史时期，尤其秦汉以后对于考古材料的引用较少，特别是在知识拓展和相关史事部分。第五课以后，基本上只有一两处有关考古的描述。考古学和历史学是历史科学(广义历史学)的两个主要组成部分，犹如车的两轮，不可偏废。但是两者又是各自独立的。因此，在教材中大量引用文献内容，同时也需要考虑增加考古材料。

部分考古材料介绍相对简略。在插图方面，由于考古插图较多，很多都是实物资料，一些插图介绍比较简单甚至没有介绍。比如第九课“秦统一中国”中有一幅插图为“统一货币”。图中介绍了七国不同的货币最终统一为秦半两钱，但是并未介绍各国货币的名称，如楚国的蚁鼻钱、赵国的平首布、齐国的刀币等。此外，对于一些发掘出土的文物只是指出名称，未注明出土地点或收藏单位。

三、总结

(一)对教材建设的建议

教材建设至关重要。通过前面对教材的调研分析，对于目前历史课本的特点和不足，我们有以下建议：

1. 让考古进课堂成为考古工作的必要考核环节。

2. 加强历史教师的考古专业知识培养，使其能更好地结合考古资料讲述历史。

3. 课本应该提供给学生更多的视角观察历史。

4. 建议教材中丰富对于考古资料的介绍。

5. 中小学积极联合考古文博单位或者高校，改革教学方式，“请进来、走出去”，积极开展第二课堂。

(二)对课程大纲的建议

根据多年的教学实践，我们认为，可以针对非考古专业学生开设“考古：探索与发现”通识课。

课程可以结合一系列的重要考古发现，通过专题讲座形式，课堂讲授与讨论结合，辅以个案影视背景资料，并配合教学进度安排考古遗址或博物馆实地参观；向广大学生介绍考古学的基础知识、探索与发现的过程，通过对考古学发现资料的整合，向学生展现古代人类的生计方式、社会组织以及思想与习俗等广阔的生活图景。希望通过这门课程的学习，学生能对考古学有一个较为完整和科学的认识，从而增强对文化遗产的保护意识。

(本项目成员还包括崔明旻、江祎旸、袁博、韩洲怡)

强化垃圾分类综合治理　推进北京生态文明建设

——垃圾分类示范社区调研报告

教师教育学院　丁　心　解伟豪

近年来，随着我国商品经济以及城市化的飞速发展，人民的物质水平得到了极大的提升，而由此也带来了一些卫生环境的问题。根据住建部于2020年发布的数据，我国城市的垃圾产生量已大于2亿吨，全国的垃圾产生量超过4亿吨。面对数量众多、种类繁杂，且产出量猛增的生活垃圾，如何更加便捷、有效地清理生活垃圾，也成了我们需要认真思考的问题。党和国家高度重视人民的生活环境，陆续开展了多项治理措施。其中，新型的垃圾分类作为本次治理的重点项目，在全国范围内经历了先行试点、构建体系、扎实推进等多个步骤，成果颇丰。

北京作为首都，在推行垃圾分类方面，无论是在治理的决心，还是工作的力度，抑或是人民群众的响应程度上，都不断探索新方法、新课题。2020年5月1日，修订后的《北京市生活垃圾管理条例》正式实施，标志着北京市的垃圾分类步入了法治化、系统化、常态化轨道。如今，《北京市生活垃圾管理条例》已实行了一年有余的时间，首都的垃圾分类工作也有了诸多突破性进展。据媒体报道："如今的厨余垃圾日均分出量是实施前的十二倍多，日均清运量相对于2019年减少7100余吨，相当于少建了两座垃圾焚烧厂。"在垃圾分类工作推进的过程中，也涌现出了一批优秀的先进社区典型。

为探究如何系统、科学有效地开展垃圾分类工作，分享治理生态环境的先进理念与经验，同时深入基层服务组织，实地考察垃圾分类的实际意义及优秀成果，调查垃圾分类改善了北京人民生活中哪些方面的问题，我们来到北京市2021年度首批236个垃圾分类示范区之一、位于朝阳区的团结湖北京市水务局第二管理所(下文简称“水务局二所”)宿舍社区进行调研。通过实地走访、阅读管理所先进事迹、观看垃圾分类成果展示以及与工作人员交流等多种实践形式，我们了解到了北京市垃圾分类政策落实的最新进展。我们将实地考察的所见所闻、工作单位的具体工作流程及成果展示材料相结合，进行了系统性汇总。

一、党建引领，发挥服务人民的先锋模范作用

水务局二所宿舍社区坐落于团结湖街道，建成于20世纪70年代，共6栋居民楼，涉及257户约780人，主要服务对象为单位职工及其家属等。早在2019年7月，水务局副巡视员苌永欣同志便带队组织局属相关单位的工作人员，到市管委参观学习垃圾分类的工作方法与经验。2020年，在《北京市生活垃圾管理条例》正式颁布后不久，水务局二所便成立了“垃圾分类工作小组”，以党员干部带头、全体党员身体力行的方式，进一步强化组织领导，切实发挥党员的先锋模范作用，真正做到为群众办实事、谋幸福，全心全意为人民服务。在大家的共同努力下，水务局二所在较快的时间内完成了“明确领导分管领域”“责任具体化、细化到个人”等相关工作，完成了垃圾分类项目的前期筹备工作。在工作开展后，支部党员身先士卒、不怕苦累，联合管理所职工、居民志愿者一起，在负责疫情防控的同时排班进行垃圾分类的轮岗。从早上不到七点，到晚上十点多，支部党员通过自己的实际行动，想民之所想，圆民之所愿，让老百姓切实感到安心、舒心和开心。

社区“双报到”党员也积极参与其中，协助工作人员在重点时段进行值守和监督工作，有序开展志愿活动。此外，社区的退休党员也投身于垃圾分类的宣传、轮岗等工作当中。例如：“第七党支部”的老党员前辈们积极响应号召，带动居民深入学习垃圾分类知识，并且认真完成桶站值守任务。这种无私奉献的精神也感动了社区的其他居民，在大家的齐心助力下，垃圾分类得以顺利有效地开展。

习近平总书记曾对垃圾分类工作做出重要指示。总书记强调："实行垃圾分类，关系广大人民群众生活环境，关系节约使用资源，也是社会文明水平的一个重要体现。"水务局二所用思想指引建设，以党建引领工作，以更高的思想标准和政治站位要求自身，重点突出党员的责任与使命，以实际行动率先垂范，带动社区的群众居民，形成了良好的风气。

二、科学治理，完善垃圾分类发展体系建设

随着时代的不断进步，关于生态建设的思路也在不断更新。水务局二所立足整体，总结了以往工作的实际经验，秉持着科学化、体系化的综合治理理念，同时将科学技术融入日常工作，通过征求相关领域专家、从业者、管理岗位人员相关意见，单位领导班子集中研讨，了解街道伙伴单位实际工作方法，打造了"落实管理体系，软件与硬件并行"的"三管齐下"方针，取得了不错的效果。

在落实垃圾分类管理体系方面，社区实现了标准四分类垃圾桶全覆盖，同时整合现有设施资源，根据实际需要，重新设计垃圾投放点，将原有的五个垃圾站点撤桶并站，整合为两处集中投放点。同时有专人负责每日对小区各类生活垃圾的清运量进行详细记录、汇总，精确掌握宿舍区垃圾投放量的"大数据"，为后续优化调整相关管理措施提供可靠的理论依据。同时紧跟时代步伐，推陈出新，通过线上与线下相结合的方式，加大垃圾分类宣传力度，让"坚持垃圾分类，改善生态环境"的思想深入人心。如今，垃圾的投放合格率由原先的不足50%，达到现在的98%以上，取得了良好的口碑。

此外，管理所与大件杂物回收专业公司签订合同，建立了专业的回收渠道；保洁员每日在专用消毒清洁间内按制度要求对垃圾桶进行清洁消毒；综合班专人负责每日巡查，主管垃圾分类工作的副所长每周对此项工作进行检查，单位内外结合，多方协作，争取在工作中无漏洞、无盲点，最大限度地保障垃圾分类工作扎实推进。

硬件方面，管理所严格按照北京市政府的要求，设立了独立的垃圾桶

消毒清洁间、合理改造垃圾投放点的基础设施，并配套安排了新型桶站棚架以及专用垃圾清运车。与此同时，管理所通过巧妙地利用信息化科技，安装监控设备、语音播报器等方法，实现实时了解垃圾分类的具体情况，并将垃圾分类宣传常态化。此外，考虑到居民的实际需求，管理所在投放点安装了灭蚊灯、消毒洗手液、防滑清洁胶垫等设施，处处体现以人为本的工作思路。在软件上，成立垃圾分类专项小组的同时，管理所制定垃圾分类的具体实施方案，配合垃圾分类管理制度、垃圾桶清洁制度、清洁间管理制度、巡视检查制度等，由社区工作人员认真执行方案，同时建立健全居民监督渠道，多方运营，公共维护，不断发展。

三、继往开来，打造首都生态文明全新格局

通过管理所工作人员、志愿者、居民等多方的共同努力，水务局二所在垃圾分类工作上取得了突破性进展。2021 年 3 月，团结湖水务局二所宿舍社区垃圾分类工作顺利通过北京市生活垃圾指挥部的明察和暗访，被评为北京市 2021 年度首批 236 个垃圾分类示范区之一。在 3 月 9 日召开的全市垃圾分类工作总结会议上，更是得到了市城管委的点名表扬，成了北京市生态文明建设的先进典型之一。

垃圾分类工作并非是阶段性的任务，也绝非一朝一夕可成之功，而是需要持之以恒。在保持优秀成果的同时，更需要不断探索创新，以切实满足百姓的实际需求为工作重点，将垃圾分类工作延展开来，为系统性的生态文明建设提供更加明确的思路；同时以点带面，积极与伙伴单位交流探讨、互相学习、一起进步。正如水务局二所总结的那样：“紧紧围绕‘安全、洁净、生态、优美、为民’的水务宗旨，让‘绿色、低碳、环保’的理念深入人心；垃圾分类工作只有起点，没有终点，我们将继续以超强的责任心和使命感，落实好上级精神部署，从社区最小单元的每位居民开始，践行垃圾分类我先行，共同守护我们的美丽家园。”

在京高校与日本合作及布局情况

外国语学院　张静宇

我国高等教育国际战略实施已有40余年的历史，随着高等教育的国际化发展，我国高校的境外合作及布局不仅有利于开展国际交流与合作，也有助于我国高等教育参与国际教育规则的制定以及提升我国高等教育的国际话语权。这关系到国家的核心竞争力，是国家科技文化自信的重要体现。高校的国际合作与布局是建设世界一流大学的重要组成部分，也是一个国家教育发达程度的重要标志。

北京拥有悠久的教育历史，高校云集，为高校境外合作及布局创造了良好的环境。在京高校的国际合作及布局基本上代表了我国高校国际交流与合作的最高水平，将其作为案例调研，查找问题与不足，不但可以提高在京高校国际交流的水平，对于我国其他地区的高校也有参考价值。本次调研主要以北京市高校日本合作及布局情况为研究对象，对在京高校与日本高校、教育部门、国际组织等的合作交流及布局情况进行一次全面的审视和深入的调查，总结好的经验，找出不足和差距，提出建议和对策，为包括在京高校在内的我国高校今后如何更好地与日本高校、教育科研机构进行交流、合作以及境外布局带来一定的启示和借鉴。

一、在京高校与日本合作及布局概况

日本高等教育起步于明治时代，在二战后取得长足发展，在许多学科和领域占据世界领先地位，在国际化战略实施方面也拥有宝贵经验。改革开放以来，我国向日本派遣大量留学生，积极与日本高校、教育科研机构建立合作关系，中日高校交流合作达到了前所未有的高度。据日本学生后援机构(JASSO)的最新数据显示，2019年在日留学生人数达31万人，其中中国留学人数位居第一，占近40%。目前北京有本科高校67所、专科高校25所、成人高等学校23所，其中全部本科高校和部分专科高校均不同程度地与日本高校合作。

从合作对象上来说，在京高校根据自身定位与日本不同层次的大学都有合作，如北京大学与东京大学、早稻田大学的合作，首都师范大学与广岛大学的合作，北京工业职业技术学院与京都情报大学院大学等的合作。与优势特色专业的合作也是在京高校与日本合作的一大特点，如中国农业大学与京都大学农学院的合作，北京邮电大学世纪学院与日本京都计算机学院合作举办软件工程专业本科教育项目等。从学科专业分布上来说，涵盖了工学、理学、管理学、经济学、教育学、医学、艺术学、文学等，涉及众多专业。文科类专业一般需要至少日语能力考试2级水平，因此日语专业的大学生留学日本优势较大。近些年，在京高校辅修专业中辅修日语的学生数量增长较多，这与留学日本对日语的要求有一定关系。理工科类一般需要良好的英语写作能力，对日语不做要求，这与日本高校理工科类专业基本使用英文授课，毕业论文、发表文章也使用英语有关。从合作的形式上来说，在京高校与日本合作形式众多，既有短期交流项目，也有本科、硕士学分项目，还有本科、硕士、博士双学位项目。

随着中国综合国力的提升以及“中国文化热”“汉语热”的出现，在京高校的日本布局情况主要体现在参与孔子学院的建设与招收日本留学生方面。招收的日本留学生人数位居全国前列，学历留学生的增长速度高于语言生，学历范围包括本科、硕士、博士。北京是来华留学生人数最多的城市，其中2019年在京日本留学生人数占据全国日本留学生总数的近一半。从2005年至今，日本共成立了15所孔子学院，其中在京大学参与建立的有6所，占据四成。由北京大学建立的立命馆大学孔子学院是日本第一所孔子学院，关西外国语大学孔子学院、北陆大学孔子学院由北京语言大学建立，早稻田大学孔子学院由北京大学建立，福山大学孔子学院由对外经济贸易大学与上海师范大学共建，兵库医科大学中医药孔子学院由北京中医药大学建立。此外，在京高校在与日本共同举办中日交流会、学术研讨会等方面也发挥着引领作用，值得其他地方学习。

二、在京高校与日本合作及布局的不足

在京高校与日本合作及布局已取得许多成就，有许多值得借鉴的成功经验，但也存在着一些问题。有些不仅仅是在京高校的问题，京外高校也存在类似的问题。不足之处主要是在合作办学层次、办学布局、管理模式、留学生教育、思政教育等方面。

在合作办学层次方面还有待深化。在京高校与日本合作办学项目中，短期学习、本科学分项目较多，而硕士、博士层次的办学项目还较少，尤其博士的联合培养远远不够，这不利于北京国际化高端专业人才中心的建设。在办学布局方面，如何与日本优势项目合作，取长补短或强强联合是许多在京高校要解决的问题。虽然北京大学与早稻田大学经管方面的合作、中国农业大学与京都大学农学院方面的合作等是成功的范例，但有些高校与日本高校建立合作关系还仅仅停留在表面上，仍存在国际化专业人才培养目标不够明确、专业设置与区域经济社会发展对人才的要求还存在一定差距、与各高校的专业特色结合不够、合作开办专业不是日本合作高校的优势专业等问题。高校国际化专业人才培养定位有待进一步明确，专业特色不够凝练。另外，在京高校与日本合作项目主要集中在重点高校，一般本科院校与日本的合作并不深入，甚至只有合作协议，并无学生派遣与交流。如果非重点高校与日本乃至境外高校没有实质性合作交流的话，在京高校整体的国际化战略将很难实现。在学生管理模式方面突出的问题是，学生被派遣至日本学习之后，与国内老师的交流减少甚至没有，学生的培养完全依靠日方。因此，中方大学如何与日方大学建立良好的沟通机制，尤其在专业学习方面，实现双方合作共管是一个很重要的课题。办学模式方面也过于单一，大部分是中方学生到日方大学学习，日方学生来中方学习、日方老师来中方授课以及中日双方沟通协作授课的模式也未建立，这也不利于在京高校与日本合作的深入。在思政教育方面，应加大对出国交

流学生的教育，提高我国学生的文化自信与制度自信。加强学生的安全教育也是思政教育的重要内容，可以防止学生被境外少数敌对势力利用，提高学生的警惕意识。

中国高等教育的国际化应该是双向的，不应该仅仅向国外派遣留学生，也应该制定具有我国特色的高校留学生对策。在来华日本留学生数量方面，2019 年来华日本留学生只有 1 万多人，远远低于我国留日的 10 多万学生。中日之间留学人数比例悬殊不利于中日之间的友好交流，也不利于中国高等教育的国际化。因此，吸引日本学生来华留学是在京高校与日本合作及布局需要解决的重要问题。在京高校应在扩大对日宣传、加强日本急需而又缺乏的专业等方面积极行动，吸引日本人到我国留学。此外，我国在日本建立的孔子学院仅 15 所，数量太少，与日本现有的 700 多所大学相去甚远。在京高校如何发挥引领示范作用，扩大孔子学院在日本的影响也是目前亟待解决的问题。

三、对在京高校与日本合作及布局的建议

针对在京高校与日本合作及布局的成功范例及问题与不足，本文结合自己在日留学的经验，及对中日高等教育的学习理解，给出以下四点建议，期望能够以日本为例改善在京高校境外合作交流的状况。

第一，引进日本优质教育资源。日本自 2000 年至今获得诺贝尔自然科学奖的人数达 20 人，在科技、医学等许多领域处于国际领先地位。日本在推广本国文化、提高日本对外形象、日本文化走出去等各个方面有许多值得学习的地方。政府相关部门以及高校国际交流与合作处要做长远规划，围绕北京市的发展大局进行考虑，针对高校的不足之处制定相关政策，充分借鉴经验，加大扶植在京高校与日本国际优势学科交流合作的力度。引进日本优秀的国际化高层次人才，同时通过派遣访问学者、教师公派留学日本的方式培养本土人才。培养本土国际化人才要注意培养他们健康的心理素质和极高的思想政治素质，使他们能够承受多元文化的冲击，在处理国际事务时才不会丧失国格和人格。

第二，精准与日本的合作办学和人才联合培养。不断完善与日本合作办学的质量，实现合作办学的利益最大化。对办学行为进行监管，制定相应的政策，对公派日本的留学生进行学业监管。尤其在研究生培养方面，不能完全委托给日方导师，应该与其建立联合培养机制，定时沟通各种问题。中日双方导师的联系沟通不仅有利于学术上的互相学习、共同进步，也有利于两国民间友好往来。与日本的联合办学要精准，集中于日本在国际上的优势学科，防止“大而全”的合作。

第三，提高来华日本留学生的数量和质量。近年来我国留学生规模增长迅速，但是来华留学生主要集中于欠发达国家，生源质量不高。日本是发达国家，提高日本来华留学生数量对提升整个留学生质量有很大帮助。要提高来华留学生的质量，高校必须进行课程改革、加强师资建设，制定长期且明确的国际教育发展战略，建立来华留学生教育教学质量标准，完善来华留学生本科—硕士—博士的培养体系。

第四，加强与日本高校多方位的交流。青少年交流是中日民间交流的重要组成部分，代表着中日关系的未来。虽然中日友好会馆和中日友好协会每年都会举办中日大学生交流大会，但这个交流大会是面向两国的，还远远不够。各个高校也可以定期与合作日本院校举办交流会，加强沟通理解。如 2021 年 10 月，首都师范大学文学院和广岛大学森户国际高等教育学院以线上线下相结合的形式，共同举办了“咏红叶诗暨中日诗歌对话交流研讨会”，不仅增进了双方的友好交流，还达到了预期的学术效果，值得推广和学习。

四、结语

北京是我国的政治中心、文化中心、国际交往中心、科技创新中心。在京高校的境外合作及布局也是北京作为国际交往中心的重要组成部分。在京高校与日本高校已经形成了多层次、多渠道、全方位的合作格局，为高校培养国际化专业人才提供了优质教育资源平台，也为中国高等教育走出国门以及提升我国高等教育的国际地位、扩大影响力打下了良好的基础。

但在高校的快速国际化过程中，在京高校存在办学层次、办学布局、管理模式、留学生教育等方面的不足之处，通过引进日本优质教育资源、精准与日本合作办学和人才联合培养、提高来华日本留学生的数量和质量、加强与日本高校多方位交流等可以不断得到改善。因笔者专业知识有限，加上疫情致使调查不够，对问题概括不全面、分析不到位，导致给出的建议也不够深刻。希望有更多研究者关注在京高校的境外合作及布局情况，为北京的国际交流与合作给出更加成熟的建议与对策。

习近平生态文明思想融入中学德育的有效实践途径

马克思主义学院 李笑川 王 珊 刘一诺 袁 怡
郑晓寒 刘 蕊

一、习近平生态文明思想融入中学德育实践的重要意义

习近平生态文明思想是中华优秀传统文化的时代结晶，是习近平新时代中国特色社会主义思想的有机组成部分，是推动人类社会发展的中国智慧与中国经验，融入中学德育实践，对丰富德育内容、健全学生人格、规范学生行为有重要意义。

(一)丰富中学德育内容，营造良好的校园生态文化氛围

德育包括政治教育、思想教育及道德品质教育等内容，在青年成长中具有重要地位和作用。因此，德育是学校教育的灵魂，也是学校工作的重点。

习近平生态文明思想科学阐述了人与自然和谐共生的基本原理，是习近平新时代中国特色社会主义思想的有机组成部分，深刻回答了为什么要建设生态文明、建设什么样的生态文明、怎样建设生态文明的重大理论和实践问题。中学将习近平生态文明思想的学习纳入德育教育中，制定科学详细的理论学习和实践活动方案，不仅能够增强德育实效，还能够引导教师、学生等主体提高对习近平生态文明思想的重视程度，进而营造良好的校园生态文化氛围。

(二)健全中学生生态人格，引导中学生树立正确的生态文明观念

中学生处在“三观”逐步形成的关键时期，习近平生态文明思想生动地

揭示了绿水青山就是金山银山的辩证理念。推动习近平生态文明思想融入中学德育实践，能够健全中学生生态人格，引导中学生树立正确的生态文明观念，形成“尊重自然、顺应自然、保护自然”的生态文明理念。

(三)中学生自觉践行生态文明观，成为美丽中国的建设者、贡献者和传播者

习近平生态文明思想是建设美丽中国的根本遵循。推动习近平生态文明思想融入中学德育实践，能够引导学生自身牢固树立生态文明理念，注重养成绿色、低碳的生活习惯；能够引导学生将中学德育中的习近平生态文明思想融入生活实际，推动构建学生带动家庭、家庭带动社区的生态模式；能够引导中学生自觉成为美丽中国的建设者、贡献者和传播者。

二、习近平生态文明思想融入中学德育实践的现状分析

实践团队走进首都师范大学附属中学、北京交通大学附属中学、中国人民大学附属中学翠微学校、北京市第五十七中学、北京市回民学校、北京市第十三中学，从学生、教师、学校活动等多个角度对习近平生态文明思想融入中学德育实践问题展开调研，累计发放问卷 400 份，回收有效问卷 396 份，在此基础上深入了解了中学生对习近平生态文明思想的认识现状、中学生态保护社团的建设情况以及生态实践活动的开展情况。习近平生态文明思想在融入中学德育实践的过程中有如下特点：

1. 习近平生态文明思想在学生群体内广受关注。

2. 习近平生态文明思想的教学内容和形式尚待丰富。

3. 学校相关活动与学生学习习近平生态文明思想的学习动机尚待匹配。

三、习近平生态文明思想融入中学德育实践的建议

在习近平生态文明思想融入中学德育实践的过程中，学校要不断深化改革，提升实践活动质量，营造良好的校园文化氛围，推进“绿色学校”建设，教师要在课程思政延伸中下更大功夫，创建“绿色学科”，多方合力共

同构建“绿色教育”模式。

(一)营造校园生态文化，创建“绿色学校”

在中学德育工作中，学校要认真落实习近平生态文明思想的战略部署，从理念到实践不断推进和深化生态文明教育学校创建活动。以北京市顺义区第十三中学为例，学校成立了以校长为首的创建“生态文明教育示范学校”领导小组，把创建“生态文明教育示范学校”纳入学校工作的总体规划，使创建工作有条不紊地进行，同时加大了监督考核力度，使环境教育各项措施得到有效落实。

(二)推动课程思政延伸，创建“绿色学科”

教师作为“绿色学校”建设的重要主体，要切实增强生态意识，提升环境教育能力。首先，要定期为教师开展环境知识讲座，利用“走出去、请进来”的方式让教师在交流互鉴中了解习近平生态文明思想的具体内涵及其与中学德育的关联。其次，要提倡其他学科教师将生态文明教育与课堂教学相结合，注重挖掘学科教材中蕴含的生态文明素材，努力创建“绿色学科”，在课程思政的延伸中涵养学生的生态文明观。

(三)丰富实践活动，打造“绿色实践”体系

一方面，学生会和学生社团是丰富生态实践的重要载体。学生会和学生社团能够依托社会调查、知识竞赛、演讲比赛等多种形式的学习实践活动推进“绿色实践”体系建设。另一方面，班团支部是推进生态实践落地的又一重要载体。班级和团支部能够依托主题班会、团日活动等多种形式的班团活动在实践中渗透生态文明教育。依托多元载体，普及生态文明建设的科学知识，倡导健康环保的生活方式，真正打造“绿色实践”体系，有助于引导广大师生树立绿色环保的科学观念。

(四)凝聚多方合力，推进“绿色教育”模式

构建“绿色教育”模式，需要多方合力，协同推进。这一过程不仅需要学校、教师及学生的参与，还需要社会、家庭等主体共同配合。

习近平生态文明思想源于社会历史实践过程，为当代环境保护实践提供了根本遵循和指导。探索习近平生态文明思想融入中学德育的有效路径，

需要学校从课程体系、校园文化、实践活动等方面多元着力，以此提升中学实践育人实效，更好地发挥青少年生力军作用，推动构建人与自然和谐共生的美丽中国。

（指导教师：马克思主义学院　蔡　倩　王玉玲）

雄安教育帮扶，助力千年大计

——新时代京津冀基础教育协同发展调研报告

教师教育学院　张晴爽
政法学院　章子天

2019 年 1 月，在京津冀协同发展战略实施 5 周年的关键时期，习近平总书记再次视察京津冀三地，主持召开京津冀协同发展座谈会并发表重要讲话："过去的 5 年，京津冀协同发展总体上处于谋思路、打基础、寻突破的阶段，当前和今后一个时期进入到滚石上山、爬坡过坎、攻坚克难的关键阶段，需要下更大气力推进工作。"

一、实践背景

（一）基础教育协同发展在京津冀协同发展中具有基础性和先导性地位

随着北京非首都功能疏解、京津冀交通一体化、生态环境保护、产业转型升级等的快速推进，教育等公共服务部门在京津冀协同发展中的地位日益凸显。雄安新区是非首都功能疏解的集中承载地，人们对新区的教育发展高度关注、满怀期待。2020 年"京雄高铁"开通，"半小时生活圈"助力非首都功能疏解和人才共享集聚。

（二）京津冀协同发展下的京雄基础教育发展差距显著

北京市朝阳区实验小学、北京市第八十中学、北京市六一幼儿院、北京市中关村第三小学、清华大学附属中学等北京优质学校的雄安校区也已正式挂牌成立。雄安大学主校区规划设计着手启动。此外，雄安新区的多所学校还与京津冀的优质学校实现对接。但是，与"世界眼光、国际标准、中国特色、高点定位”的要求相比，河北雄安新区教育发展基础薄弱，义务教育阶段办学规模较大，教育资源分布不均衡，教育质量保障体系和教育管理水平等方面还存在明显的短板，发展中的不确定性因素较多。

(三)现有平台和实践基础

首都师范大学具有完整的基础教育科学研究和人才培养体系。2019年，首都师范大学在北京市第八十中学雄安校区已建立“研究生社会实践基地”，每年暑期选派优秀研究生赴安新县开展为期一个月的支教，为调研奠定了基础。此外，教师教育学院在雄安新区开展研究生教育见习、实习，初等教育学院、音乐学院等学院积极开展新区骨干教师培训项目都为本项目的实施提供了便利条件。我校拥有教师教育和教育学学科的师资优势，本项目将邀请教师教育学院和教育学院等学院教授参与调研和指导。

(四)在拓展学术研究和深化教育合作方面具有较大空间

我校具有相关科研和学术优势，在建立“U-S”大学和中小学合作共同体、促进教师教育专业发展和当地基础教育均衡发展方面具有较大合作前景和研究空间。本项目将探索与雄安新区建立全面教育提升战略合作，在人才培养、教育帮扶、师资培训、教师交流、科学研究等方面进行积极探索与交流，探索建立“京—雄教育合作新模式”。

二、实践内容

当前，基础教育协同发展在京津冀协同发展中具有基础性和先导性地位，京津冀协同发展下的京雄基础教育发展存在一定差距，因此，基于现有平台和实践基础，本项目在拓展学术研究和深化教育合作方面展开调研。通过“云支教”的形式开展“圆梦学堂”夏令营活动，为调研提供有效成果支撑。立足于打造优质精品云端课程，帮助学生提升知识储备、拓宽国际视野、培养家国情怀，努力培养德智体美劳全面发展的高水平人才。同时，新时代的研究生们在投身雄安新区的教育发展过程中，能够增强实践能力，培养服务奉献精神，努力成长为德才兼备的高层次人才。

三、实践目的及意义

1. 有利于促进雄安基础教育内涵式发展。

2. 有利于科学研究和深入合作。

3. 有利于提升人才培养质量。

四、实践思路方法

(一)走进雄安新区，感悟千年大计

本项目结合京津冀基础教育协同发展的主题，计划赴雄安新区实地调研，考察北京市朝阳区实验小学、北京市第八十中学、北京市中关村第三小学、清华大学附属中学等北京优质学校的雄安校区以及安新县教育局，与当地领导、教师交流座谈。通过参观学习，感悟党中央的千年大计，深入了解设立雄安新区的重大现实意义和深远历史意义。

(二)开展“圆梦学堂”，推进教育帮扶

首先，组织支教队员于北京市第八十中学雄安校区开展为期一个月的教育帮扶。来自首都师范大学不同学院和专业的研究生，结合自身的专业特长，为“圆梦学堂”夏令营带来语文、数学、英语、政治、历史、地理、物理、化学、生物等课程，还开设了疫情时期心理教育、红色教育、小语种、口语等多个特色课程，积极开阔学生的视野，拓展思维，丰富生活。

(三)扎实开展调研，明确教育定位

深入了解河北雄安新区的教育资源、师资配备、教育结构、教育质量、办学条件以及教育管理水平等方面的问题，对安新县教育局、新区受帮扶的学校领导、学校教师、支教学生和当地学生等群体进行访谈和问卷调查。

(四)深化资源互补，促进协同发展

基于上述实践活动和实地考察调研取得的结果、数据和质性材料，详细分析京津冀基础教育协同发展过程中出现的问题，以京津冀教育协同发展理念为指导，采用量化研究与实证研究相结合的方法，设计雄安基础教育研究量表，利用 SPSS 等分析软件开展数据分析，进而结合雄安新区教

育发展的现状和不足，就如何深化教育改革、探索教育体制创新、促进基础教育均衡化发展提出对策。同时探索如何有效整合资源、发挥高校的知识优势和地方政府的资源优势，促进京津冀协同发展。

五、政策建议

(一)建立京津冀基础教育协同发展监测与评价机制

《京津冀协同发展规划纲要》指出，在公共服务建设方面，京津冀协同发展到2020年要实现“公共服务共建共享取得积极成效”，到2030年要实现“公共服务水平趋于均衡”。针对这一顶层设计，中央和京津冀三地应尽快合作，制定教育协同发展的时间表和路线图，并建立教育协同发展监测与评价机制。

(二)完善区域教育合作机制，发挥优质教育资源的辐射带动作用

北京和天津的基础教育优势突出，应通过建立和完善区域教育合作机制，发挥优质教育资源的辐射带动作用。合理配置、优化区域教育资源，实现京津冀的基础教育服务水平均衡发展。比如，建立京津冀教育合作特别实验区，实现跨地区组团发展、对口支援，使适龄学童留在当地学习等。同时，优先向具有一定地缘优势的地区开放资源共享。

(三)创新财政体制机制，帮助河北实现教育跨越式发展

京津冀三地基础教育公共服务水平差距明显，其根源在于三地的经济发展水平和财政收入水平存在差距。北京和天津应该承担起帮助河北实现教育跨越式发展的责任，通过建立和完善地区间横向转移支付制度，加大京津对河北的财政支持力度。同时，中央和京津应按照一定的分担比例，合作设立教育协同发展专项资金，优先用于精准帮扶河北乡村学校、支持河北提升基础教育阶段师资水平、提高学校公用经费水平、开展教育协同发展项目等。河北自身也应加大基础教育投入，努力缩小与京津地区的差距。

北京怀柔综合性国家科学中心创新生态研究

资源环境与旅游学院　邢玖阳　段海宽　冯康博

一、引言

习近平总书记曾提到："科技是国家强盛之基，创新是民族进步之魂。"为了显著提升基础研究水平，强化原始创新能力，我国开始建设综合性国家科学中心。北京怀柔综合性国家科学中心(下称"怀柔科学中心")与上海张江综合性国家科学中心、合肥综合性国家科学中心、深圳综合性国家科学中心共同组成中国四大综合性国家科学中心，是国家科技领域竞争的重要平台和国家创新体系建设的基础平台。怀柔科学中心的建设基础是怀柔科学城。怀柔科学中心以大科学装置为主要的科技动力，与中国科学院大学等高等院校及研究机构相互协调配合，为北京乃至全国的创新科学服务提供保障。

二、北京怀柔综合性国家科学中心创新生态系统分析

创新生态系统是一个发展的共同体，系统内部各创新要素相互协调发展。怀柔科学中心以北京现有的自然资源与社会资源为基础，规划并建设大科学装置。科研院所、企业等与政府协同，共同构造科学中心的创新生态系统。怀柔科学中心区别于世界上已有的其他科学中心，以科研院所为科技创新主体，协调企业、金融服务提供商、中介服务机构、政府与公共服务提供商等众多部门，为创新生态系统的发展提供支持。总的来看，怀柔科学中心在创新研究、管理环境等多方面都有一定的创新。

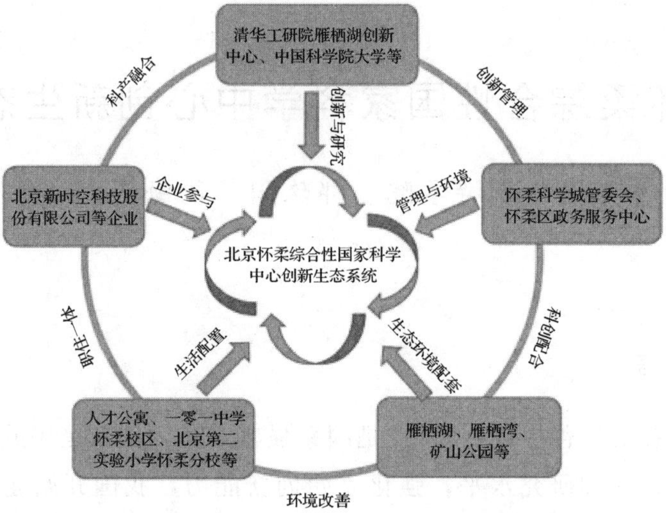

图 1　北京怀柔综合性国家科学中心创新生态系统

(一)创新生态系统主体及其互动

1. 科研院所与高等院校

科研院所与高等院校作为创新的主体，为科学中心的创新生态系统提供智力来源，特别是在创造能力与创新能力的有机结合方面，科研院所与高等院校为怀柔科学中心提供了源源不断的人才保障。这里的学者与研究者，既能向科学创新企业提供智力支持，也能通过科研成果转化中心对企业进行技术革新。

2. 企业

目前已经入驻怀柔科学中心的企业，如北京新时空科技股份有限公司等都是科技与生产并重的企业。截至目前，怀柔科学中心内已经有 2 家企业完成上市，有 20 余家企业准备上市。这些企业拥有较高的科技需求或科技水平，可以带动中心内部的科技创新氛围。同时，企业也可以通过加强与科研院所、高等院校等创新主体的合作，增进同中介、政府与公共服务部门的联系，进而加强科学中心内部整体的创新完善程度。

3. 金融服务提供商与中介服务机构

金融服务提供商和中介服务机构是创新生态系统的专业服务主体。金融机构通过降低利率等手段降低企业运营成本，从而为校企合作、产业对接提供便利条件。目前，园区内的怀柔科学城公司提供融资业务、科技租赁、创投基金、小额贷款业务落地等一定的金融服务。另外，园区内目前有中国银行、华夏银行、中国邮政储蓄银行、北京农商银行、中国农业银行等各类金融服务机构，能够在一定程度上满足科学中心起步初期企业的金融服务需求。

4. 政府与公共服务部门

怀柔科学中心的公共服务主体是政府部门。政府通过宏观调控、地方性法律法规的制定、重大政策和方向的引导、财政上的支持、税收上的减免等手段，为科研院所、高校及企业提供良好的研究环境、资源环境、资金环境、生态环境。

同时，政府也提供公共服务的支持。怀柔科学中心内部的交通网络、生态网络、基础服务网络都在进一步规划和建设中。政府部门通过对怀柔科学中心进行整体规划与科学研究，实施资源配置最优化管理，让怀柔科学中心内部的公共服务更加多样、便捷。目前经公共服务部门协调，园区内已经完成5G信号测试，待稳定后即可进入实际运行。

（二）生态环境与公共设施

怀柔科学中心的规划与建设在一定程度上体现了科学建城的创新。其地形是起伏多样的，绿化面积是现有的科学城中占比较高的。怀柔科学中心没有选择与其他科学中心相同的平坦地形直接建成，而是选择了山水林田相互交融、环境更加优美的雁栖湖畔。雁栖湖作为APEC会议举办地，拥有独特的环境资源与历史资源。未来建成后的北京怀柔综合性国家科学中心不仅是一座拥有大科学装置的科学高地，更是自然与科学、创新相互融合的绿色科学中心。

三、国际科学城建设经验借鉴

20世纪五六十年代，苏联和日本分别建立了举世瞩目的科学城——新西伯利亚科学城和筑波科学城，它们的成功经验可以为科学中心的规划、建设与发展提供借鉴。

(一)新西伯利亚科学城

新西伯利亚科学城的建设始于1957年，是举全苏联之力在西伯利亚森林中建立起的科学城。其目的一是全面发展物理等自然科学，二是进行远东地区的开发，促进西伯利亚的发展，形成了以新西伯利亚为中心，辐射秋明、鄂木斯克、巴尔瑙尔等西伯利亚城镇的城镇体系。但新西伯利亚科学城地处偏远，使得在路途上消耗的时间与金钱成本增加，这就成为阻碍科学城与各科学研究中心交流发展的屏障。

(二)筑波科学城

筑波科学城是日本的科学研究中心，科学城坐落在日本东京东北约60公里的筑波山麓。1968年开始动工，耗资50亿美元，到1982年已有10个省、厅的43个国家研究所，2家私人研究所和筑波大学等2所大学。筑波科学城从建立初期就有浓厚的科学研究氛围。在筑波科学城内，建立起了以筑波大学、土木研究所、日本汽车研究所等为主体的研究机构。同时，筑波科学城建立了机器人相关的生产研发企业、宣传推广企业等，以帮助科学城内部的创新研究与转化可持续发展。

四、北京怀柔综合性国家科学中心建设存在的问题与建议

怀柔科学中心现在还处于初步建设阶段，其创新生态系统仍有进一步的发展空间。

在科研院所与高等院校方面，机构入驻进程较为缓慢，企业在创新过程中的核心科技研发过程还比较少。同时怀柔科学中心尚处于最开始的发展阶段，有大量的建设空白区。在企业方面，目前在科学中心范围内，存在一些原雁栖开发区遗留的科技水平不高的企业，不利于怀柔科学中心一体化发展。在专业服务机构方面，该区域的金融服务提供者大都为银行的分理处，服务水平较低。与国际上较为成功的科学中心相比，怀柔科学中心仅有较少的一些风险投资企业与中介等专业服务机构，机构数量和服务

质量上都存在一定不足。在公共服务方面，怀柔科学中心的管委会和政务服务中心的一些服务项目的管理审批权仍在北京市政府，部分职权未能及时下放，对于政务服务的进一步完善仍存在进步空间。在生态环境与公共服务方面，怀柔科学中心部分区域的交通服务仍存在一定不足，公共交通线路主要以往返怀柔城区为主，且种类较为单一。对外交通仅仅依靠京承高速和G111国道等干线线路，对外交通较为不畅，与北京“三城一区”的联系紧密度有待进一步加强。同时，怀柔科学中心的基础教育较为薄弱，新建设的优质学校以北京第二实验小学怀柔分校和北京一零一中学怀柔校区为主，辐射半径较小，学校数量较少。怀柔科学中心新建有人才公寓，但目前的建设规模与未来人才引进的规模仍有一定的不匹配性，公寓套数较少。另外，怀柔科学中心30公里半径内无三甲医院，对于未来人才的就医服务存在短板。

对此，我们从以下几点提出建议：

一是要继续做好发展目标的细致化，确保入驻的科研机构与高等院校的推进进度。

二是要做好公共服务的高效化。应建立统筹推进机制，建立由国家、北京市、怀柔区等行政机关，清华大学工研院雁栖湖创新中心等科研院所，中国科学院大学等高等院校共同组成的怀柔科学中心的规划与决策协同机制。要配合资金保障，争取高层次的资金支持，灵活协调调用资金支持力度，加大对创新型科研人才的配给倾斜，以更好地配合怀柔科学中心的基础设施建设，吸引创新人才入驻工作。

三是加强生态环境协调发展。建议雁栖湖与雁栖湾、矿山公园联合开发，形成怀柔科学中心生态绿化带。对怀柔科学中心西部的国际会都项目，要以雁栖湖的核心岛、日出东方酒店为重点，不断完善科学中心的国际级会议的接待与服务能力。

四是增强地区的教育、卫生、交通等事业的蓬勃发展。针对目前的交通问题，应以出行的最后一公里为抓手，优化怀柔科学中心与市郊铁路车站的高效联系。同时，要进一步完善对外交通能力。

五是要加强创新生态系统内部的互动能力，不断推进创新生态系统的可持续化发展。怀柔科学中心内部的科研创新主体、公共服务主体、专业服务主体等多主体要进一步加强沟通能力与交互能力，在怀柔科学中心内部不断加强信息流与知识流联系，形成知识与技术、人才引进与培养、服务的专门化与公共化等多方面的有机协调。各主体也要在不断的发展与实践中相互了解，要实实在在为创新生态系统提供服务平台，共同促进创新生态系统的良性循环与发展。

五、结语

怀柔科学中心未来将成为国际化的示范科学中心，其内部的创新生态需要多主体共同努力。应努力协调系统内部生态，促进科学中心的不断发展，以科学中心这一平台为载体，将创新要素一一相连，由此得到创新的新引擎、新动力。怀柔科学中心创新要素的逐渐完善、综合实力的不断加强、科学技术的进一步提高，都将为国家和民族的强大与复兴贡献力量。

车联网技术推动智慧城市建设的发展情况调研报告

信息工程学院　唐晓岚

一、调研过程与主要活动

（一）设计车联网发展情况调查问卷，收集政、校、企等多个单位相关专家的意见

车联网发展情况调查问卷见表1，主要收集车联网在国内外，特别是在北京市的落地应用情况，进而对国内外发展现状进行对比，归纳整理北京市车联网发展的优势与不足、车联网应用中存在的问题、车联网对智慧城市建设的作用，最后对车联网研究方向进行展望。

表1　车联网发展情况调查问卷

序号	问卷内容
1	您了解的国外车联网的落地应用情况（概况和/或具体项目）。
2	您了解的我国车联网的落地应用情况（概况和/或具体项目）。
3	您认为相较国外，我国车联网发展速度怎样？有哪些优势和不足？
4	您了解的北京市车联网的落地应用情况（概况和/或具体项目）。
5	您认为相较国外或者国内其他城市，北京市车联网发展速度怎样？有哪些优势和不足？
6	您认为车联网落地应用项目是否达到预期的效果？
7	您认为车联网应用中仍然存在哪些问题？
8	您认为北京市车联网发展过程中有什么需要特别关注的问题？
9	您认为车联网对于建设智慧城市起到怎样的作用？
10	您认为未来几年内高校可开展的车联网研究方向有哪些？

本次调研对象是开展车联网研究工作的高校科研人员、推动车联网技术落地应用的政府领导干部以及进行车联网设备研发生产的企事业单位的技术和管理人员。本次调研采用精准调研的思路，在时间和精力有限的情况下，选定政、校、企等多个单位的车联网专家，通过线上线下访谈，开展全面深入的交流，收集针对表1调查问卷的反馈意见。

2020年11月9日、2020年12月1日分别与专家开展线上线下交流，探索车联网技术融入大兴区物联网新技术发展的契机。项目组认真总结了调查问卷中各问题的答案，并结合查阅到的文献资料，整合到本报告的第二部分“车联网技术推动智慧城市建设的发展现状”。

(二)参加多项实地考察

1. 参加第七届国际智能网联汽车技术年会(CICV 2020)，掌握技术前沿与落地应用。

2. 参加2020智能网联汽车C-V2X“新四跨”暨大规模先导应用示范活动，体验车联网最新应用。

3. 体验百度无人车，探讨无人驾驶现状与前景。

4. 参加智能网联V2X领域先进技术及行业应用交流培训会，同行业顶尖专家交流车辆自组织网络的应用前景。

5. 调研全球首个网联云控式高级别自动驾驶示范区的建设情况，了解车联网应用现状与问题。

6. 向政、企领导和专家推介车辆自组织网络技术，制订示范应用计划。

二、车联网技术推动智慧城市建设的发展现状

(一)智能交通系统与智能车辆

自20世纪90年代以来，智能交通技术获得迅猛发展，旨在利用通信网络、人工智能等信息技术充分收集不同层次的各种交通信息，深入刻画交通参与者的决策和行为模式，建立交通系统的动态模型，指导长短期的交通规划管控，为交通参与者提供更好的服务。不同的交通参与者有不同

的目的，政府和管理机构希望更好地管控交通系统的运营，规划和调度出行用户，监管交通服务；交通服务运营商和交通载具提供商希望通过更好的服务获得更大的利润；出行用户希望更好地享受安全便捷的出行。而三方的决策都依赖于信息的获取，基于此，智能交通系统实现了由海量、高独立性、高不确定性智能体构成的复杂巨系统的调控。

（二）车联网

1. 车联网的定义

广义上，车联网借助新一代信息通信技术，实现车内、车与人/车/路/服务平台的全方位网络连接，提升车辆智能化水平和自动驾驶能力，构建交通和车辆服务新业态，从而提高交通效率，改善车辆驾乘感受，为用户提供智能、舒适、安全、节能、高效的综合服务。

具体来说，车联网是以车内网、车际网和车载移动互联网为基础，按照约定的通信协议和数据交互标准，支持 V2X（vehicle to everything，X：车、路、行人及互联网等）无线通信和信息交换的大系统网络，是能够实现智能化交通管理、智能动态信息服务和车辆智能化控制的一体化网络，是物联网技术在交通系统领域的典型应用。

2. 车联网的优势

（1）车辆的“超视距感知”。

（2）交通路况的全场景感知。

（3）数字化交通信息收集。

（4）城市交通的智慧路径规划。

（5）降低产业运行总成本。

综上，车联网技术将推进智能网联汽车产业发展，提升通行安全性和效率，降低产业成本，具有较高的经济和社会效益，对智慧交通建设具有重要意义。

（三）车联网在北京市的发展现状

发展智能网联汽车产业是北京建设全国科技创新中心、构建高精尖经济结构、打造世界智慧城市体系的重要内容。2018 年 12 月，北京市经信局发布了《北京市智能网联汽车产业创新发展行动方案(2019—2022 年)》,明确到 2022 年“形成满足高级自动驾驶(L4 级别)要求的智能网联汽车完整技术体系，技术水平进入全球第一梯队；形成高效、安全的新一代智能交通应用示范体系，示范运营区域超过 500 平方千米；形成智能网联汽车产业制造和应用服务体系，北京市智能网联汽车及关联产业规模达到 1000 亿元”的近期发展目标。同时，提出“形成世界一流的智能网联汽车产业集群，打造智能网联汽车与智能交通深度融合的智能交通新模式，建成最具有活力的自动驾驶创新生态体系和‘安全、高效、绿色、文明’智能网联汽车社会”的中长期发展目标。

1. 北京市与国内其他城市的车联网发展情况对比

相较国内其他城市，北京市作为全国科技创新中心，科研创新能力强，人才优势明显。科技创新平台不断涌现，集聚行业资源，形成了在新能源汽车、集成电路、信息通信、互联网、大数据、人工智能、软件信息服务等领域的技术优势，拥有自动驾驶整体解决方案、计算芯片设计、人工智能算法和模型、高精度定位和地图提供商等产业资源，形成了国内技术水平最高、环节最完整的产业链条。创新引领的道路测试、封闭试验场与开放道路测试成果显著，2022 北京冬奥会等重大工程项目助力自动驾驶测试快速落地。

总体来看，北京市凭借科研创新能力强、产业基础雄厚、人才聚集等优势，已具备全国领先的智能网联汽车政、产、学、研、用配套体系，形成了车联网产业发展的雄厚基础。

2. 北京市车联网发展建议

未来北京市需要持续推进车联网技术产业化，加快建设智能路网基础设施，建设满足超大城市出行需求的交通云控平台，积极推动北京市成为 5G 车联网重点示范应用城市，积极开展智能网联交通体系应用示范。建议：

(1)加快车路协同信息化基础设施建设改造。

(2)发展以车路协同为核心的智能路网技术。

(3)建设首都的交通大脑。

(4)完善智慧出行服务体系。

车联网作为新一代信息技术与交通运输深度融合的重要技术路线，是智慧交通发展的趋势。车联网技术有助于释放城市发展潜能，激发数字城市新增需求，推动传统基础设施向新型基础设施方向发展，带来智能网联和智能交通领域新的经济增长热点。车联网系统通过“车—路—云—网”体系，面向交通管理、运输服务等多领域提供科学化、精细化、智能化的解决方案，推动城市管理体系和管理能力现代化。

(四)车联网发展中存在的问题

国内外普遍认可车联网在保障交通安全和提升交通效率方面的积极作用，及其具有的良好发展前景。近几年国内通过加快落地项目实施，推动了车联网的迅速发展，在通信标准制定、产品研发、应用场景推广、测试验证等方面取得了显著成果。尽管如此，车联网在短期内的启动和实施还面临诸多困境。

1. 路端和车端互相观望。车企希望路网首先建设完成，在车联网形成一定规模后，才有意愿推动智能网联汽车的研发。车联网的运营则需要有足够多的车辆入网，才能形成规模效应，实现车联网价值。在没有车辆入网保障的前提下，路端企业没有意愿进行车联网的建设投入。目前车端和路端互相观望，参与意愿不高，未形成产业协同发展的局面。

2. 场景需求不强烈。当前车联网应用场景面向 L3 级自动驾驶车辆，车辆和驾驶员对车车、车路协同控制的需求不强烈，车企和消费者缺乏使用主动性，没有形成规模级应用。而真正对车联网有刚需的是 L4 及以上级别的自动驾驶车辆，相关示范区建设尚处于起步阶段。

3. 车企技术路线规划与车联网规划不同步。由于目前各地政府都没有明确的规模化车联网建设规划出台，只有一些示范区建设，对车企量产车辆的支持意义不大。企业缺乏政府权威的规划信息作为指导，只能围绕单车智能化开发产品，在网联化方面投入较为谨慎。

4. 车端渗透率低导致盈利困难。车联网的持续运行需要众多参与者，智能网联汽车渗透率越高，智能化效果越好。车联网发展初期，车企的观望态度导致网联车辆渗透率提升有限，车联网运营价值短期内不能充分体现。因此，在车企参与度较低的初期阶段，车联网的应用价值不高，基础设施建设投入难以获得对等回报。

智能交通车联网是一个庞大的体系，不是一朝一夕就能实现的，需要进一步完善整个车联网产业布局，持续推动智能交通行业发展。要实现车联网的普及应用还有很长的路要走。

国外历史文化名城发展路径对北京全国文化中心建设的启示

文化研究院　陈国战

一、国外历史文化名城保护的发展轨迹

从国际上看，历史文化名城保护理念的形成是在 19 世纪末期，其后，西方各国对历史文化名城保护的价值意义、对象范围、路径方法的认识不断加深，时至今日，加强历史文化名城保护已成为国际共识。历史文化名城保护起源于对单体建筑艺术珍品的保护，1882 年，英国出台了《古迹保护法》，为指定的少数重要古代遗迹提供保护，其中特别排除了正在使用中的宗教建筑。1933 年，世界建筑师大会发布《雅典宪章》，提出古建筑、古迹保护的重要性，并提出应把现代交通限制在古建筑保护区之外。可以看出，这一时期的历史文化遗产主要包括宫殿、教堂、官邸、寺庙等建筑艺术精品。

后来，历史文化遗产保护的对象逐渐扩大，涵盖了反映普通人生活的一般历史建筑，如住宅、作坊等。英国 1923 年通过的《住宅法》规定：历史保护应考虑与地方相关的特定的建筑、历史或艺术价值，并且应该通过规划来保存现有的特色，保护现存的地方外貌，控制建筑开发量、建筑高度和外观。1931 年在对《古迹保护法》进行修订时，英国第一次提出应在城镇规划中涵盖古迹保护的内容，并通过颁布古迹“保护令”来控制古迹和周边的建设活动。在法国，1962 年颁布的《马尔罗法》是最早关于“历史街区保护”的立法，这一法令将工业建筑、铁路建筑、名人故居、城市社交建筑等都纳入了保护范围。

20 世纪 60 年代，为阻止大规模开发建设可能给古城带来的破坏，意大利成立了历史中心区协会，通过了《古比奥宪章》。宪章的中心内容是呼吁政府制定限制性措施保护历史遗迹，率先提出了历史城区的整体保护问题，要求将文物古迹、景观和周边区域视为一个整体加以保护。在此背景下，1967 年修订的《城市规划法》规定，在城市总体规划中需要指定“历史中心区”，从而确立了进行历史环境整体保护的制度。1964 年的《威尼斯宪章》确立了“原真性”保护原则，并提出“将文化遗产真实地、完整地传下去是我们的责任”。1994 年 12 月，在日本古都奈良通过的《关于原真性的奈良文件》进一步强调了“原真性”对历史文化遗产保护的重要性。1976 年联合国教科文组织公布的《内罗毕建议》提到，历史文化遗产保护是一个地区的保护，而不单指古迹的保护，建筑的内部设施可以现代化，但城市整体结构不能改变。从国际历史文化遗产保护工作的发展脉络来看，历史文化遗产保护从保护单体的文物建筑，到保护建筑物周围的历史环境，再发展到保护成片的历史街区，直至保护完整的古城，形成了对历史文化名城的总体性保护。历史文化遗产保护不仅是一个拯救性的工作，它更强调的是全面、整体、系统地建设历史文化有机体，“历史文化名城”这一概念的提出，正是这一进程的应有之义。

二、我国历史文化名城保护的现状与问题

(一)历史背景

“文革”时期，我国古建筑和文物古迹遭到了很大破坏，造成了不可弥补的损失。改革开放以后，随着城市经济的迅猛发展，城市建设和城市传统风貌之间的矛盾也日益突出。由于对古城的价值缺乏认识，许多文物古迹、历史街区成了经济发展、开发建设的“绊脚石”，数百年来形成的古老城区旧颜顿失，出现了以下突出问题：1. 重要古建筑被机关、部队、工厂、企业占用；2. 在文物保护单位和文物古迹周围修建风貌上很不协调的新建筑；3. 对古建筑“改旧创新”。如果这种状况继续下去，这些城市长期积累的历史文化遗产就会消失殆尽。

在这样的背景下，一些对国外历史城市保护比较熟悉的专家学者开始提出“历史文化名城”的设想。他们提出，对于古城，单独保护一个古迹很难奏效，应当从城市整体上采取保护措施。在他们的提议下，1981 年 12 月，国家建委、国家文物局、国家城建总局向国务院提交了《关于保护我国历史文化名城的请示》。1982 年 2 月，国务院批复了这一请示，公布北京等 24 座城市为首批国家历史文化名城。

（二）基本成就

1. 基本建立了以历史文化名城为主的保护体系。

2. 建立了历史文化名城保护法律法规体系。

3. 形成了系统的保护理论体系和技术标准体系。

4. 设立了历史文化名城保护专项资金。

（三）突出问题

30 多年来，历史文化名城保护的重要性已广为国家和地方政府所认知，并且取得了很大成就。但是，在我国城市化快速推进的过程中，尤其是在城市发展与历史名城保护出现矛盾时，仍存在一些较为突出的问题。

1. 一些地方对保护理念的认识不到位。

2. 法规制度建设仍然不足。

3. 一些地方政府监督管理不到位。

4. 专项资金匮乏问题仍待解决。

三、北京历史文化名城保护工作现状

1982 年国务院批准北京等城市为第一批中国历史文化名城，此后，北京市委、市政府为切实保护好这座历史文化名城做了大量工作。1982 年《北京城市建设总体规划方案》指出：对古都风貌的保护不仅要保护古建本身，而且要保护其周围环境，从整体上考虑保护北京特色。1990 年北京市政府公布 25 个街区为历史文化保护区，提出了整治与保护的要求。1993 年由国务院批准的《北京城市总体规划（1991—2010 年）》提出从旧城格局和宏观环境上保护北京历史文化名城十个方面的具体内容。在保护工作实践的基础上，2002年批准了《北京旧城25片历史文化保护区保护规划》。同年，市政府公布了新增的第二批15片历史文化保护区，批复了《北京历史文化名城保护规划》。2005年5月1日起施行的《北京历史文化名城保护条例》将各项保护提高到了法律的高度。《条例》实施多年来，北京市对历史文化名城保护的认识不断深化，力度不断加强，取得了显著成就，具体体现在：

1. 不断完善历史文化名城保护规划内容。

2. 为历史文化名城保护提供法律保障。

3. 转变旧城改造方式，旧城整体保护获得重大推进。

4. 历史文化街区的保护修缮积累了成功经验。

5. 文物单位保护获得明显改善。

6. 修建、复建一批遗址公园。

总之，北京历史文化名城保护工作经历了多年的实践与探索，已经从过去单一的对文物保护单位的保护，发展到对历史文化保护区的保护和对历史文化名城的整体保护，保护理念不断发展；从重点保护古代建筑到保护优秀近现代建筑、工业文化遗产，保护内容不断丰富；从“整旧如旧”“原汁原味”的保护到“保护和再利用”的有机结合，从一点一滴的保护发展成为点、线、面结合的系统性保护，保护方法越来越多样；从重视公共建筑到重视四合院，从重视物质遗产到重视非物质遗产，保护范围和内涵不断拓展。

四、进一步推进北京历史文化名城建设的建议

为了解北京历史文化名城建设中仍存在的突出问题，调研团队先后调研了中心城区的北京坊、故宫等地，走访了有代表性的胡同、街区，以及门头沟爨底下村、琉璃渠村，怀柔区青白口村，密云区古北水镇等历史文化村镇，并于2020年11月6日至8日赴杭州调研。为了解专家意见，调研团队还先后召开两次座谈会。2020年11月12日，组织召开了“《北京历史文化名城保护条例》修订座谈会”，邀请北京大学城市与环境学院教授岳

升阳、首都师范大学历史学院教授袁广阔、副教授王涛等进行研讨。2020年12月2日，组织召开了"《文物保护法》修订座谈会"，邀请中国历史博物馆原馆长孔祥星、《中国文物报》原总编辑曹兵武、北京市文物局考古处副处长郭京宁、西北大学法学院副教授尉琳等进行研讨。根据调研和研讨成果，并结合国外历史文化名城建设的实践经验，我们对北京市进一步做好历史文化名城保护工作、助力全国文化中心建设提出以下建议：

1. 建立专家主导的保护机制与网格化的管理体系。
2. 考古前置，加大对地下文物的保护力度。
3. 提升胡同街区"微空间"的文化品质。
4. 更加重视对历史文化名镇、名村的保护。
5. 提升北京旅游体验，打造历史与现代交相辉映的城市形象。
6. 鼓励北京题材文艺作品的传承与创新。

首都大学生创业孵化载体运行现状及问题调研
——以"一街三园"为例

招生就业处 祝杨军 赵小华 臧 强

习近平总书记指出，创业是推动经济社会发展、改善民生的重要途径。青年学生富有想象力和创造力，是创新创业的有生力量。在第十三届全国人大四次会议上，李克强总理指出，要支持大众创业、万众创新，带动就业。创业离不开创业孵化载体，北京作为国际科技创新中心，高校云集，其创业孵化载体的地位更是举足轻重。本次调研旨在以首都最具代表性的大学生创业孵化载体——"一街三园"为主要对象，通过实地走访、问卷调研、访谈等方式，试图真正摸清首都大学生创业孵化载体的"底"。并以此为基础，及时查找存在的问题，探索对策建议，以期提升运行效率和效果，以更高质量助力大学生创业。

一、首都大学生创业孵化载体运行现状

"一街三园"是指中关村创业大街和三个市级大学生创业园(良乡园、软件园、理工园)。本调研从近三年来"一街三园"的基本条件与孵化团队营收数据、面向创业团队提供的配套服务水平和新冠疫情带来的影响三个维度评估首都大学生创业孵化载体运行现状。

(一)"一街三园"的基本条件与孵化团队营收数据

"一街三园"的北京高校大学生创业园孵化体系从 2015 年开始构建。2019 年，市级"三园"孵化面积达 21500 平方米，在园孵化创业团队 313 支，创业团队年度营业额 4.25 亿元。2020 年，市级"三园"孵化面积为 21500 平方米，在园孵化创业团队 303 支，创业团队年度营业额合计 3.97

亿元。2021年，市级“三园”孵化总面积为2万余平方米(良乡园面积有所减少)，在园孵化创业团队232支，创业团队年度营业额合计7.77亿元。

(二)“一街三园”的配套服务情况

2021年，园区为团队开展了248期线上培训课程(主要是财务系列)，提供了38次法律方面现场咨询和7次新四板挂牌辅导服务。在行业产业对接服务方面，为团队建立离园发展渠道235个，并实际对接有效渠道40余个。为团队提供银行服务26次，涉及18支团队。园区发挥生态平台作用，帮助团队间对接合作6次。

(三)新冠疫情对“一街三园”产生的影响

对创业团队进行调查的结果显示：从总体情况看，87%的创业团队认为受到了新冠肺炎疫情的影响(57%的团队认为疫情对项目发展影响很大，30%的团队认为影响较小)，13%的创业团队认为暂不受疫情影响。从原有项目的推进情况来看，18%的创业团队表示“进展停滞”，48%的创业团队表示“推进缓慢”，34%的创业团队表示“正常推进”。从团队总体发展来看，25%的创业团队表示“无发展”，38%的创业团队表示“缓慢发展”，仅有37%的创业团队表示“正常发展”。总体来看，大多数创业团队认为此次疫情对生产经营造成了较大影响，并将为如期完成年度业绩目标带来不利影响。

(四)结果分析

从主要数据指标来看，“一街三园”近三年的运行呈现三大特点：一是园区孵化面积基本保持稳定，始终维持在2万平方米的高位，区位布局基本合理，为创业团队入驻孵化提供了较为充足的空间。二是园区整体管理水平较高，有效支撑了大学生创业团队培育与项目孵化。提供的配套服务虽然还有明显欠缺，但基本上囊括了项目孵化所需，频次高、形式多样。三是园区运行受新冠疫情影响较大。在园孵化团队变化尽管属正常现象，但2020年总体数量明显下降。团队的整体营收状况同样不乐观，2020年呈现负增长局面。这两组数据在一定程度上反映出疫情带来的影响是实质性的，对创业团队的调研数据也佐证了这一结论。疫情还增加了园区提供孵化服务的难度，导致服务时长、受益人数在一定程度上减少。

二、首都大学生创业孵化载体存在的主要问题

从以上数据和面向高校、创业团队的会议调研和开放式问卷调研的情况看，以“一街三园”为代表的首都大学生创业孵化载体存在的问题主要包括四个方面。

(一)创业工作体系有待进一步优化

在面向高校的调研中，有8所高校认为，园区创业工作体系还不够完善。从园区提供的就业指导服务中可以明显看出有两项重要内容的缺位，即面向大学生创业者的思想政治教育和心理健康教育。大学生创业者正处于世界观、人生观和价值观形成阶段，必须具备爱国爱民、诚信经营、富有社会责任感等优秀品质，有针对性的思想政治教育不可或缺。创业过程艰难，充满挫折，需要大学生创业者具备极高的心理素质，高品质的心理健康教育和心理咨询服务必不可少。

(二)创业园之间的资源分配有待进一步平衡

有14所高校认为，各分园所占有的资源不平衡，人才引进、基础建设、资源对接等仍需优化。从地理位置看，理工园和软件园的优势较为突出，周边高等院校和科研院所密布，基础设施较为完善，创新创业氛围浓郁。良乡园虽然近年来硬件条件有所改善，但初创企业在吸引人才、汲取资源等方面仍然较为困难。从资源配套看，理工园的管理团队人员最多、水平最高，软件园和良乡园则相对较弱。

(三)创业孵化相关支持政策有待进一步完善

有21所高校认为，园区对创业团队扶持政策的理解、宣传不到位，扶持资金等相关支持不够。创业团队反映，创业政策内容繁杂，理解、运用存在一定难度，加上原则性的东西较多，能够实际落地或者正好适用的有限。由于缺乏成熟的运作体制，很多创业成果迟迟未能获得转化机会从而错失商机。

(四)创业团队积极性有待进一步调动

该问题表现为当前的创业优惠政策更倾向于支持项目而非能够整合创

业机会和创业资源的个人，在一定程度上影响了创业团队积极性。一方面，有9所高校认为，尽管允许休学创业、允许毕业设计采用创业成果等政策已经出台，但不是所有高校都能够落实。另一方面，有3所高校指出，对创业人员的激励性政策，真正有含金量的很少，如考研加分以及积分落户等政策缺位。园区虽然在某些优惠政策的出台和使用方面没有权限，但作为具有示范性意义和代表性意义的机构，应该在这些方面有所作为，有所推动。

三、首都大学生创业孵化载体创新发展的对策建议

要提升以“一街三园”为代表的大学生创业孵化载体的运行效率，使其更好地支撑大学生及其创业项目需要，可以从五个方面的措施入手。

（一）积极探索疫情防控常态化背景下的创业孵化载体运营模式

疫情防控常态化背景下，经济社会发展呈现出新的特点。园区必须转变思维，结合入驻创业团队特点，研究并采取相应的创业孵化载体运营模式。

（二）优化创业工作体系，打造全链条式孵化服务平台

园区应与高校紧密联系、协调沟通、互通有无，在工作流程方面无缝对接。作为市级创业孵化载体，园区可以出台具有指导性意义的文件，明确入驻团队的遴选标准和程序，对园区具备的条件和可提供的配套服务进行说明。

（三）进一步进行工作整合，打造特色鲜明的优势资源共享平台

理工园定位为北京高校大学生创业综合园，并在积极建设大学生创业团队园区生态发展平台。各分园除了要挖掘特色、培养特色，吸引入驻团队形成集群效应之外，还要加大对良乡园和软件园的资金投入，做到基本条件良好，优势资源突出。管理人员要设立轮岗制度，各分园的优势资源应进行跨园共享。各分园要主动走入校园，加大宣传力度，根据自身定位特色，与行业院校和社会组织建立密切联系。

（四）宣传、落实创业孵化相关支持政策，建立大学生创业智库

创业孵化相关支持政策是有效提升创业成功率的工具。一方面，园区

应设置专门机构，专门研究国家和北京市的各级各类政策，加大政策宣讲、咨询力度，帮助入驻企业用足政策，用好政策。

(五)构建创业者入库管理机制，提供必要保障性支持和激励性待遇

只有为创业者提供保障性支持，解决其后顾之忧，创业者才能一门心思扑在创业上。园区应认真研究，出台科学、合理的遴选标准，构建创业者入库管理机制。

四、结语

相比国内其他创业孵化载体，特别是浙江、江苏、上海、广东等沿海发达地区的创业孵化载体，“一街三园”虽然在某些方面处于领先地位，但从整体建设水平看还存在较大差距。这种差距主要体现在创业氛围营造、外部资源对接、校企合作、创业咨询与指导等方面。我们必须看到，“一街三园”体系是从2015年才开始建设，并于2018年初步完成的，工作起步较晚，加上受疫情影响，从客观上讲，截至目前，“一街三园”取得这样的成绩非常不易，是值得肯定的。在今后的发展中，“一街三园”应进一步加强顶层设计，特别是要做好疫情防控常态化背景下的发展模式选择，以强烈的使命感、责任感，以敏感的问题意识和科学的调查研究为依据，开拓创新，积极发挥作用，提升首都大学生创业孵化载体的运行水平，全力支持首都大学生创新创业。

承接京津冀　转型促发展

——关于推动京津冀产业梯度发展存在问题的调研

研工部　史　磊　曹诗颂　刘　圆　乔六六　陆荆晟

一、调研背景

京津冀地处环渤海中心区，是中国经济发展的重要引擎和参与国际发展的先导区域。京津冀地区优势互补、协同发展，但仍然面临诸多矛盾与问题，如非首都功能问题、“大城市病”等。为满足京津冀协同发展战略需要，优化京津冀区域产业空间结构，推动京津冀地区协同发展，需打造以北京为首的新型区域经济圈，实现京津冀三地创新驱动发展的目标。

沧州沿海临港，毗邻京津，是京津冀协同发展中的重要区域。目前，沧州在对接京津产业转移、优化产业结构、促进产业转型升级等方面取得了一定的阶段性成果。沧州市出台了《沧州市推进京津冀协同发展2020年重点工作推进台账》《关于对〈河北省人民政府办公厅关于进一步加快承接北京非首都功能的意见〉的落实方案》等文件，切实建立健全协同发展总体协调、优势产业引进落地、资源聚集等机制，做好“对接京津，服务京津”的工作。

二、调研目的及意义

在京津冀协同发展大背景下探讨京津冀地区的经济状况和产业现状，系统阐述产业梯度推移与协同理论，并将产业梯度推移引入协同发展理念，为京津冀经济发展中存在的问题提出有前瞻性、可行性的京津冀产业协同发展政策建议。建立区域协同发展示范区，为我国区域产业转移、区域经济协同发展提供经验借鉴。

考察京津冀产业结构、空间布局、产业协同发展的历史演化，总结京津冀产业协同发展的演化轨迹及规律。详细分析京津冀产业推移扩散过程中存在的问题，就如何实现产业对接与升级路径进行研究，推进京津冀区域协同发展提出对策，打造京津冀协同创新共同体。

三、调研方法

（一）资源与生态环境调研

分 5 人次收集 PM2.5 年均浓度来表征京津冀城市群大气污染程度，以卫星遥感影像反演京津冀地面沉降情况。京津冀区县尺度历年 PM2.5 浓度来自于大气成分分析组织（ACAG）的原始数据，为 1998—2014 年的 0.01°×0.01°的栅格数据。2014 年月度 PM2.5 浓度来自京津冀地区 79 个空气质量站点的逐日实测数据，原始数据来自青悦开放环境数据中心。

（二）社会经济以及产业数据收集

本次调研利用 DMSP/OLS 数据，将行政区域范围内的所有栅格灰度值之和作为衡量该区域能源消费的指标，从而构建能源消费指数来间接反映不同区县的能源消费情况。DMSP/OLS 稳定夜间灯光数据来自美国国家海洋和大气管理局。其他社会经济数据来自《2015 年中国县域统计年鉴（县市卷）》《北京区域统计年鉴（2015）》《天津统计年鉴（2015）》，以及河北省 11 个地级市统计年鉴。

（三）问卷调查

2017 年 11 月，首都师范大学与沧州市政府签订了《文化创新与教育协同发展战略合作框架协议》，给予调研重要契机。在挂职锻炼的同时，学生分别与各级政府人员和专家开展问卷调研，收集了大量第一手资料。

四、调研结果

京津冀协同发展战略提出以来，从顶层设计到具体落实已取得了阶段性成果，产业转移稳步推进，由于存在资源、环境、经济水平等因素的制约，京津冀三地在协同发展和产业转移过程中仍面临着很多挑战。

(一)资源与生态环境压力较大

京津冀三地在环境上面临的共同问题主要有大气污染、水质污染和水资源短缺，发展与资源、环境的矛盾相当尖锐。京津冀地区水资源保有量不足全国的1%，人均水资源仅能达到全国平均水平的13%。自20世纪50年代以来京津冀年均水资源总量、入境水量不断减少，主要河流年均断流260多天；地下水累计超采量超过1550亿立方米，引发湿地萎缩、河流断流、地面沉降等一系列生态环境问题。

资源和环境问题成为制约京津冀发展的重要障碍，应统一规划，高污染、高耗能产业必须先治理升级再转移。河北省为改善空气质量采取了严格的节能减排措施，压减钢铁、水泥、平板玻璃、煤炭产能。与此同时，为治理雾霾投入大量资金，也在一定程度上挤压了生产性行业的投资。

(二)产业结构差异大，良性产业互动难以形成

长期以来，京津冀地区经济发展水平存在较大差距，2016年天津与北京人均国内生产总值居全国第一、二位。北京和天津凭借优势条件产业定位较高，主导产业为高新技术产业、现代服务业和高端制造业，资本与技术密集，产品附加值高。河北虽然经济总量排名全国前十，但人均国内生产总值不足京津的一半，经济发展水平依旧落后。河北省优势主导产业为传统制造业，资源能耗高、技术含量低、产品附加值低、现代化程度低，已经成为制约河北省经济进一步发展的重要因素。

(三)"虹吸效应"显著，产业转移承接力不足

京津冀协同发展战略提出以来，产业转移已取得了阶段性成果，北京非首都功能不断疏解。政府引导产业有序合理转移，并通过限制目录，对新增产业严格审核，将不符合北京首都定位的产业隔离在外。但津冀二地因其产业承接能力不足，弱化了区域内的产业吸引力。

河北作为主要的产业承接地，各市县经济发展水平不同，资源等要素配置不合理，与京津两地的经济发展水平差距过大，公共设施、产业配套不足，技术、资金相对有限。在京津"虹吸"作用的影响下，河北省大量物

质、文化、人才资源外流，形成了中心特大城市与众多中小城市断层式组合。只有拉近城市之间的差距，提高环京津周边地区的承接能力，才能加速产业转移，促进区域协同发展。

(四)地区行政壁垒制约，合作交流机制不健全

虽然京津冀三地属于一个区域整体，但行政关系复杂。长期以来，各地都是优先从自身经济建设和产业发展情况出发来思考发展，未形成统一的利益格局。行政边界阻碍了商品和生产要素的跨地区快速流动与优化配置，致使京津冀三地无法搭建有活力的统一市场。自京津冀协同发展战略提出以来，各方都做了许多探索，尝试打破行政壁垒，但是进程较为缓慢。在利益分享机制层面，缺乏财政转移支付补偿机制。

未来，三地必须加快完善跨区域的合作交流和利益协调机制，弱化行政干预，回归市场竞争，使要素自由流动，发挥企业在产业转移中的主体作用，辅之以政策保障，形成政府、企业、民众合力参与的局面，共享协同发展红利。

五、京津冀协同发展下产业梯度转移的对策建议

(一)产业梯度转移的总体路径

实现京津冀三地协同发展，必须全力构建“以首都为核心的城市群、区域整体协同发展改革区、全国创新驱动经济增长新引擎、生态修复环境改善示范区”，协调产业规划向优势产业靠拢，京津冀协同发展的基础是三地分工与定位。

(二)产业转移的对策建议

1. 强化企业创新研发机构

鼓励企业深化技术创新研发机构，加强技术创新和科技进步。根据企业自身需求，通过自主研发解决实际问题，并把技术创新成果转化为生产力，有效促进企业生产技术的更新换代。截至 2017 年 3 月，沧州市国家级科技创新平台 17 个，省级企业研发中心、技术研究院、院士工作站等科技创新平台 119 个，培育了人才创新主体，激发了产业创新活力。

2. 推进京津冀协同创新共同体建设

创建协同创新示范园区，充分利用京津创新资源，做强一批具有全球影响力的创新型企业。如河北京南国家科技成果转移转化示范区，在吸纳京津高端技术人才方面成绩突出。加强协同创新科技合作，建立一批协同创新共同体。着力推进南大港产业园区、中捷高新区国际科技合作基地、沧州高新区国家级大学科技园、国家机器人产业园、中关村天合科技成果转化促进中心等科技成果转移转化平台建设。

在政府的正确引导下，以企业为主体，创建“政产学研金用”新型创新联盟。由政府、企业、高校、科研院所、金融机构、用户形成科学合理有效的创新产业链条，尤其加强企业与高等学校、企业与科研院所的合作，设立技术研发机构或成果转移转化平台，真正实现“产学研用合作”。

3. 搭建科研成果转化公共服务平台

编制企业技术需求目录和科技成果目录，实现人才、市场、技术和信息共享，促进产学研科技成果供需方有效对接。

强化技术交易平台，提供转化转移国内外科研成果、创新管理决策等专业化服务，推动产学研协同创新。创建一批专业孵化转化平台，完善科技产业孵化器，共享各类创新资源，以“平台＋孵化＋产业”的运作模式，带动科技、金融、人才和产业的融合发展。培育一批公共服务平台，进行科技咨询、信息服务、专利代理、技术评估等服务。对接国家级、省级科技成果信息平台，完善科技人才库、科技项目库、成果专利库等信息库，推动科技成果与企业技术创新需求有效对接，实现区域内成果转化一站式服务全覆盖。搭建一批众创空间平台，激发国内高端科技人员、海外归国人员等各类人才创新创业活力。

4. 发挥政府的推动职能

发挥政府在“政产学研金用”新型战略联盟的引导职能，探索“协调创新、成果转化、绿色发展、开放共享”的有效机制，健全科技成果转移转化有关规范、标准、收益分配、转化考评、服务评价等机制，创新科技与金融的融合发展机制，落实科技成果转移转化的税收优惠政策及人才激励政策等。

充分发挥财政对产业升级的引领作用，将行业发展的关键性、共性技术列入重点支持项目，对专利成果转化生产力项目予以重点扶持；采取政府引导、企业主导、金融支持，利用财政资金的引导，带动更多金融和社会资本投向产学研领域。

积极争取国家战略性新兴产业引导基金、国家及省科技成果转化基金用于支持沧州市科技成果转化和产业结构调整。加强组织领导，建立市科技局、教育局、财政局、发改委等部门的工作联动机制，定期召开联席会议协调落实产学研推进工作；强化政策落实，加大科技政策法规宣传力度，强化动态考核，完善科技成果转化和产业优化升级考核机制。

踏青春之路　阅百年华章

百年征程波澜壮阔，百年初心历久弥坚。在“大视野·微观察”的假期社会调研中，青年学子秉承“为学为师　求实求新”的校训精神，将专业知识转化为观察、分析、解决实际问题的能力。他们追寻百年红色足迹，掀起触目惊心的记忆，深刻体会我党百年成就；他们深入基层，感受乡村振兴；他们响应志愿服务冬奥活动，切实做到将理论与实践相结合；他们深入了解“双减”政策，把握教育事业发展方向，用自身行动践行青春之路，感悟百年华章，在服务奉献社会的过程中历练成长，努力在新征程中建功立业。

农村振兴之新疆在路上

文学院　　刘雨佳　于子涵
努热古丽·热合曼
努尔不塔·托合达尔
初等教育学院　秦　奇

一、新疆农村振兴基本政策

新疆是中国陆地面积最大的省级行政区单位，但由于地域辽阔，交通不发达，语言不畅，生活习惯不同等问题，新疆的发展进程被拖慢了脚步。比较突出的问题有：部分地区电力还未完全普及，因此牧民上山放牧便面临失去一切信号、与世隔绝的境况。卫生环境也相对较差，牛羊遍地走，有的地方甚至人畜混居。每户人家都没有独立的卫生间和厨房，只能就地解决，或在角落里就地做饭。这些卫生情况导致各种传染疾病的广泛传播，给人们的生活带来极为恶劣的影响。从国家公布的数据可以看出，新疆人均年收入偏低。子女受教育的程度也较低，当地教育机构很少，语言不通更是阻碍了师资的输送。

国家在政策上提供了种种帮扶，因地制宜发展特色产业，如畜牧业、旅游业、种植业等。2020 年 11 月，新疆全部贫困人口成功实现脱贫，这是新疆发展迈出的一大步，乡村振兴和小康社会的目标也在逐步实现中。

因此，我们首先调查了新疆部分地区的政策落实情况和农民受惠情况，并通过走访、拍照对新疆发展进程做出初步了解和判断。

(一)脱贫攻坚志在必得

2014 年 1 月，中共中央办公厅详细规制了精准扶贫工作模式的顶层设计，推动了“精准扶贫”思想落地。2015年11月29日，中共中央、国务院颁布《中共中央 国务院关于打赢脱贫攻坚战的决定》。2017年10月18日，习近平总书记在党的十九大报告中提出乡村振兴战略。2018年1月2日，中共中央、国务院公布了《中共中央 国务院关于实施乡村振兴战略的意见》。2018年9月，中共中央、国务院印发了《乡村振兴战略规划(2018—2022年)》。

通过这些文件，我们可以梳理出：打赢脱贫攻坚战是实施乡村振兴战略的至关重要的环节，精准扶贫是实现乡村振兴战略第一阶段目标的重要举措。

(二)农村振兴刻不容缓

在新疆农村振兴基本政策中，人民外出务工问题亟待解决，而三区(住宅区、种植区、养殖区)分离、厕所革命、加强乡村卫生服务体系建设等建设健康乡村的工作，以及发展教育、电力等帮助进一步实现农村振兴的工作，都是打赢脱贫攻坚战的重要环节。

当“一对一”帮扶有针对性地解决完新疆当地居民的就业问题之后，脱贫攻坚就已经基本完成，每个人都能依靠自己的双手自食其力，建设自己的幸福生活。而接下来，则不仅仅是让人们吃饱穿暖，更要让人们的生活便捷起来，卫生环境整洁起来，提高人们的幸福指数，建设新农村！

本报告将从三区分离、厕所革命、电力发展、外出务工、教育情况五方面政策入手，主要分析新疆农村振兴战略计划的实施情况。

1. 三区分离

根据我国相关政策，2018年开始，新疆在基层尤其是深度贫困的南疆乡村，下大力气进行宣传和引导，通过庭院整治实现住宅区、种植区、养殖区“三区分离”。

阿依库勒镇结合每户实际情况，一户一策，以村民互帮互助的形式，开展庭院整治。这样不仅能在较大程度上改善生活环境，也能减少一些疾病的传播渠道，而专门区域的建设也能够增加可饲养的动物数量，给村民带来更加可观的收益。

本次调查中的喀什巴楚县色力布亚镇就很好地体现出这一点。三区分离后的庭院井井有条，一进大门就是宽敞的大院子，并没有想象中的牛羊遍地跑，种植区的葡萄架上爬满茂盛的葡萄，后面的菜园子里种满了辣椒、西红柿、茄子、豇豆、韭菜等蔬菜。这些蔬菜基本上满足了一户人家的饮食需求，达到了自给自足，不再需要特意为了买菜去巴扎。

接着向后走，便到了养殖区，里面的牛羊都透过栅栏吃着饲料，这样在保证卫生的同时也给牲畜留下了足够的空间。

最后是住宅区，在上级组织的帮助下，居民的住宅也从最初的土坯房改造成了用砖砌成的房子。一开始的土坯房是没有厨房的，随便在院子的一个角落就开始做饭了。而现在则有了客厅、卧室和厨房等功能分明的房屋，卧室里有舒适的床和好看的装饰，厨房也是功能齐全，比之前更加干净卫生。

2. 厕所革命

“厕所革命”是决胜全面建成小康社会的重要内容，也是推动人居环境整治、实施乡村振兴战略的重要组成部分。近年来，为有效改善人居环境，解决乡村厕所脏、乱、差的问题，地处大漠深处的新疆且末县在各乡（镇）场积极推进“厕所革命”，助力乡村振兴，受到各族群众好评。

厕所里面的废弃物流到化粪池，经过三个格子的沉淀、发酵、腐化就会变成无色无味的有机肥料，最终流到第四个格子，成为作物最好的养料。

为不断提升各族群众的生产生活环境，驻村工作队以“厕所革命”为抓手，积极申请“人居环境整治项目”经费 50 万元实施乡村改厕工程。经过市场调研，工作队选用质量轻、强度高、韧性好、耐腐蚀的玻璃钢化粪池和冲水式马桶，全村 350 户村民参与到改厕工作中，目前 45 户已经完成改厕。改造后的厕所解决了防渗、防臭、防蝇、照明等问题，使用寿命可达 30 年以上。

与此同时，以旅游业为主的新疆地区更是建设了高科技、高颜值的厕所。厕所已成为克拉玛依城市形象的“加分”项目。旅游厕所遍布大街小巷，市民、游客平均步行 10 分钟就能找到一个厕所。

自治区旅游发展委员会鼓励各地尝试设置打包式、泡沫式、瓮式等生态环保型厕所，建设一些房屋顶部安装储水箱的水冲厕所。对于可进入性较强的景区，则推广自行或牵引车载式移动型环保厕所。“第三卫生间”的数量也在持续增多，方便游客使用。

而喀什巴楚县色力布亚镇也在政府的帮助下建设了安居房，每户人家都有了自家专用的厕所，解决了上厕所难和不卫生的难题。新疆生产建设兵团农五师84团更是下达了专门的文件，普及厕所革命的重要性，当地共建设了户厕19户，方便了当地人民的生活。

3. 电力发展

自2010年开始，国家提出通过电网延伸工程和新能源两种方式，在“十二五”末期解决新疆115.2万无电人口的用电问题。国网新疆电力通过电网延伸方式，解决逾98万人口的用电问题，其余通过新能源方式解决。2020年6月26日，新疆259个抵边村寨的电网改造升级工程历时2年多全部投运，惠及2.2万户、8.74万农牧民；6月29日，11个光伏行政村全部通上大网电。

与此同时，南疆“煤改电”工程(一期)也在抓紧施工，实施“煤改电”清洁取暖，居民户均用电容量大幅提高，对电网供电能力也是巨大挑战。数据显示，南疆“煤改电”工程总投资58.83亿元，其中电网建设和改造投资就达46亿元，占总投资的78.2%。

从“村村通电”“户户通电”到“村村通动力电”，国网新疆电力将电网的毛细血管延伸到各个角落，让人民在“用上电”到“用好电”的道路上不断探索前进。

4. 外出务工

党的十八大以来，新疆聚焦劳动就业重点群体和深度贫困地区，大力实施就业惠民工程，持续加大就业培训力度，积极拓宽就业渠道，引导各族群众就地就近就业、有序进城就业和自主创业，扎实推进贫困劳动力转移就业。

为帮助新疆最后10个未摘帽县、4.21万户、16.58万人全部脱贫，

2020 年，新疆在北疆及东疆安排了 5 万个就业岗位，帮助南疆 3 个地州的贫困家庭通过转移就业实现脱贫。

5. 教育情况

新疆某些地区的教育存在教师资源短缺的难题，但是我国各个地区都在鼎力合作，为新疆输送教师资源。如天津新闻 2021 年 8 月 28 日称：“为进一步发挥我市基础教育、职业教育资源优势，合作推进新疆各受援地提升教育教学水平，我市教育系统完成了教育部援疆教育人才 110 名干部教师遴选工作和我市第十批援疆干部人才项目 50 名干部教师中期轮换工作。昨天，160 名干部教师分赴新疆和田地区、新疆生产建设兵团开展教育对口支援工作。”

二、未来发展期望

在三区分离方面，目前已经将住宅区、种植区、养殖区分开，居民们的居住环境更加干净整洁，他们对于庭院的改造都表示很满意。同时政府还给每家每户修砌院墙，安装电表、自来水以及冲水厕所，部分家庭安装地暖，使居民的生活质量得到了很大提高。上网方式也从原来的使用流量网络变成了每家每户都装备了 Wi-Fi，这给居民的生活提供了很大的便利，使居民能与外界更好地接轨。

但与此同时，某些方面的整治效率还需要提高。有部分居民表示，把自己按以前政府标准盖的羊圈退掉了之后，没有及时得到政府所分配的新的养殖区，非常不方便畜牧，希望政府早日分配新的养殖区的羊圈。这就说明在按需分配和精准到户方面仍有一定的欠缺，不能够保证农民得到及时有效的分配，不利于经济的发展。因此在加快整治步伐，在帮助居民有更好的生存环境的同时，也需尽量做到不给居民带来麻烦，保障居民生活正常进行。将各个地区各家各户的住宅区、种植区、养殖区都分别整治、分配完毕后，居民们就能够在更好的生活环境中安稳地继续自己的种植与养殖。

另外，因为一些地区的民众以放牧为生，因此并没有严格地实行三区分离，在卫生方面依旧有很大的提升空间。

“厕所革命”目前已经见到了显著的成效，在色力布亚镇，安居房的建设使得每家每户都有了自己的卫生间，而84团也建设了方便大家使用的户厕。

同时，在新疆其他以旅游业为支柱产业的地区，高科技、高颜值的厕所不仅提升了旅游者的观光体验，更方便了居民的生活。高质量的厕所选用质量好的玻璃钢化粪池和冲水式马桶、长寿命的电灯、防臭装置等，同时这些地区贯彻绿色发展理念，通过科学有效的方法将厕所废物利用，保障了厕所环境的长期向好，但仍需人工定期打扫，定期检查、维修马桶、防臭防渗装置等，使厕所改革的效果能够一直持续下去。这些措施使游客们都能在旅游景点获得优质体验，同时能够推动旅游业的发展，此外，居民使用高科技厕所，生活更加方便，更加节能，也拥有了更好的生活环境。

新疆的电网建设是一项巨大的工程，目前各家各户大多实现了一天24小时通电，只有工作人员检修电网时才会断电，居民们用电方便，能够足不出户用手机App充电费。未来经过电网设施的进一步完善，能够满足居民更高的用电需求。

近年来，国家还通过输送援疆教育人才等手段，一定程度上改善了新疆的教育状况。但有些基础设施还有待完善，比如由于学校与家之间路途较远，需要配备接送学生上下学的校车，需要提高教师资源配置水平等，以便让新疆学生能接受到更优质的教育。

三、结语

习近平总书记指出，中国特色社会主义乡村振兴道路有七个“必须”：必须重塑城乡关系，走城乡融合发展之路；必须巩固和完善农村基本经营制度，走共同富裕之路；必须深化农业供给侧结构性改革，走质量兴农之路；必须坚持人与自然和谐共生，走乡村绿色发展之路；必须传承发展提升农耕文明，走乡村文化兴盛之路；必须创新乡村治理体系，走乡村善治之路；必须打好精准脱贫攻坚战，走中国特色减贫之路。

新疆面积广阔，少数民族人口众多。改善新疆人民的生活环境，提高新疆人民的生活水平，有助于民族团结和实现中华民族共同发展、共同富裕。通过近年来的治理，新疆的三区分离、厕所革命、电力发展、外出务工和子女上学等方面都得到了改善和提升。新疆变得更加生态宜居，生活垃圾处理、生活污水处理、厕所普及等方面得到了很好的治理，但还需要提高效率，落实到细微之处，使得整治与改革更加有效，更加可持续，电网建设与教育支持还需加大力度。新疆人民对于未来的发展方向和内容抱有较大的期待，新疆的农村振兴进程也在稳步前进。

（指导教师：马克思主义学院　王玉玲）

感悟新青年精神　重走《觉醒年代》之路

历史学院　孔德星　高　淳　瞿艺哲

一、前言

2021年是中国共产党成立100周年，一部名为《觉醒年代》的献礼剧凭借精良的制作引起强烈反响，许多剧迷自发进行了沉浸式打卡学习之旅。为了深入了解这一时期北京地区与中国共产党创建活动有关的纪念设施、文旅景点，本小组于2021年7月15日至2021年9月10日依据剧中涉及事件进行实践调研，寻找北京早期革命者的活动足迹，回顾革命者们精神觉醒和救国救民的进程。这次实践调研的主要目的是通过参观鲁迅故居、陈独秀故居、北大红楼(中国共产党早期革命纪念馆)等来了解早期革命者的革命历程，提高大学生的党史学习热情和社会责任感，引导学生将专业学习和社会实践结合起来，加强对专业知识的认知和了解，从而更好地服务社会，并完善新文化运动党史学习北京地区路线，了解沉浸式学习新文化运动的发展前景。

二、调研背景

北京是新文化运动的中心、五四运动的策源地、马克思主义在中国早期传播的主阵地、中国共产党的主要孕育地之一，由此形成了以北大红楼为代表的中国共产党早期北京革命活动旧址群。为庆祝中国共产党成立100周年，北京市组织开展了“北大红楼与中国共产党早期北京革命活动旧址的保护传承利用”工作，集中展示了中国共产党早期北京革命活动的光辉历程。北大红楼与中国共产党早期北京革命活动旧址主要包括北京地区与中国共产党创建活动有关的重要会议场所、重大历史事件发生地、重要党史人物故居以及重要纪念设施等 31 处。本小组利用暑期实践进行了部分纪念设施的实地考察，深入革命腹地感悟中国共产党人不屈不挠、艰苦奋斗的革命精神。

三、调研过程

(一)鲁迅故居

坐落在阜成门内宫门口西三条胡同的鲁迅故居，是鲁迅先生在京的最后一处寓所，也是鲁迅在京四处故居中唯一被列为全国重点文物保护单位并保存得最完整的一处旧址。鲁迅在 1924 年初购买并亲自设计改建了此处住所，同年 5 月至 1926 年 8 月鲁迅在这里居住生活。

鲁迅故居自 6 月 17 日起举办“曙光·伟业——五四运动和中国共产党的创立”专题展，此展区也是本次调研的重要目的地。20 世纪初，以“民主”与“科学”为基本口号的新文化运动，猛烈冲击了中国两千多年封建正统思想的统治地位，掀起了思想解放的潮流；在新文化和新思想的影响下，伟大的五四运动以彻底反帝反封建的姿态，揭开了新民主主义革命的序幕；五四运动推动了马克思主义在中国的广泛传播，为中国共产党的成立奠定了基础。该展区主要介绍了五四新文化运动发展史、传播史，用 6 个单元、200 余幅历史图片、120 余件实物展品展现了近百位风云人物的风貌，凸显了这些人物在历史发展中的重要作用，展示了五四新文化运动与马克思主义在中国早期传播、中国共产党创建的内在关联。

本展览重点展现在五四新文化运动的思想启蒙下，以毛泽东、周恩来、恽代英、邓中夏、高君宇等为代表的一代青年，冲破封建伦理的束缚成长起来，在对各种“主义”进行比较和鉴别后选择信仰马克思主义，“与劳工为伍”，又在“南陈北李”的指导与推动下，酝酿、筹备、建立了中国共产党。

在专题展学习的过程中，我感受到了展会注重在宏观叙事中突出历史真实细节、在大格局中讲文物故事的特点。展方还介绍，本次展览围绕主题汲取学界成果，同时挖掘本馆及其他博物馆、档案馆的相关藏品。部分新挖掘的展品对于研究李大钊、陈独秀两位共产党主要创始人具有重要的史料价值。

(二)京报馆

京报馆旧址位于北京市西城区椿树街道魏染胡同30号、32号，是传奇报人、革命志士邵飘萍办报和生活的地方。这座二层小院曾经是京报馆的工作用房，踏入其中能够参观“百年红色报刊展”和常设展览，展览用多个视角展示了自中国共产党诞生直至今天的百年红色报刊发展历程。通过观看党报党刊的发展历程，我们领略到了共产党带领人民革命、建设、改革开放，走向民族复兴的伟大历程。

京报馆旧址主题展览大纲的编制、展览讲解词的撰写和设计施工由北京日报集团主持完成。展陈着重展示共产党的新闻事业发展历史和北京地区报业发展的源流脉络、传承和嬗变。在这里对《新青年》——这一阶段最重要的刊物进行了重点介绍。《新青年》曾经刊登陈独秀的《本志罪案之答辩书》、李大钊的《庶民的胜利》《Bolshevism的胜利》《我的马克思主义观》、鲁迅的《狂人日记》等重要文章和作品，向我们展示了作为先进思想舆论阵地，它是如何宣传俄国十月革命、传播马克思主义，唤起中国人民新觉醒的。

展览还展示了从新文化运动、五四运动时期以《新青年》《京报》为代表的大量进步报刊，到建党初期中共中央创办的第一份机关报《向导》周报、第一份日报《热血日报》，中央苏区出版的《红色中华》等报纸，再到新中国成立前后以《人民日报》《光明日报》《北京日报》等为代表的北京地区其他报纸的发展情况。同时，还集中讲述了邵飘萍在创办《京报》、践行“新闻救国”思想、传播马列主义等方面的生平事迹。

(三)北大红楼

在北京市东城区五四大街上，有一座融汇了东西方建筑风格的大楼，它由红砖砌筑、红瓦铺顶，它是新文化运动的中心、五四运动的策源地、中共北京第一个党组织的诞生地，它见证了一个民族的伟大觉醒和近代中国的伟大开端，留下了先进思想传播者和共产党先驱的光辉足迹，它被人们称为“北大红楼”。

1918年，红楼建成，成为当时北京大学的校部，并被用作图书馆和文科教室。陈独秀、李大钊、鲁迅等曾先后在此任教任职，他们为北大、也为红楼带来了许多新思潮。在这些新思潮的影响之下，红楼渐渐变成了一个文化碰撞的汇集地，新文化运动正是在这个背景下应运而生的。新文化运动是中国近代史上一次伟大的思想解放运动，被誉为“中国的文艺复兴”。新文化运动以北京作为主阵地，可以说是从封建堡垒内部爆发的革命，以前所未有的姿态和力度冲击着旧思想、旧观念、旧体制、旧传统，突破了持续两千多年的封建思想禁锢，打破了中国社会的沉闷氛围，有力地打击和动摇了封建正统思想的统治，为之后的新民主主义革命扫除了思想文化障碍。

1920年3月，马克思学说研究会在北大红楼成立。以《新青年》《每周评论》等进步杂志为媒介，一篇篇带着马克思主义思想之光的战斗檄文，从北大红楼地下一层印刷厂飞向全国各地。由此，北大红楼成了中国红色思想的发源圣地，成了全国有识之士向往的革命风暴中心。

1920年10月，在红楼图书馆主任室，北京的共产党早期组织正式成立，当时取名为“共产党小组”。同年底，改名为“中国共产党北京支部”。北京的共产党早期组织的成立，有力推动了马克思主义在北方的传播，为在中国建立全国统一的共产党组织创造了条件。

一百年来，北大红楼经受风雨的洗礼却未蹉跎半分，那些英雄与先驱亦未被历史长河所掩埋。透过红色的建筑外表，仿佛还能看到五四运动中青年学生流下的鲜血，看到风起云涌的革命年代高高飘扬的红旗……这栋建筑将那段胜利的永恒记忆永久保存，将不朽之魂注入每一个国民的心中。

(四)陈独秀故居

从1916年11月到1920年2月，陈独秀先生在北京度过了三年多的时间，这一时期正是新文化运动的重要时期。当时他住在北京箭杆胡同9号，工作地点则是距此不远的北大红楼。如今，经历了百年的历史变迁，这两处旧址皆保存尚好，让我们有机会在喧闹的北京城与它们邂逅。

陈独秀旧居门前立有“北京市文物保护单位”文保碑，墙上挂有介绍标牌，介绍文字是这样写的：“陈独秀旧居，陈独秀1917—1920年在京时的住所。陈独秀，安徽怀宁人，中国共产党创始人之一。早年留学日本，1915年起主编《新青年》杂志，1917年任北京大学文科学长……2001年公布为北京市市级文物保护单位。”

新文化运动正是以陈独秀创办《青年杂志》(后更名为《新青年》)为开始的标志。1915年9月，陈独秀在上海创办《青年杂志》，提出“民主”与“科学”的口号，向封建传统思想展开猛烈攻击，对中国民众进行思想上的启蒙，掀起了新文化运动的风暴。

1916年，陈独秀来北京大学任教，同时也将《新青年》杂志社由上海迁到北京，当时《新青年》杂志编辑部就设在他自己的住处。包括陈独秀、胡适、李大钊、鲁迅在内的众多新派学者成为《新青年》的主要撰稿人。北京大学与《新青年》形成了“一校一刊”的结合，成为新文化运动的重要阵地。所以，这处陈独秀旧居不仅是名人故居，更是《新青年》杂志编辑部，是见证新文化运动的重要历史遗存。

四、调研结果

本小组深入实地参观，通过对如上革命旧址的实践调研，结合自身知识背景进行的党史学习，和对基础设施、文创产品进行的考察，得出实地考察有利于大学生党史学习的结论。深入红色景点走访学习是践行党的十九大精神，推进大学生党史学习、提高大学生党史学习积极性的重要举措。积极开展大学生深入红色景点参观学习的工作，正视目前存在的问题和困难并有针对性地解决，有利于推动大学生思想政治建设，使高校党建工作迈上新台阶。

我们应该重视在实践中学习、在学习中研究。根据实地参观考察调研中的认识，我们小组也有针对性地提出了对策和建议，即不仅由历史学院组织党课学习、心得撰写，也需要考虑到实地参观学习带来的良性影响，以便充分发挥北京作为文化中心、拥有多达31处中国共产党早期组织相关景点的优势。同时，我们小组将以开展红色景点实地参观活动为基准，向学院提出多组织此类活动的建议，以便同学们深刻感悟共产党人精神、提高思想觉悟。在学习的过程中，我们也在寻求更为合适的策划方向，不断创新、积极优化，力求形成更加系统化、系列化、持续性强、能够发挥我院专业特长的特色党史学习活动。

总之，党史学习是持续吸收、探索和积累的过程，希望本小组以及具有类似需求的其他院系本科生党支部能够了解到实地参观的益处，不断增强学生党史学习的活力和兴趣。我们坚信我校大学生思政建设必将取得新战绩。

（指导教师：历史学院　岳秀坤）

站在中共"转折点"上

——走访遵义会议会址，重温红色文化

政法学院　吴诗雨　孟雅斐　石真妮

一、实践背景

最初看到此次学校发起的"大视野·微观察"调研活动，我就想报名尝试。我出身于转折之城——遵义，所以我对于本次调研的红色文化主题很感兴趣。正逢建党百年，我还未回家就看到遵义已经用红旗装扮一新，整个城市都洋溢着欢庆建党百年的气氛。也许我们的视野不够"大"，但是相较于之前的我们，现在的我们可以利用一定的专业知识和逻辑思维来重新了解身边的事物。所以我在下定决心之后，很快就找到了志同道合的伙伴。2021 年，全国上下都在号召学习党史，加强理想信念。在观看了习近平总书记的"七一讲话"之后，我更觉得我们党的百年奋斗硕果累累。所以，这次调研不但能提升我们的能力，并且与时代号召、党的号召相呼应，是一次非常有意义的活动。

二、实践目的

一是 2021 年正值建党 100 周年之际，我们想以此次调研活动为契机重温"遵义会议"，重新理解遵义会议精神。遵义会议作为中国共产党历史上一个生死攸关的转折点，有着重要的历史意义，是建党史上的一个里程碑。1994 年 2 月 25 日，国家文物局将遵义会议会址列为全国十大优秀社会主义教育基地之一；1995 年，共青团中央将遵义会议会址列为全国青少年教育基地；1997 年 6 月，中宣部公布遵义会议会址为 100 个爱国主义教育基

地之一；2008 年，遵义会议会址被评为全国十大红色旅游景区。

二是为了增强自己对家乡、其他地区同学对遵义红色文化的了解，并且针对红色文化传播及红色旅游存在的一些具体问题进行思考、提出解决方法。

三是为了提升我们的团队协作能力和人际沟通能力，增强自己的党史知识储备。

综上，通过对遵义会议会址的走访专项实践调查，挖掘革命旧址中所承载的文化底蕴和精神内涵，传承红色基因，弘扬家乡红色文化，本实践小组成员深化了对于自身使命与责任担当的认识。在建党 100 周年之际，我们通过重游革命旧址，重温那段岁月，捕捉历史时刻，感受先辈革命精神，传承红色基因，强化我们的使命与担当，争做时代新人；在百年未有之大变局中，明确自身定位与责任，争做优秀新青年。

三、调查手段

1. 实地调查：走入遵义会议会址，实地观察调研红色文化。

2. 抽样访谈调查：深入百姓群体，真实了解遵义人民心中的“遵义会议精神”。

3. 深度访谈调查：对话“七一勋章获得者”黄大发，从时代楷模身上感受遵义会议精神(但由于疫情防控要求，我们无法亲自采访到老人，所以这项计划无法达成)。

四、调研成果

通过这次调研，本实践小组收获颇丰。

(一)锻炼了我们的人际交往能力和协作能力

最初大家很快就组成一队，并且合作完成了申请表。在实践过程中，队员们都非常积极配合，给予我很多灵感和帮助。在疫情防控要求和实际距离的制约下，雅斐很难来到遵义和我们一起进行实地调研。但是她积极查阅资料，我们也和她分享我们在调研过程中收集到的视频和图片资料。

在具体的实地调研过程中，真妮帮了我很大的忙。她利用自己出色的人际交往能力和沟通能力，和我一起很快地完成了采访任务。在本次调研过程中，遇到了一些突发状况，但是我们都依据预案和计划及时调整，最终完成了本次调研，所以这次调研也提升了我们的应急处理能力。

(二)深刻地了解了红色文化和遵义会议精神，进一步明确了遵义会议精神的现实意义

遵义会议精神是坚定信念、实事求是、独立自主、敢闯新路、民主团结的革命精神。正如在采访中很多人都提到的：遵义会议是中国共产党生死攸关的转折点，确立了以毛泽东为核心的党中央领导集体，遵义会议在紧急关头挽救了党、挽救了红军。

2015年6月，习近平总书记到贵州视察指导，在参观遵义会议会址时强调："遵义会议作为我们党历史上一次具有伟大转折意义的重要会议，在把马克思主义基本原理同中国具体实际相结合、坚持走独立自主道路、坚定正确的政治路线和政策策略、建设坚强成熟的中央领导集体等方面，留下宝贵经验和重要启示。我们要运用好遵义会议历史经验，让遵义会议精神永放光芒。"在纪念红军长征胜利80周年大会上的重要讲话中，习近平总书记指出："长征途中，党中央召开的遵义会议，是我们党历史上一个生死攸关的转折点。"回顾那段人类历史上无与伦比的革命壮举，发扬遵义会议精神，对于深入学习贯彻习近平总书记系列重要讲话、实现"两个一百年"奋斗目标和中华民族伟大复兴的中国梦，具有重大理论意义和实践意义。所以通过社会实践的形式深入了解遵义会议精神，对于指导我们每一个人的生活和学习具有重要意义，对于中国梦的实现也有积极的促进作用。

(三)了解了遵义会议文化传播现状，并且提出一定的解决办法

在实地调研的过程中，我们发现参观遵义会议会址的客流量相较于以往有明显增加。一是因为这是百年建党之际，遵义会议会址作为见证中国共产党重要历史时期的红色旅游景点，吸引了许多游客；二是因为这几年遵义会议会址加强景点维护和增加场馆内容，提升了自身的服务水平，给游客带来了更好的旅游体验。但是，在我们采访和调研的过程中也发现了

一些问题。比如在人流量突然增大时，常常会在步行街道上排起长队。特别是在疫情期间，进入场馆需要扫码和检查身份证，这会大大降低游客流动的速度。再比如，在我们采访过程中，因为纪念馆讲解员数量有限，很多人无法得到讲解服务，无法全面了解场馆构造和内容。针对这些问题，我们从多方面提出建议，希望通过我们的走访调查，能为遵义的红色文化旅游事业献出一份力量，同时，也希望遵义会议精神能够深刻地影响到每一位游客。

五、结语

在走访过程中我们发现，相较于年轻人，老一辈同志对于遵义会议的了解更为全面、对遵义会议精神的理解也更为深刻。他们在参观时更加细致，多专注于史实资料、人物事迹，而年轻人偏好实物参观、著名人物经历等更生动的展现形式。可喜的是，现在有越来越多的家长选择带领孩子一同走进遵义会议旧址，感受文化氛围，重温红色精神，而孩子们也对这种形式表现出极大的兴趣，这便是对孩子们最好的历史教育。除了外地游客举家前来之外，当地人也常常会带外地朋友前来参观，红色旅游渐渐成为当地的风景线，这不仅是对遵义最好的宣传，也增强了当地人对家乡的自豪感和民族认同感。

当然，在本次调研中，我们也发现了许多问题。如大多数人对遵义会议精神的了解仍有不足；遵义会议本是著名历史事件，但其会址却在平日里门庭冷落；有些参观者虽然也沿着参观路线走了一圈，但更多的却是“打卡”而已，缺乏对红色文化的重视；年轻人对遵义会议精神的理解并不如老一辈那样深刻，游览时也多参观和沉浸于实物、影片等视觉冲击力较大之处，“有趣处驻足，无趣处掠过”，并不能怀揣对红色历史的敬畏，真正沉下心来参观。

对此，我们认为，其一，红色旅游的兴起不仅需要大家的关注，还需要社会的宣传带动和相关部门的努力。尤其是教育层面上应加大红色文化、革命精神在教科书中的宣传力度，在初高中的历史、政治课本中，对遵义会议这一重要转折性历史事件的重视程度远不及其本身的历史意义和地位，加强红色文化宣传是提升国民文化认同、增强文化自信和历史敬畏感的基础所在。其二，为吸引更多游客(特别是小朋友)前来参观，展览区可适当引入交互式设备或沉浸式场馆等新技术来增强参观的趣味性，使游览者对这段历史的记忆更为深刻。与此同时，会址也应坚定自己“红色文化旅游区”的定位，不能为了吸引人流而与网红博物馆盲目攀比，一切展览手段都应立足于“更好地传播红色文化”。

最后，值得一提的是，通过本次实践调研，我们大大加深了对遵义会议精神的认识，为老一辈革命家于万钧之机挥刀立断的政治决断力与革命乐观主义精神深深折服。于调研之外，本次实践亦是对我们思想境界的洗礼，唯有真正走近，方知何为伟大。于是，在对自身责任与使命有了更深的认知后，我们愈发迫切地想把遵义精神带给更多的同龄人。一个能够持续走向繁荣富强的国家，必然需要怀揣希望的国民；一个合格的中华民族伟大复兴中国梦的继承者，其骨肉之间，必先镌刻有民族精神。而红色文化、革命精神便是我们在这条路上最为强韧的精神武器；深入了解那一桩桩、一件件感人肺腑的革命事件后心中升腾而起的民族信仰便是精神之基。

(指导教师：马克思主义学院　李基礼)

“新青年”遇见“新青年”

——追寻守常先生情思，探寻爱国教育新路

教育学院 姜沫竹 关语淙 黄 淼

一、昨日之青年

李大钊，字守常，1889 年 10 月出生于河北省乐亭县。那时中国正处于帝国主义列强加紧侵略和封建统治愈加腐朽而造成的深重灾难中，国家和民族处于危亡的边缘。进入 20 世纪，辛亥革命爆发、新文化运动涌起，特别是五四运动的发生，使中国社会涌现出新的生机。李大钊同志就是在这样的历史背景下走上探索救国救民道路的。1913 年，他东渡日本，就读于东京早稻田大学，开始接触社会主义思想和马克思主义学说。1916 年回国后，他积极投身新文化运动，宣传民主、科学精神，抨击旧礼教、旧道德，向封建顽固势力展开猛烈斗争。李大钊同志和他的战友们改造旧中国的决心和激情，有力激发了当时中国青年的蓬勃朝气和进取精神。这是习近平总书记在纪念李大钊同志诞辰 120 周年座谈会上的讲话中为我们描述的他短暂而又伟大的一生。座谈会在北京人民大会堂举行，而在李大钊同志这短暂的 38 年间，最后的 10 年都是在北京度过的，也在北京这座历史悠久的城市中留下了浓墨重彩的印记……

脚步匆匆，我们来到了寻访之旅的第一站——文华胡同 24 号院。

1920 年春至 1924 年 1 月，李大钊一家在这条小胡同里居住了近四年，这是他除了故乡之外与家人生活时间最长的一处居所。从外面看，这座四合院与其他院子并没有什么不同，简单、朴素，只是院内有两棵高大的海棠树，开了满满一树花，有些花瓣被雨水打落，来往的参观人员小心地避

开，以免踩到花瓣。伴着小雨我们走进复原后的堂屋、卧室、书房，看到了逼真还原的桌椅、床铺、木箱、笔墨、书籍、煤油灯，还有那架著名的“革命风琴”，感受到了百年前守常先生及家人生活的点点滴滴，以及先生为人夫、为人父、为人师的高尚精神品格。淅淅沥沥的雨滴打在木头的窗棂上，一瞬间好像时空流转，我们又回到了那个风起云涌的年代，所有看过的文字、照片、视频等历史资料，都化作立体的画面在我们眼前一幕幕上映，有坐在煤油灯下缝缝补补的赵纫兰，对坐读书的守常先生，膝下儿女围绕；有前来拜访的学生、友人、革命同志围坐在堂屋中，赵纫兰坐在炕上为他们望风，旁边是弹琴唱歌为父亲掩盖声音的儿女，和着屋外的狂风暴雨，没有一幕不是美好的画面。房屋不过几间，却都简朴而又整洁，充满生活气息，也应了守常先生的那句话：“光明磊落之人格，自有真实简朴之生活。”

在南院的展览馆里，我们看到了一段非常珍贵的黑白无声影像，那是我们第一次看到守常先生的视频影像。视频仅有 8 秒钟，也是守常先生生前唯一的视频影像。如果外面是雨，那视频就好像一束火苗，从人的心底烧到了血液，原来这就是革命者的力量，跨越千年向我们招手，依旧带着汹涌澎湃的力量。也许回到百年前，我们也会是，或者说，必然是守常先生的追随者，而现在无须跨越百年去追寻那精神力量，它就在每一个当下。

看过一袭长衫的先生，走出充满生活气息的文华胡同，第二站我们来到了位于如今东城区五四大街 29 号的北大红楼。

北大红楼是李大钊先生在京期间的主要办公场所，也是北京大学图书馆的前身。北大红楼里留存了李大钊先生和其他许多革命伟人的印迹，在这里，点燃中国革命星星之火，而又将这星星之火照亮整个中国的“新青年们”相聚了。在展览馆中，我们看到了一份 1923 年北京大学政治系学生马昌民“唯物史观”的试题答卷，题目为“试述马克思唯物史观的要义并其及于现代史学的影响”。答卷用毛笔书写，字迹工整清晰，论述严谨，李大钊给这份答卷评了 95 分。也正是在这里，李大钊先生受俄国十月革命胜利的鼓舞，连续发表了《法俄革命之比较观》《庶民的胜利》《Bolshevism 的胜利》等文章和演讲，热情讴歌十月革命，成为中国最早的马克思主义传播者。他敏锐地认识到这场革命将对20世纪的世界历史进程产生划时代的影响，从中看到了民族独立和人民解放的希望，因此满怀信心地预言："试看将来的环球，必是赤旗的世界!"王沪宁同志在纪念李大钊同志诞辰130周年座谈会上的讲话细数了这段革命往事，表达了对老一辈革命家们的深切怀念。

在红楼的展览厅中，我们随着时代的脉络领略了党的历史发展轨迹，看到了教科书之外的那些饱含朴素爱国情的青年抛洒热血的场景，学生、校长、老师，无数平凡的人将振兴中国之责任置于自身之肩上，而这幢普通的教学楼成了伟大的五四运动的策源地。看着一张张照片、一段段视频、一座座铜像和一片片嵌入墙壁的雕塑，感受着这一代人的勇气与才华，如果是我，我又会怎么做？或许是加入，因为激荡的爱国情怀会点燃每一个新青年的心，就像我站在这里，看着周围来往的参观者，他们认真、动容的表情和聚精会神的样子已经让人感受到了五四精神的传承与发扬，百年前这些青年人的精神信念，插上翅膀，飞出红楼，在中国大地上不断盘旋。

寻访之旅的最后一站，我们来到了万安公墓——李大钊同志遭奉系军阀杀害后，被北平市民公葬于此。

有人说，真的死亡是被遗忘。而李大钊同志的事迹，即使在百年之后，也仍是一座丰碑。在李大钊同志生命的最后几年，他领导的北方革命斗争引起了北洋军阀和反动政府的恐慌和仇视。1927年4月6日，奉系军阀张作霖勾结帝国主义，闯进苏联大使馆驻地，逮捕了李大钊等80余人。在狱中的22天，李大钊扛过百般折磨，只字未说党的机密，为了保护同时被捕的其他同志，李大钊用血迹斑斑的双手写下《狱中自述》，最终被施以绞刑。1927年4月28日下午2时，李大钊从容走向刑场，牺牲时年仅38岁。李大钊就义后，他的灵柩多年停放在宣武门外的一个庙宇内，迟迟不能安葬。直至1933年4月，中共河北省委发动北平市民公葬李大钊烈士于万安公墓，大批学生、工人、市民群众冒着白色恐怖参加葬礼，形成一次壮烈的示威活动，许多参加者因此被捕，甚至被杀害。

站在烈士陵园李大钊先生墓前，看着他就义前留下的遗照，目光和悦，泰然自若，宛如平日。我想起李大钊先生在《狱中自述》中自豪地写道：“钊自束发受书，即矢志努力于民族解放之事业，实践其所信，励行其所知。”写到这，我的眼眶发酸，直面死亡的那一刻，他会不会想起家中相濡以沫的妻子，会不会想起年岁尚小的儿女，会不会想起仍处于水深火热的人民、前途黑暗的祖国和为国家奉献一切的战友……“革命者光明磊落，视死如归，只有站着死，决不下跪。”百年之后，肉体已逝，脊梁仍在。

二、今日之青年

寻访行程至此，已宣告结束。正值中国共产党成立 100 周年之际，我们穿行在北京的大街小巷，在李大钊先生生活过和战斗过的地方重走红色道路，追寻红色精神。现在回头看，也许实践“触摸”的过程正是体悟的意义所在，尤其是在“沉浸式”参观李大钊故居和李大钊纪念室时，站在那些历史遗物和前辈相片前，回首百年前的历史画卷，能够感受到一种来自历史的信念和激情。形形色色的展品，有的纸质展品早已发黄，有些铜铁展品已经受损，但正是这些，于我们眼前却拼凑出了一个完整的、有血有肉的先辈，也让我们更深刻地体会到了李大钊先生的伟大精神。

作为教育学专业的学子，此次寻访之旅也让我们收获颇多，教育学是研究教育教学的专业，教育是立国之本，其重要性不言而喻，作为新时代的大学生，做学问时更要坚持马克思主义思想的指导，坚持党的领导，做一名“铁肩担道义，妙手著文章”的教育学人。

首先，李大钊先生是马克思主义的传播者和研究者，其思想与实践中闪耀的科学精神是十分值得学习和继承的。一方面，李大钊先生在探索中国发展道路的指导思想时，在不断深入的探索研究中发掘了当时最具有科学性的马克思主义，并坚定地向科学的理论不断靠近；并且李大钊先生在研究马克思主义时，不仅仅停留在理论上，更进一步将其运用于解决中国社会现实问题上，用于探索适合我国国情发展的道路上，这是他科学精神的体现。从我们教育学专业的视角来看，教育也要讲究科学，要遵循客观规律，遵循教育发展的科学方式。例如，我们在进行教育学实践与探究时，要遵循个体的发展规律，遵循教育发展的规律，使教育变革适应于时代等。而且，只有科学的教育才能促进国家的发展和民族的兴盛。另一方面，除了思想上的启发之外，先生的伟大人格对我们也有很大的激励作用。他具有追求真理、矢志不渝的勇气，这对于我们教育学学子来说也是非常重要的。教育学需要我们不断发现真理，不断探索适应时代、适应个体发展的教育及教育发展之路。长路漫漫，更需要我们坚守初心，矢志不渝，具有“路漫漫其修远兮，吾将上下而求索”的精神，将求真务实作为我们的思想追求与行为准则，将不断探索作为我们的学习态度与学术态度。在我们治学的道路上，“真”不仅仅是我们的学术结果，更是我们的最终追求，我们探究的真理。

其次，教育研究从本源上就以马克思主义思想为指导，与此相符合，就必须坚持党的领导。李大钊先生的精神永垂不朽，这一意义已经不局限于学习方面，更重要的是对我们精神和人格的一种影响。教育行业是一份需要情怀，需要每一个“教育人”胸怀天下的事业。作为教育学人，“情怀”二字万不能抛，尤其是“专业情怀”。李大钊先生为开创和发展我国共产主义事业的大无畏精神，永远是一切革命者和青年人学习的光辉典范。我们也将学习并继承这样的奉献精神，为教育事业做出“新青年”的贡献！身为教育学专业学生，我们以后很可能成为教育行业从业者，也会对下一代产生教育示范作用，那么我们自己的品行是否端正，将会对学生产生很大影响。因此，育人先育己，要给学生树立好榜样，发挥自身的榜样作用。身教甚于言传，自身的榜样示范作用更加具有育人效果。

最后，李大钊先生的爱国精神能够让我们在教育学学习和实践中不忘价值引领，用爱国精神将个体与国家紧密联系在一起，连接国家与民族的现在与未来。不管是在风雨飘摇、动荡不安的民国时代，还是当下，个人与国家都是紧密相连的，国家的发展离不开每个个体的努力与奉献。中国共产党的成立已然过去百年之久，神州大地也一改旧貌，现在早已没有了当年大苦大难、灾厄当头的踪影。然而，当今世界正处于“百年未有之大变局”，这也正是实现中华民族伟大复兴的关键时期，需要我们每位青年与国家、与党、与人民一起努力前行，投身于共产主义事业，投身于社会主义现代化建设，投身于中华民族的伟大复兴，将李大钊先生的奉献精神在当代社会条件下，以适应现代社会环境的方式进行实践，这才是我们新时代新青年的姿态！

2021年，距李大钊先生壮烈牺牲已经过去了94年，而他对青年的寄语“以青春之我，创建青春之国家”仍铿锵有力。青年，在任何时代都有着其独特的意义和使命。青年，是一个国家的未来，更是国家的现在。百年前的青年，他们读书是为了让广大人民过上好日子，为了打破黑暗，带来光明，即使是做一个无名的时代接力者。许多人还未看到光明，便倒在了黎明前。但如果再来一次，他们仍然愿意冲上前去。这是我看到的革命者，这是我看到的觉醒者，从他们坚毅的眼神中，我读出了为国为民的无私。如今，祖国已然踏上复兴之路，可我们不能忘记，这条路是那些时代接力者用血肉铺成的。我们，是新时代的新青年，我们所站立的地方，是我们的中国。我们怎么样，中国便怎么样。我们是什么，中国便是什么。我们有光明，中国便不黑暗。

今日之我们重走革命旧址有利于深挖红色教育资源，深化教育效果。在这个迅猛发展的时代，实现民族的伟大复兴还需要青年人多走一走，看一看。写下这篇文章时，我们难以忘记这一路走来的所见、所思、所感，也将永远记得李大钊先生对着广阔天地宣誓时眼里的光，纵使黑暗如风暴般袭来，遍地尘埃中，仍透出希望的光明，那便是觉醒的人们，那便是觉醒的年代。走走停停，唯有铭记，才能行千里不迷茫。我们为生在这个和平与发展的时代而感到幸运与骄傲，因为有前人为我们执旗开路，披荆斩棘。我们也庆幸自己身处一个和平的年代。每当看见蓝天飘扬着的五星红旗，我便会想到身后有一个强大的祖国。习近平总书记说过：“每一代人有每一代人的长征路，每一代人都要走好自己的长征路。”少年强则国强，作为新时代新青年的我们理应接过先辈手中的旗帜，当时代的接力棒交接到

“00 后”手中时，我们更应当继承李大钊等先辈们的伟大精神与不朽思想，坚持党的领导和马克思主义指导思想，坚持爱国主义，积极创新，敢于创新，在实现“两个一百年”奋斗目标、实现中华民族伟大复兴的中国梦的前进道路上，续写更加华美的篇章，取得更加辉煌的成就！

（指导教师：教育学院　李海珊）

跟党走·扎基层·扬红色精神

——红色教育基地发展调研

心理学院　杜芳瑄　杜晨阳　安伊宁　杨馨宇　魏光亮

一、背景与问题提出

在建党100周年之际，心理学院本科生党支部实践调研团积极学习贯彻习近平总书记庆祝建党百年重要讲话精神，深刻意识到党史的宣传与学习不仅要“趁热”，更要“保温”。各重大历史发生地、红色教育基地作为党史宣传学习的前沿阵地，在党史教育方面发挥着重要作用。红色教育基地的发展，正是党史学习教育持久发挥作用的核心驱力。作为大学生，深入红色教育基地实践调研，知行结合，发扬红色传统、传承红色基因，赓续共产党人的精神血脉，义不容辞。

二、调研目的及意义

本实践活动旨在走进北京市各大具有代表性的红色教育基地，与基地负责人进行深度座谈。抓住建党百年的宝贵机遇，在了解各基地运营情况、宣传发展状况的同时，挖掘各基地特有的党史精神财富，以小见大，以大学生的视角为基地宣传发展提供宝贵动力。同时积极争取合作，联动开展更全面、更深入的党史学习教育活动。

三、调研流程

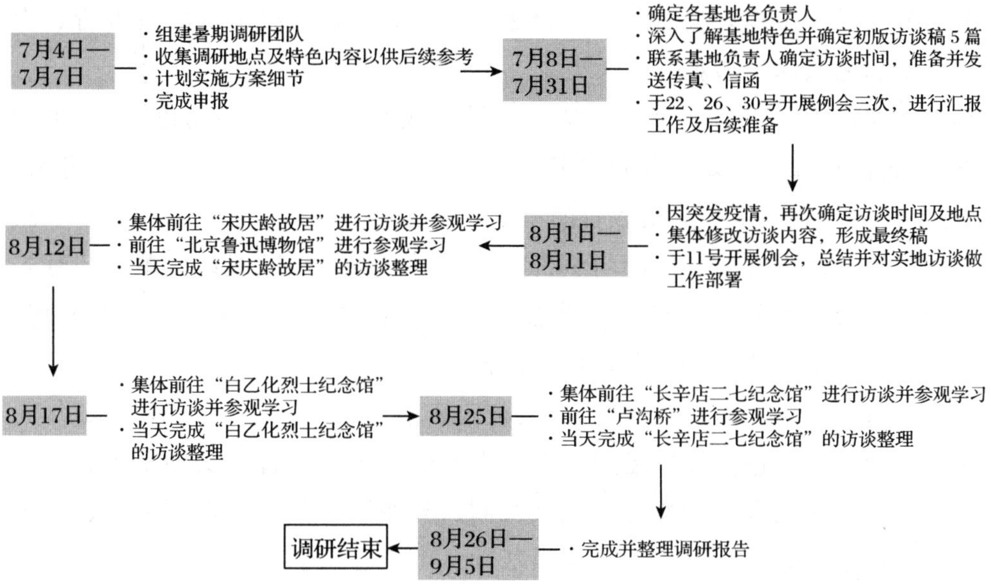

图1 “跟党走·扎基层·扬红色精神”调研流程

四、调研成果

（一）座谈成果

以下座谈所获的重要一手资料及重要内容将依次从基地的历史概况、运营情况、特点特色、宣传与发展工作四个方面呈现。

1. 宋庆龄故居

宋庆龄故居于1982年起对公众开放，在发展过程中获得全国重点文物保护单位、全国爱国主义教育示范基地等荣誉称号。故居广泛向社会征集藏品与捐款，于2009年建成文物保护库。故居自建立以来，着力于开发红色资源，在建党100周年的背景下，已主办400余场党史学习教育活动。

故居基于保护古建筑的考虑，统一门票收费20元，对青少年特设免费开放日；同时，故居对于党建活动项目进行收费。故居内正式工作人员30

人，负责文物保护、社会教育、古建维护、游客服务、上级单位外事接待等事务。故居一天可接待1000—3000人次，一年接待20万—30万人次。疫情暴发后，参观人次缩减至三分之一。参观人群主要分为家庭教育、党史学习、老人休闲参观等几大类。

故居作为全国第一批中小学生研学实践教育基地，最初以“小先生理念”结合陶行知先生知行并进的理念在竞选中脱颖而出。故居以“请进来，走出去”的形式，承担党史教育的重任，走进校园宣传交流，密切合作。故居的志愿活动也是由专门部门负责，直接对接各高校院级以上单位招募志愿者，也会与海外进行相关活动合作，包括翻译、后期保障、文案整理、书籍文案校对，暂不包括个人名义志愿。

在宣传发展方面，故居建立“北京宋庆龄故居”官方公众号，固定每周推出一篇推文，包括故居近期活动、学术研究进展、普及文物等内容。公众号在近两年联合各大媒体，如人民网、光明网，甚至包括CGTN、斗鱼在内的线上平台举行了千万人直播活动。由于疫情影响，故居响应文旅部门要求，开展线上研学直播、开办线上教育栏目。此外，故居更加希望大学生能够运用专业知识，发挥专业特长，探寻宋庆龄精神及其时代价值、历史意义。在本次座谈后，我们也计划与故居达成一定的合作，合力研究“小先生”理念实践的科学性。

2. 白乙化烈士纪念馆

白乙化烈士纪念馆位于北京市密云区石城镇河北村，于2007年首次对外开放，在2008年被评为爱国主义教育基地，近两年逐步发展为国家级红色旅游景区。

纪念馆的运作模式具有鲜明特色。工作人员仅包括1名馆长、2名讲解员、2名安全员。该馆由室内展厅与室外旧址两部分构成，开放式运作，不需要文物进行支撑。纪念馆采取“参观＋讲解＋活动”的运作流程。纪念馆接受来自学校、企业与党政机关的免费预约，由讲解员进行团体讲解，然后提供场地，供各单位自由活动。

纪念馆一年可以接待游客达5万人次，讲解场次达到700余场。建党

100 周年之际，人流量有所增加，每日接待约 10 个团。疫情后，仅在 2021 年 4—7 月对外开放。

该馆在保持运营特色的同时也承办了一些周边活动。该馆作为红色爱国主义教育基地，能够为中小学提供场所进行悼念活动。学生们在场馆内听完讲解后，可以到白乙化纪念碑前举行哀悼仪式，在实践中学习。该馆每年清明节承办白乙化子孙来纪念馆进行的扫墓活动，提供食宿。

该馆运营模式较为固定且具有特色，但背后也反映出一定的局限性问题。一是资金紧张。该馆建立之初基础设施不完善、实践形式单一。二是地域局限。该馆位于水库一级圈，需严格控制客流量及污水排放，以保护水库生态环境。三是宣传发展工作开展得不充分。该馆从建立至今未建立官网或公众号进行宣传。据讲解员陈述，一部分原因在于前两个局限，该馆无法承受更多客流量。

3. 长辛店二七纪念馆

长辛店二七纪念馆由 20 世纪 50 年代仍在世的二七工人提议建设以纪念中国最初的工人运动。1983 年，由北京市政府与铁道部以纪念京汉铁路大罢工为由建立此馆。后从仅纪念京汉铁路大罢工，到升级改造后纪念党史中工人运动的光辉历程。展馆共有 7 个展区，依据工人运动发展进程陈列，现为全国爱国主义教育示范基地。

该馆现有工作人员 10 余人，主要负责接待、讲解等基础工作。该馆为早期马克思主义传播旧址，基于“9＋1”工程进行全面升级改造。该馆参观人流量较大，受众较广，年龄下至 7 岁，上至 90 岁不等。现正值建党百年，参观人数激增。

该馆改造完成后，举办了大量特色活动，包括云朗读、授予“光荣在党 50 年”纪念章仪式等，积极与同类纪念馆，如郑州、武汉、福建的二七纪念馆进行沟通交流，共享研究成果。此外，该馆对接企事业单位、学校，作为唯一以工人运动为主线的纪念馆，系统展现了中共早期工人运动发展史，贯彻价值观引导的方针，真正让来访者做到“学史力行”。

该馆因隶属于中车北京二七机车有限公司，相关宣传信息由“百年二七”和“北京丰台”公众号发布。馆长表示，未来希望形成独立的宣传平台，进行具体宣传。宣传目的着眼于让参观者有思考、有升华，重在提升自我与认知，思考未来生活中我们如何落到实处，增信明理。同时馆内设置多处多媒体设备，让参观者进行趣味导向式学习。

(二)实践成果

通过本次实践调研活动，我们重点了解了北京市爱国红色教育基地在宣传发展方面的优点和弊端，横向比较、分析了北京市范围内不同地区爱国红色教育基地的宣发现状。

通过与基地负责人座谈，我们得出，红色教育基地的宣传发展工作受区域、红色教育基地类型、保护价值等方面的影响较大，负面影响可通过基地自身特色克服和改善。

宋庆龄故居的宣发能力最强，主要体现在该馆与各方合作积极，线上线下开展了大批量高质量的活动，抓住了历史机遇，挖掘出了故居在全民学党史风潮下的发展潜力。在进行基础宣传的同时，打造出历史与时代意义兼备的特色活动，从伟人的思想中重现精神圭臬，让“小先生”再次深入人心。

相较位于城中心的宋庆龄故居，白乙化烈士纪念馆和长辛店二七纪念馆都在不同程度上受到了地理位置的影响。但长辛店二七纪念馆能够发挥自身特色优势，在所属的中车北京二七机车有限公司及丰台区官方平台上同时进行宣发工作，定期布展翻新。基地计划在未来引入VR技术，形成“沉浸式体验”项目，并拟以此开发纪念馆的解压功能。基地负责人在采访最后向调研团表达了合作意向，希望更多的大学生参与到挖掘长辛店二七纪念馆历史内涵的工作中来，为长辛店注入青春力量。

白乙化烈士纪念馆的宣发工作相对匮乏，发展仍面对诸多挑战，需要因地制宜，尽可能地发展、拓宽线上宣传模式，同时也需要政府部门积极提供帮助，在资金、基础设施建设方面提供一定的支持，从而讲好先烈故事，弘扬红色精神。

值此建党100周年之际，各个场馆的参观人数均显著高于往常。由此可见，随着党史宣传教育的大力推行，各党组织均积极拓展理论联系实际的方式，其中参观红色基地是最受欢迎的选择之一。这种学习党史的方式在未来将会受到更多关注，中国共产党的光辉事迹也会更广泛地传唱下去！

五、总结

此次调查中，我们在访谈稿的问题设计上有所侧重，以宣传发展工作为重点展开与各馆的座谈。由于各纪念馆的建馆历史、发展路途有所不同，这在它们的宣传发展工作上也有显著的体现。除了立足宣发工作的宗旨外，调研团也极重视场馆的选择，挑选北京市内的重大红色历史发生地、爱国主义教育基地、党史学习宣传前沿阵地进行座谈，并且采用面对面交流的方式，全员参与到采访稿的撰写、实地采访的记录中，力求获得各场馆最真实的一手回应。且受访者均为场馆内高级管理人员，其中两人为馆长，这对调研团深入了解场馆工作状况极有帮助。

此次实践活动也存在着诸多不足：首先，对于特殊情况的应急预案不够到位，调研团在疫情突然出现反复时没有应对措施，虽然及时调整后顺利完成了各地调研，但是疫情还是对调研的进度造成了一定影响。其次，调研团在采访内容的广度、深度和采访场馆数量上预想得不准确，尽管二次调整后报告足够丰富并且内容足够翔实，但没有落实对鲁迅博物馆、陶然亭慈悲庵等场馆的调研，调研团对此感到十分遗憾。最后，与各场馆间存在沟通问题，联系基地负责人相对而言较为困难，这种问题需要双方协力改进。

综上，本次的实践成果意义重大。以史为鉴，开拓创新。红色教育基地的宣传与发展不仅要让党员、团员、群众主动走向党史，更要让党史生动起来，让这些党史的载体主动走近人民群众，真正让党史知识成为人民大众的党史。本次实践在深入分析场馆情况的基础上，真正做到了让场馆中的党史更好地“走出来”，场馆外的人们“请进去”，可谓收获颇丰。

雪莲花开　协同育人

马克思主义学院　李笑川　吴宇轩　刘　蕊　魏笑晨　李美宸

“雪莲花开”项目团队依托首都师范大学马克思主义学院本科生党支部，与首都师范大学教育学院教育技术系本科生党支部和首都师范大学马克思主义学院研究生党支部联合组队，在2021年暑期开展了党史学习教育主题实践活动。

一、实施情况与主要成果

(一)实施情况

“雪莲花开”项目团队坚持深化学习教育成果，注重知行结合。围绕学习贯彻习近平总书记庆祝建党百年重要讲话精神，“雪莲花开”项目团队与新疆石河子大学马克思主义学院、新疆师范大学马克思主义学院相聚线上，共同开展党史学习教育活动。马克思主义学院沈永福教授、王洪波教授先后领学习近平总书记在中国共产党成立100周年大会上的讲话。“雪莲花开”项目团队部分成员在暑期前往河北雄安新区支教以及赴青海化隆回族自治县、互助土族自治县进行社会调研，服务雄安基础教育，助力乡村产业发展，调研农村基层党建，探索脱贫攻坚同乡村振兴衔接的有效路径，体察民富村强产业兴的生动画卷。

同时，“雪莲花开”项目团队依照《中国共产党简史》一书整理出10个章节近3万字的领学稿，按照不同章节划分领学小组，与石河子大学马克思主义学院的少数民族同学们开展分享交流活动，累计开展专题分享31次，受众超过500人次。受众主体为新疆地区少数民族学生，通过分享活动，他们对中国共产党历史有了更系统、更深刻的认识，从党的历史中领会到党的光辉历程和伟大成就，从中汲取了奋力前行的智慧和力量。

（二）主要成果

“雪莲花开”项目团队深入基层，扎根一线，奉献服务。“雪莲花开”项目团队立足北京，关注实践资源不足的乡村中学，依托学院学生家乡与北京地区的四史资源，以学生喜闻乐见的形式积极开展“行走课堂”分享活动。项目组成员依托师范生的优势，与首都师范大学附属昌平学校初一年级学生展开“一对一”结对帮扶活动，与26位京内乡村中学学生结对，服务总时长达122小时，帮助同学们拓宽视野、坚定理想信念。“雪莲花开”项目团队成员做到了切实服务乡村振兴、中华民族共同体建设，把学习奋斗的具体目标同民族复兴的伟大目标结合起来，用实际行动诠释了当代青年的责任与担当。

二、特色亮点

（一）创新机制，提升大思政课协同育人效能

“雪莲花开”团队在历时近两月的实践活动中，创新思政教育的协同育人机制，发挥出“1＋1＞2”的育人效能。

我们着眼京疆两地，探索地域协同育人机制，先后同新疆石河子大学和新疆师范大学的马克思主义学院师生开展共建活动，两地马克思主义学院领导老师围绕高校思政课教学研究、马克思主义学院学科建设开展交流，推动两地教学资源共享、教学经验共鉴。两地学生还交流了各自团队暑期社会实践心得，开展共读一本书、共同学党史、学讲话等活动。大家在同新疆同学的真挚交流中，在学习百年党史的生动实践中，开阔了视野和心胸，深化了对国情、社情的理解，提升了服务国家的热情，不断筑牢中华民族共同体意识，推动民族团结，实现思政工作的育人目标。

同时，我们着眼首都基础教育，探索不同学段间的协同育人机制。在团队成员的组织协调下，首都师范大学马克思主义学院的大学生同首都师范大学附属昌平学校的初中生开展了暑期“一对一”结对帮扶活动。我们立足初一学生的学段背景，开展了贴合实际、富有特色的帮扶活动。围绕百

年党史，我们同初中生分享红色故事，展望未来，我们为初中生的学业发展和人生规划提出指导建议，为其答疑解惑。在帮扶结对中，我们充分发挥首都师范大学学子的知识储备和教学能力，丰富了初中生的各方面知识，开阔了初中生的人生视野，分享了很多有益的学习经验和学习资源，推动初中生树立远大理想，扎实学习知识，自信面对未来。

(二)内容提质，推动党史学习教育走深走实

立足建党100周年，实践团队在开展党史学习教育活动的过程中，始终注重内容提质，提升学习实效。我们充分发挥名师的引领作用，同新疆高校马院师生共学党史的每一次活动，学院领导都参与其中，我们先后邀请首都师范大学马克思主义学院副院长沈永福和王洪波教授为两地学生领学习近平总书记在庆祝中国共产党成立100周年大会上的重要讲话，两位教授以其深厚的学术功底，深刻解读了总书记讲话的精神实质，引发了广大同学的深入思考。我们充分发挥好教材的示范作用，把《中国共产党简史》一书整理出10个章节近3万字的领学稿，按照不同章节划分领学小组，与石河子大学马克思主义学院师生开展读书交流活动。全体团队成员利用假期研读了整本《中国共产党简史》，立足马克思主义学院学生专业背景，围绕理论知识有针对性地读原著，使每个同学在导学中形成对党的历史的深入思考。

(三)教学相长，践行教书育人的初心与使命

作为首都师范大学的学生，项目团队成员牢记教书育人的初心使命，在活动中实现由学到教的有效转变。我们同首都师范大学附属昌平学校初中生开展暑期“一对一”结对帮扶活动，在共学党史的同时，还为他们开展课业辅导，围绕道德与法治课程知识，解答初中同学们的课业疑惑，协助其暑假作业的落实。在帮扶活动中，既有过来人的经验分享，又有师范生“小老师”的倾情相授，实现了大学生同初中生在课业知识、人生规划上的深入交流。

三、社会价值

习近平总书记在党史学习教育动员大会上指出：“回望过往的奋斗路，

眺望前方的奋进路，必须把党的历史学习好、总结好，把党的成功经验传承好、发扬好。在全党开展党史学习教育，是牢记初心使命、推进中华民族伟大复兴历史伟业的必然要求，是坚定信仰信念、在新时代坚持和发展中国特色社会主义的必然要求，是推进党的自我革命、永葆党的生机活力的必然要求。”这不仅提出了开展党史学习教育的基本要求和根本遵循，而且指明了开展党史学习教育的必要性和重要意义。

在此引领下，“雪莲花开”这一项目很好地发挥了先进文化的引领作用。通过畅通渠道引导学生为新疆提供文化服务，提升当地学生理论学习的自觉性，促进当地乡村文化繁荣，助力乡村振兴。同时，在帮扶中，各地学生结合自己所学所解，分享自己对红色文化的体悟和理解，增进彼此了解，同学们“像石榴籽一样紧紧抱在了一起”。因此，“雪莲花开”这一实践活动具有相当大的实践意义和社会价值。

首先，此项目丰富了开展思想政治教育工作的途径和渠道。一方面，与石河子大学共建开展经典著作读书会，结合时事热点开展经典领读活动，让新疆少数民族学生在经典著作中感悟红色文化；另一方面，构建“实践育人共同体”，引导校内少数民族学生依托网络平台增强与家乡的交流，用自己的所学所悟服务家乡，“让青春在党和人民最需要的地方绽放绚丽之花”，用小我成就大我。

其次，此项目整合了实践教学成果及网络思政资源。在疫情防控常态化的大背景下，兼顾活动教育意义和疫情防控要求，整合实践教学成果，形成网络思政资源库，搭建线上交流平台，推动两地实践教学成果形成持续长期的交流互鉴。

最后，本项目打造了多元平台，助推乡风文明建设。依托“线上＋线下”“京内＋京外”的多元培育模式，共享思想政治教育资源，传播红色文化，促进两地红色文化相互交流融合，提高当地学生的文化认同感和归属感，以及学习传承红色基因的自觉性。

在全党开展党史学习教育，是党中央立足党的百年历史新起点、统筹中华民族伟大复兴战略全局和世界百年未有之大变局、为动员全党全国满怀信心投身全面建设社会主义现代化国家而做出的重大决策。回顾建党百年砥砺奋进的伟大历程，解读百年征程中所蕴藏的初心和使命，我们要发扬党的优良传统和作风，不断提升自身的政治领悟力和认同感、归属感，以自己的实际行动和优异成绩向建党 100 周年献礼。

聚焦·追寻李大钊的革命路

数学科学学院 徐落凡 赵欣迪
外国语学院 焦 娆

一、调研目的

本小组以“家乡的红色记忆”为主题，以李大钊同志为核心，通过深入了解李大钊同志以及新文化运动，并走访北大红楼、李大钊故居以及李大钊烈士陵园等红色经典景区，实地感受李大钊同志曾经奋斗的地方和他所遗留下来的革命精神，进而深刻体会马克思主义的精神和力量，更加真实和深刻地感受中国共产党的伟大革命历程，激发爱国精神，也更加深刻牢记身为新时代青年人的时代责任与使命。

二、调研实施方案

我们首先进行前期的准备工作，通过网上查阅资料的形式，了解李大钊同志的生平以及事迹等，对李大钊同志有一个初步的了解。同时通过查阅资料，了解北大红楼、李大钊故居以及李大钊烈士陵园的历史背景，为下一步的实地考察明确目的和进行规划。

在完成了前期准备工作后，本小组开展实地考察活动(由于疫情影响，处于低风险地区的小组同学按照参观地的要求进行了实地参观，不方便外出的同学观看了参观地公众号上的线上展览)，走访了北大红楼、李大钊故居以及李大钊烈士陵园，切实感受和深刻挖掘李大钊同志遗留下来的革命精神。

最后，本小组进行资料的整理，结合之前的实地走访和网上的文献资料，撰写调研报告。

三、调研内容

(一)李大钊故居

1. 基本情况

李大钊故居位于北京市西城区文华胡同24号，是全国重点文物保护单位、西城区爱国主义教育基地。从1916年夏至1927年春，李大钊在北京工作、生活10年，先后居住过8个地方。1920年春至1924年1月，李大钊一家在石驸马大街后宅35号(今西城区文华胡同24号)北院居住将近4年，这是他在故乡之外与家人生活时间最长的一处居所。1979年8月21日，李大钊故居被公布为北京市重点文物保护单位。

李大钊故居在中国共产党的历史上有着特殊的价值。在后宅胡同居住时，他为传播马克思主义、创建中国共产党、建立国民革命统一战线、巩固和发展国共合作、领导北方革命运动做出了巨大贡献。他也是名重一时的具有高尚道德品质的学者和思想家。在此期间，李大钊发表各种文章140余篇，文字总量超过33万余字，平均每9天一篇；参加各种会议120次，包括共产党三大、国民党一大等，平均每10天一次会；陪同会见、拜访各界人士30次，讲演30次，到广州、上海、武汉、洛阳、天津等地从事教学和革命活动。当年，许多青年都曾在李大钊家借住，感受过李大钊师长般的关爱和教诲。中国共产党北方党组织的一些重要会议曾在李大钊的书房内召开。

党史专家一致认为，北京李大钊故居是李大钊传播马克思主义、创办中国共产党、领导北方工人运动、促成第一次国共合作等一系列革命活动最具代表性的历史见证。

2. 参观感受

新时代，我们要继续学习李大钊同志坚定的爱国主义精神。他忧国之所忧，哀民之所哀，下定决心为挽救“神州陆沉”“再造中华”而努力奋斗。正是强烈的爱国之心和对社会、对人民的高度责任感，促使李大钊同志奋不顾身、英勇战斗。他身上体现出的时刻牵挂国家兴亡、时刻不忘人民疾苦并为之奋斗的精神和风范，永远值得我们敬仰和提倡。

我们要学习李大钊同志对马克思主义的坚定信仰。李大钊同志率先在中国介绍、宣传和研究马克思主义，是20世纪初中国的播种者。李大钊同志对信仰和真理矢志不移，为传播和实践马克思主义而英勇献身，真正做到了自己所说的“勇往奋进以赴之”“瘅精瘁力以成之”“断头流血以从之”。

我们要学习李大钊同志以科学态度学习和运用马克思主义理论、紧跟历史发展和时代进步潮流不断探索的精神。他认为，“社会主义的实现，离开人民本身，是万万做不到的”。李大钊同志有着在实践中探索前进的强烈进取精神，注重理论联系实际，紧跟时代潮流，这使李大钊同志当之无愧地成为把马克思主义运用于中国实际的先驱。

我们要学习李大钊同志勇于献身的革命精神和无私奉献的高尚品德。李大钊同志书写过“铁肩担道义，妙手著文章”的著名对联。这副对联，是他光辉一生的真实写照。为了追求革命真理、追求民族独立和人民解放，李大钊同志把个人生死置之度外。李大钊同志是一位真正的革命者，他的伟大人格和崇高风范将永载中国共产党和中国人民革命斗争的史册。

（二）李大钊在北大红楼

北大红楼始建于1916年，于1918年落成，这里曾是北京大学文科、校部及图书馆的所在地，因其建筑外形为“红砖砌筑，红瓦铺顶”，故被称为“红楼”。俄国十月革命的消息传到中国后，李大钊同志找到了马克思列宁主义这一革命真理，开始在我国宣传马克思主义。李大钊同志的革命思想和斗争精神受到许多青年学生的敬仰，这为他在大学校园开展工作奠定了良好基础。

李大钊同志生命的四分之一几乎都在北大红楼度过，在这里的十年，也是他风华正茂、一心一意为中国发展探寻方向的时间。他在这里完成了许多事情，无法计数，为当时的人们以及后辈子孙都留下了宝贵的财富。

在这里，他继续推行新文化运动。在十月革命取得胜利后，李大钊同志撰写了两篇论文，分别是《庶民的胜利》以及《Bolshevism的胜利》。在这两篇文章中，他看到了社会主义革命，更看到了无产阶级的革命力量，并且鲜明地指出了马克思主义对革命的指导意义。

在这里，他引导了一批有志青年。毛泽东同志陪送湖南赴法“工读”的留学生来到北京，经杨昌济教授的推荐来到了北大图书馆担任助理员。后来，毛泽东同志回忆说：“我在李大钊手下在国立北京大学当图书馆助理员的时候，就迅速地朝着马克思主义的方向发展。”

在这里，他继续宣传马克思主义。李大钊是中国共产主义运动的先驱、伟大的马克思主义者、杰出的无产阶级革命家、中国共产党的主要创始人之一。十月革命的胜利给苦闷和探索中的中国先进分子树立了光辉的榜样。为推动马克思主义的传播和筹建党的组织，1920 年 3 月，李大钊指导一批先进分子秘密成立北京大学马克思学说研究会，深入学习和研究马克思主义，搜集、翻译和出版马克思主义书籍数百种，组织讨论会，举办演讲会，培养了一批具有初步共产主义思想的骨干，为北京共产党早期组织的建立做了重要准备。五四新文化运动后，面对众多的思潮，发生了思想阵营的分化，但最终他还是坚定地走马克思主义道路。

在这里，他参与建立中国共产党。五四运动后不久，随着马克思主义在中国的传播及其同工人运动的初步结合，建立工人阶级政党的任务被提上日程。北京的共产党早期组织在北京大学图书馆李大钊办公室正式成立，取名“共产党小组”，成员为李大钊、张申府、张国焘。不久，邓中夏、高君宇、罗章龙、何孟雄、缪伯英等相继加入。

在这里，他永远留在了这里。1927 年 4 月 6 日，李大钊在北京遭到奉系军阀张作霖的逮捕。面对敌人的威逼利诱，他大义凛然、坚贞不屈。4 月 28 日，李大钊从容就义，年仅 38 岁。在狱中，李大钊写道：“惟望当局对于此等爱国青年宽大处理，不事株连，则钊感且不尽矣！”临上绞刑架前，他的心中仍是民族大义，是人民青年，是祖国前景。

李大钊的一生是光辉的一生。我们应当学习李大钊的革命思想、崇高精神和伟大人格，紧密团结在以习近平同志为核心的党中央周围，高举中国特色社会主义伟大旗帜，不忘初心，砥砺前行，为夺取全面建设社会主义现代化国家新胜利和实现中华民族伟大复兴的中国梦不懈奋斗！

（三）李大钊烈士陵园

1. 基本情况简介

李大钊烈士陵园陈列馆坐落在京西香山东南的万安公墓内，占地面积2200平方米，1983年10月29日落成并对外开放，是首批博物馆免费开放全国人文景观经典景区，是为纪念中国共产主义运动的先驱、中国最早的马克思主义者、中国共产党的创始人之一——李大钊烈士建立的。院落中有李大钊的汉白玉全身雕像，烈士昂首挺胸，背负双手，儒雅质朴，和蔼中透着百折不回的刚毅，传神地再现了李大钊同志的伟大风采；雕像后是烈士及其夫人赵纫兰同志的墓，墓后为纪念碑，由邓小平同志题写。碑的北面是中共中央撰写的碑文。庭院正西房为“李大钊烈士革命事迹陈列室”，通过大量的文物图片资料介绍了李大钊烈士一生的战斗历程和丰功伟绩。李大钊烈士陵园为仿古式庭院建筑，自建成之际就已成为爱国主义教育和革命传统教育的重要基地。

1927年李大钊牺牲后，灵柩暂放在宣武门外长椿寺，5月1日移至妙光阁浙寺。1933年4月23日，中共北平地下党组织及革命团体在万安公墓为李大钊烈士举行公葬。1983年10月陵园建成后，李大钊夫妇灵柩移葬于此。园中保存有1933年李大钊烈士公葬地原貌以及一同埋入墓穴的李大钊烈士墓碑。

1984年，李大钊烈士陵园被公布为第三批北京市级文物保护单位。2020年3月，北京市政府将李大钊烈士陵园列为“北大红楼与中国共产党早期北京革命活动旧址”之一，进行保护修缮。

2. 参观感受

在参观展览的过程中，我看到了年少时立志“深研政理”、寻求“挽救民族，振奋国群之良策”的李大钊，看到了为中国共产党的建立、促进第一次国共合作而东奔西走的李大钊，看到了领导北方党组织发动群众、领导工人运动、打击帝国主义和封建军阀的李大钊，更看到了即使在被捕后，依旧严守党的秘密、承担所有责任，并竭力掩护和解救同时被捕的其他同志的李大钊。李大钊同志用自己短暂的生命，在中国历史上谱写了绚烂无比的篇章，他的功勋将永载中国共产党和中国人民革命斗争的史册，而他的精神，也犹如一颗熠熠生辉的明星，激励着一代又一代的中国共产党人不忘初心，前仆后继，勇往直前。

如今，我们更加能感受到李大钊同志思想的珍贵，感受到他革命精神的崇高和人格力量的伟大。正是强烈的爱国之心和对社会、对人民的高度责任感，促使李大钊同志奋不顾身、英勇战斗。他无时无刻不在牵挂国家兴亡，时刻不忘人民疾苦，并为之奋斗。也正因如此，无数党员前仆后继，学习李大钊精神，为祖国的发展奉献力量。

（指导教师：数学科学学院　李　静）

发扬红色传统　传承红色基因

物理系　卢兴荣　丁晨鑫

一、实施情况

“发扬红色传统，传承红色基因——深入红色教育基地进行座谈交流活动暨物理系本科生第一党支部实践”活动自 2021 年 7 月开始实施，于 2021 年 9 月进行总结收尾。本党支部共 22 名成员，此次活动以深入红色教育基地和对优秀老党员展开座谈交流两种形式开展，以亲身交流和感受红色历史，引导大学生发扬红色传统、传承红色基因，赓续共产党人的精神血脉为主要精神和目的，全党支部成员按照活动规划，出色地完成了本次活动。首先，我们进行了理论学习活动，深入学习贯彻习近平新时代中国特色社会主义思想和习近平在庆祝中国共产党成立 100 周年大会上的重要讲话精神，在学习后进行反思和交流，加强了对党的认识。其次，我们展开了实践学习活动。其中，有 10 名成员分别走进“北大红楼”“中国人民抗日战争纪念馆”“中国人民革命军事博物馆”“鲁迅故居”“《新青年》编辑部旧址”等红色教育基地，学习党的历史、革命前辈的奋斗精神、新时代的进步，切身感受伟大建党精神，传承红色基因。另外，有 9 名成员分别采访了身边优秀的党员同志，进行了交流学习，活动主要主题有“老党员的入党历程”“老党员选择入党对人生的影响”“教师党员对于教育的经历和看法”“老党员入党的故事”“党员入党对现如今年轻人的意义，如何在工作、生活中发挥党员的先锋模范作用”“入党的初心和历程”等。成员在交流和问答中提升党性修养，学习党员前辈的精神，向身边优秀同志学习，继承发扬党的精神。这 19 名成员在实践学习后，汇报了各自的成果，党支部全体成员共同进行了交流、总结和反思工作。

二、主要成果

本活动的主要成果共分为两个部分：第一部分是走进红色教育基地进行参观学习所得；第二部分是对老党员的采访，及所获的思想、行为上的提升。

(一)参观红色教育基地的感想、认识

1. 王润平、温婷——中国人民抗日战争纪念馆

我们一起参观了这座位于北京市丰台区宛平城内的中国人民抗日战争纪念馆，在展厅内一幅幅图画、一件件文物都在无声地叙述当年的纷飞战火。最令我们触动的是一面旗，旗上是一位父亲对儿子的嘱咐：“我不愿你在我近前尽孝，只愿你在民族分上尽忠……伤时拭血，死后裹身……”在国难与民族危亡面前，父亲为他的儿子做出表率——去参军，拿起武器，赶走侵略者，保卫我们的家园！家是最小国，国是千万家。中国人重视家、忠于国，家国情怀自古便扎根在我们每一个人的内心深处。

我们不能忘记先辈的付出，不可以忘记过去的苦难，更不可以忘记侵略者对我们民族造成的惨剧！铭记历史，才能真正走向未来！望我辈“铭记历史，缅怀先烈，珍爱和平，开创未来”。珍惜来之不易的和平，学习团结奉献的抗争精神，为中华之崛起而读书，为中华之强盛而学习。

2. 刘政言、芦辰雨——《新青年》编辑部旧址

这里是《新青年》编辑部的旧址，也是陈独秀先生担任北大文科学长时的住所。庭院布置得朴素大方，屋内陈列着关于《新青年》杂志、新文化运动的介绍，简朴的油墨印刷工具以及一封封文件一下子就把我们带回了那个充满新思潮的变革时代。

相信看过《觉醒年代》的人们都对这里有更深的印象，当时陈独秀、李大钊、胡适、钱玄同、刘半农等人在这里谱写着新时代新思想。新文化运动鼓舞了后人们思考，大家共同为探索出一条适合中国的道路而努力奋斗。虽千万人吾往矣，虽九死其犹未悔，为了让中国人民过上本应该属于自己

的生活，这些率先觉醒的人们拼上了性命去抗争，我们要向他们学习，在如何让中国人民过上更美好幸福的生活的问题上不断思考，贡献自己的力量，人民有了美好的生活，国家同样也会愈来愈富强，二者是统一的。从我们自身来讲，我们现在要做的就是提高自己的思想境界，提高觉悟，提升个人能力，做自己所能做的一切回馈社会，并且积蓄更大的力量，争取在未来有更大的作为。

铭记历史，吾辈当自强。

（二）采访内容（节选）

1. 问：入党后应该注意什么呢？（组员：李嘉越，采访对象：父亲，2001 年入党）

答：有些人入党之后就懈怠了，这是万万不可取的。然后还需要继续学习党的各种理论知识，因为知识也是不断更新的，只有与时俱进，持续不断地学习，才能保持思想的先进性，从而在思想上不脱离党组织。可以多看看新闻，新闻报道的思想都是最新的，另外我们每天还在学习强国 App 上学习。所谓活到老学到老，入党之后这条道理也是依然适用的。我们前阵子还组织参观了中国电影博物馆，看了中国共产党成立 100 周年的展览，入党以后也要多多参观学习。

2. 问：你认为入党对现如今年轻人有哪些意义呢？（组员：张明媚，采访对象：医院收银员，2013 年入党）

答：我认为现在的年轻人应该有信仰，有担当。党组织是一个先进的组织，青年人应该主动学习党的理论知识，用党的理论知识武装头脑，这对年轻一代是很重要的。加入到党组织中来，首先是对自身优秀的一种认可，更重要的是这个先进的组织会让你更加坚定自己的信仰，在思想上得到本质上的提升，同时锻炼自身的能力，更好地践行全心全意为人民服务的宗旨。

三、特色亮点

队员们在采访优秀党员的过程中，通过与优秀党员的对话，能从其身上学到很多社会经验，同时，在采访中向优秀党员提出关于如何做好一名优秀党员等问题，能深入交流与反思，学习他们如何实实在在地在工作与生活中做好表率。并且也能通过这样的方式发现身边的榜样，认同他们的做法，学习他们的思想。

通过参观不同的博物馆、纪念馆以及人物故居，能更好、更详细地了解历史人物、历史事件和历史遗留物的故事，开阔了我们的视野，也有利于我们对党史的学习。

在完成对优秀党员的采访后，我们会写下自己在活动中的感想，对实际所见所想积极进行反思，这对大学年轻党员而言非常重要。

四、社会价值

一方面，通过与优秀党员的交流，使他们的优秀事迹能够得到更加广泛的宣传，让更多的人向他们学习。另一方面，我们在开展此次活动后将组织党员交流会，将我们在此次实践活动中的学习内容进行交流，有助于我们在思想上得到提升，学习党的知识，紧跟党的步伐；能激励我们在学习上不断努力进取，在未来走上教师岗位后，成为学生的榜样，引导学生树立正确的世界观、价值观、人生观，为社会培养更多优秀人才，促进社会主义事业的发展。

五、优缺点分析

(一)优点分析

首先，从活动开展的角度来看，活动便于开展，不需要耗费太多物力财力，人人都能参与其中。其次，从组员来看，此次实践活动由本党支部所有成员参加，大家的积极性和参与度高，所有人都参与到此次活动中，并且能够深入学习，积极用理论指导实践活动，在活动中积极思考。

(二)缺点分析

在时间上，活动的实际开展时间较短，可能导致活动效果不明显。在内容上，首先，前期理论学习不够充分，自身经验也不足，在活动中无法深入感受革命前辈的艰苦奋斗；在活动中大部分都是以个人为单位行动，以至于活动传播范围较小；其次，队员因身处各个不同地区，相互之间的交流讨论较少，活动感想局限于自己的认知，不能全面分析问题。

六、反思总结

在此次活动中，通过采访与参观，我们感受到了优秀党员们真抓实干的工作精神和更高水平的思想觉悟；通过党员们的分享、对历史故事的学习，我们意识到如今幸福社会的来之不易；通过回顾党的历史，在建党百年时我们感受到了伟大的建党精神，看见了时代的进步。

我们将在此次活动中吸取经验，改进不足，以优秀党员为榜样，指引我们努力的方向，积极传承红色基因，强化学习建党精神，接续奋斗，投身实践，给身边的人树立榜样，并在社会各行各业发挥作用。

心系京西　复兴古村

——千军台村旅游开发调研

资源环境与旅游学院　林樟煌　王加伊　高　旭　林诗然
李雨洁　栾雨芃

一、调查背景

2016年《"十三五"旅游业发展规划》提出，要坚持个性化、特色化、市场化发展方向，加大乡村旅游规划指导、市场推广和人才培训力度，促进乡村旅游健康发展。2018年《关于促进乡村旅游可持续发展的指导意见》指出，各地区要将乡村旅游发展作为重要内容纳入经济社会发展规划、国土空间规划以及基础设施建设、生态环境保护等专项规划，在规划中充分体现乡村旅游的发展要求。2020年《关于实现巩固拓展脱贫攻坚成果同乡村振兴有效衔接的意见》提出的目标任务之一是，到2025年，脱贫攻坚成果巩固拓展，乡村振兴全面推进，脱贫地区经济活力和发展后劲明显增强。2021年《中华人民共和国国民经济和社会发展第十四个五年规划和2035年远景目标纲要》强调推进红色旅游、文化遗产旅游、旅游演艺等创新发展，提升度假休闲、乡村旅游等服务品质。由此可以看出发展乡村旅游对于实施和践行国家乡村振兴战略的重要性。

千军台村是北京市第一批传统古村落，现在却面临着青壮年劳动力流失、留居人口老龄化、公共服务设施不健全和村庄整体景观风貌破旧等一系列问题，且该村农田面积极小，可用农业水源缺乏，难以进行大规模的农业生产，之前赖以生存的采矿业也随着煤矿资源的枯竭、生态环境的恶化而被迫结束。因此发展乡村旅游业是带动千军台村重新发展、恢复活力的适宜方式。

二、调研意义

（一）理论意义

国内研究更多聚焦于已经成功发展乡村旅游的案例地，通过中国学术期刊全文数据库查询“千军台村”可以发现，没有研究千军台村旅游发展情况的相关文献。千军台村被誉为“京西古幡第一村”，位于京西古道的关键位置，是京西古村落的缩影，这里曾经屯军，后来又开采煤矿，现在则没有支柱型产业。生产方式的不断转变使其具有比其他村落更为厚重的历史文化。本文在实践调研的基础上，通过对千军台村传统院落建筑风格、建筑材料等基本信息的梳理，展现其背后的地理生产特征和文化历史背景，可以为深入研究京西历史文化做铺垫。

（二）实践意义

随着中国城市化进程的加快，很多乡村正面临着前所未有的挑战，具体表现为乡村人口大量向城市转移，乡村人口年龄结构比例失调，乡村无支柱型产业，乡村景观风貌破旧等。与其他乡村旅游已经发展成熟的村落不同，千军台村几乎没有进行旅游开发，现在前往千军台村旅游的游客大部分是自驾出行，停留时间在两个小时之内，所以并没有给千军台村当地居民提供任何旅游收益。当地村民发展旅游业的意识也相对薄弱，如何将村民纳入乡村旅游发展的进程显得尤为重要，本文对于千军台村院落情况的梳理可以为千军台未来发展旅游提供参考。

三、调研内容

（一）千军台村基本情况

千军台村隶属于门头沟区大台办事处，地处北京市门头沟区清水涧沟西端，因为古代把守大寒岭的驻军之所而得名，是京西古道的必经之所。1940 年 10 月中旬，日伪军对昌宛根据地进行扫荡，千军台作为重要据点，八路军曾在此和日伪军有过激烈战斗。房屋受过多次焚烧，现在的房屋都是新中国成立后重新建造的。

千军台村地处河谷地带，拥有丰富的煤炭资源，是木城涧煤矿所在地，14 至 15 世纪就有小窑开采。1963 年，千军台坑投产，1990 年，该矿坑有职工 6022 人，生产原煤 114.71 万吨。煤炭开采期间千军台村的村民大都放弃农业生产成为矿工，使得千军台村的经济有所发展，外来人口数量大幅提升。

千军台村拥有独特的民居建筑形式，它以三合院为主，使用石片屋面，具有鲜明的地方特色，是建筑文化和民俗文化的完美结合，具有极高的文化和艺术价值。

图 1　千军台村院落

千军台村最富特色、最具影响力的就是京西古幡会。每年正月十五的元宵节，千军台和毗邻的庄户村就会联村举办幡会。正月十五，庄户村村民到千军台走会；正月十六，千军台村村民到庄户走会。千军台村、庄户村的联村幡会，原称“天仙会”，相传受封后为“天人吉祥圣会”，就名字而言，充满了道教色彩。这个地区的幡会早在明代嘉靖年间就有了，距今已有 400 余年历史，是北京民间文化底蕴的一个缩影，是珍贵的非物质文化遗产。这种古老的民间村社祭祀活动，除庙会期间举办外，每年元宵节期间还要隆重地举办三天。千军台和庄户两个村属于同一个花会，千军台和庄户的幡会到过涿州，还去过斋堂川、军响村娘娘庙、板桥村北的北港沟娘娘庙参加庙会活动，也参加本地的木城涧、玉皇庙的庙会活动。在建国35周年之际，千军台和庄户的古幡会曾参加天安门广场游行队伍表演。

图2　千军台幡会排练

图3　千军台幡会

(二)千军台村院落空间分布

千军台村位于北京西郊山区之中，四面环山，南侧有轿顶山(又称“南大尖”)，北侧有清水尖、抓髻山，东侧有东大尖(又称“摘星岭”)，西侧有大寒岭(又称“大汉岭”)。村落受山地地势所限，呈集簇状分布于鬏鬏山西南面的一处台地上，整体处于山腰偏下处。村落坐北朝南，背后靠山，整体呈条带状分布。

村中居民院落分布较为密集，院落随山势高低分布，由南向北可划分为三个不同的海拔高度，主街道分布在地势高度第二的台地上，通过长台阶和主道路连接村落的南北两部分。村落次要道路连接周边零散建筑，次要道一般长度较短，为斜坡或台阶形式。为解决院落与街道之间的高差问题，院落与街道呈现多种连接方式。如主街两侧院落多设侧向的入户台阶，或通过垂直于主街的入户斜坡小道，在两侧分别设门入户。单个院落的朝向随着用地方位灵活变化，与山体形状相融合，并通过建筑规模、朝向、大小的变化以及不同院落的排列组合，使建筑群体与山势的起伏相适宜。

(三)院落形制

千军台村的院落以一进三合院为主，也有少量一进四合院，均依山就势而建。千军台村的一进院，进了街门直接就是院子，以中轴线贯穿，房屋都是单层，其中北房为正房，东西两个方向的房屋为厢房。另外，有些院落的形制自由随意，为不规则的套院，呈“L”形。“L”形结构能够保证每家有一个小而私密的庭院。村内街北院落以北房为正房，街南以南房为正房。正房均高于厢房。入口处多设有影壁，用于阻隔视线，抵挡山风。

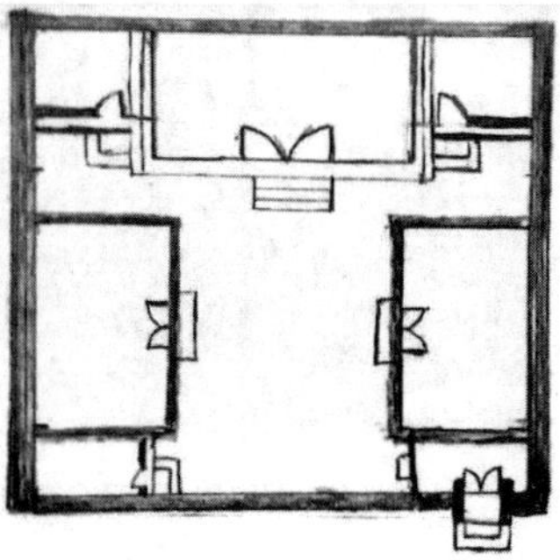

图4　三合院手绘平面图

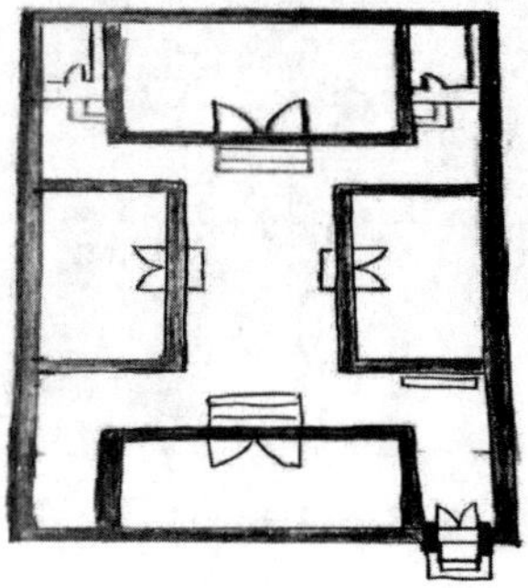

图5　四合院手绘平面图

(四)院落装饰

村内四合院墙门保存得比较完整。清水脊，平草砖雕，石板瓦铺顶，盖瓦起垄压顶，两侧有两行小号筒瓦压起垄压顶，两端各出一个滴水，上刻花卉。前檐为五层直檐。墀头整砖上身，无戗檐砖，门框上出两个圆形木质门簪，右刻小篆“福”字，左刻小篆“寿”字。硬山顶，山墙砖砌博风，圆形山花镂空砖雕“卍”字(见图6)。

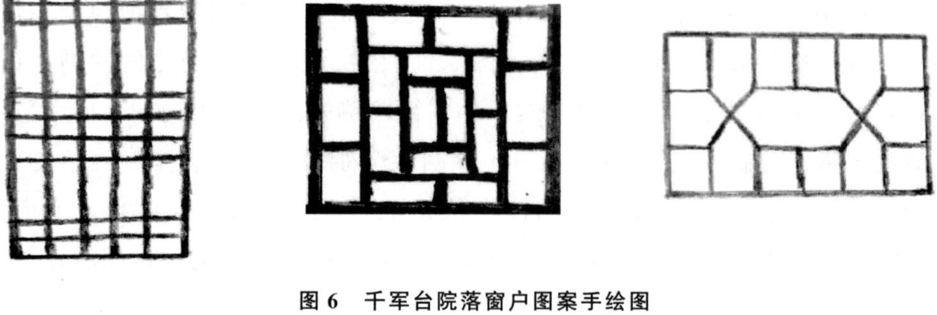

图6　千军台院落窗户图案手绘图

千军台村传统的老房子都是石板房，因为千军台一带盛产石材，所以石材是主要的建造材料，家家户户的建筑材料都是经过加工后的石板。砌墙的石材硬度很大，防潮防火效果好。

图7 千军台街道

图8 千军台房屋屋顶

四、千军台村面临的问题

（一）人口结构失调，老龄化现象严重

随着城市化的发展，“80后”“90后”作为劳动力的主力军从农村向城市转移，千军台村的青壮年也选择离开村庄进入门头沟市区谋生。这种情况造成了留在家里的中老年人比例逐步上升。目前千军台社区共有485户，897人，常住人口275户，356人。其中30—40岁10人左右，40—50岁30人左右，50—60岁40人左右，其余（约270人）皆为60岁以上的老年人，老龄化严重。人口老龄化已经严重抑制了千军台村的可持续发展。

（二）民居院落闲置，村庄空心化明显

由于农村大多数青壮年流向城市，农村住宅长期无人居住而逐渐荒废，倒塌之后成为荒地，不仅破坏了农村的景观布局，而且使道路网络、排水系统、供水系统等基础设施难以按规划实施，农村整体面貌难以改变。目前村里有房屋2500余间，其中空置和废弃的房屋1500余间。有少部分在外务工村民将资金用于在村庄外围的宅基地重新建造房屋，使得村庄的空心化更加明显。

（三）村中产业凋敝，收入增长乏力

千军台村靠近木城涧矿和千军台矿，根据北京市化解煤炭过剩产能的目标任务，2018年完成了木城涧矿关停工作。千军台村村民之前一直从事采矿工作，村庄原用于农业生产的土地也被用作林地。村民房前屋后的小面积自留地无法维持村民生计。目前留村村民主要靠矿业集团的退休金以及政府的低保补贴生活。村民没有就业机会，缺乏收入来源成为普遍现象。

(四)缺乏系统规划，旅游发展较慢

千军台村目前旅游基础设施薄弱，缺乏住宿、餐饮设施。大部分游客在千军台村的停留时间短，游览形式也只有简单的观光、拍照，并没有给当地村民带来任何实质性经济收益。由于缺乏统一的旅游规划，村庄的古屋、古桥、亭子等旅游要素并没有得到有效利用和开发，旅游空间布局极其不完善，游览路线单一，游客的体验质量得不到保障。因此千军台村目前并未形成大规模的游客群体和稳定的客源人群，旅游产业发展十分缓慢。

五、小结

乡村旅游作为融合第一、二、三产业的复合型产业，如果发展得当，能够促进当地政府的财政收入，创造更多的就业机会。千军台村如果进行科学规划，发展乡村旅游业，就可以提供更多的就业岗位，吸引离乡的年轻人回到家乡，有效缓解千军台村的人口老龄化、村庄空心化问题。乡村旅游拥有极高的产业关联性，乡村可以凭借自身的资源条件实现与乡村旅游的完美结合，最终实现“旅游+”的效果。千军台村的乡村旅游若能包含餐饮、住宿、购物等业态，可以改变原本村里无支柱型产业的现状，扩大居民的收入来源，提升居民的生活水平。

千军台村虽然尚未发展乡村旅游业，但拥有一定的旅游资源条件，急需进行合理的规划与开发，统一整合村庄的旅游要素和资源，合理规划旅游功能分区，推动乡村旅游的快速发展，使村庄重新焕发生机。

(指导教师：资源环境与旅游学院　戴湘毅)

北京的新文化记忆

——红色教育基地发展调研

初等教育学院 金瑞涵 胡文君 刘 璇

一、北京李大钊故居

李大钊同志是中国共产主义运动的先驱、伟大的马克思主义者、杰出的无产阶级革命家、中国共产党的创始人之一。他不仅是我党早期卓越的领导人，而且是学识渊博、勇于开拓的著名学者，在中国共产主义运动和民族解放事业中占有崇高的历史地位。

怀着对李大钊同志的敬仰，调研小组首先参观了位于西城区文华胡同24号的李大钊故居，这是一座坐北朝南的小三合院，大门朝北开。正屋3间房，东、西耳房各2间，东西厢房各3间。李大钊夫妇居住在正房，东厢房为3个儿子居住，西耳房为女儿居住；东厢房南屋为客房，西厢房为书房。在清朝和民国期间，北京城内有很多四合院，四合院也分很多等级，其中最高等级的四合院就是故宫，最低等级就是一进院落、大门朝北开的小三合院，所以李大钊故居的小三合院是此地等级最低的院子。

然而这样一处破破烂烂的旧宅子，李大钊却喜欢得"要紧"。从1916年夏至1927年春，李大钊先生在北京工作、生活10年，先后居住过8个地方，其中居住时间最长的，当属文华胡同24号。这里是他与妻子儿女生活在一起最快乐、最开心的地方。李大钊的次子李光华、幼女李钟华出生在这里，他的长子李葆华、长女李星华也都在这里耳濡目染，走上了革命的道路。

除此之外，李大钊故居还在中国共产党的历史上有着特殊的价值。在后宅胡同居住的时期，李大钊同志传播马克思主义，创办中国共产党，领导北方工人运动，促成第一次国共合作，照亮了中华民族的前路；在学术研究方面，他在这一阶段提出的关于中国革命的性质、任务、特点等的一系列论述，为中国共产党开创了把马克思主义与中国革命具体实践相结合的光辉先例，其创作的大量论著，至今依旧值得研究学习。可以说，这落小小的庭院记录了守常先生人生中最耀眼的光亮，见证了新文化运动的轰轰烈烈。

习近平同志在纪念李大钊诞辰120周年座谈会上讲到，李大钊同志永远是共产党人学习的楷模和榜样。我们要学习李大钊同志以科学态度学习和运用马克思主义理论，紧跟历史发展和时代进步潮流不断探索的精神，更要学习李大钊同志勇于献身的革命精神和无私奉献的高尚品德。

李大钊故居通过营造沉浸式观展体验，用贴近史实、贴近生活的传播形式，将红色文化带入人们心中。守常先生用短暂的38年生命书写了中国革命史上不朽的篇章，也为后人树起了伟大的革命丰碑。无论是1919年的五四运动，还是后来的解放战争，一代代有为青年用行动告诉先生：您播下的火种早已在祖国的大地上生根发芽、开花结果，您的伟大人格和崇高革命精神将永载中国共产党和中国人民革命斗争的史册。

二、北京鲁迅博物馆

鲁迅，浙江绍兴人，我国著名文学家、思想家、革命家、教育家、民主战士，新文化运动的重要参与者，中国现代文学的奠基人之一。

鲁迅先生为中国人民的思想解放事业竭尽全力，辗转流离，因此其居住地也在不断变换。先生一生居住的地方主要有四个：北京鲁迅故居、上海鲁迅故居、绍兴鲁迅故居、广州鲁迅故居。本次调研小组参观了北京鲁迅故居。北京鲁迅故居现位于北京市西城区阜成门宫门口二条19号。1912年5月，鲁迅随国民政府教育部迁至北京。行政工作之余，他致力于中国古代小说研究和古籍校勘，尤注重搜集绍兴乡邦文献。1918年，在文学革命运动中，鲁迅在《新青年》上发表了《狂人日记》，揭露了中国封建制度非人道、虚伪和吃人的本质。随后，他创作了《阿Q正传》等许多小说和杂文，展现了“五四”新文学的成绩和力量。1924年5月至1926年8月，鲁迅在这里居住。1990年，此地被列为北京西城区文物保护单位。

北京鲁迅博物馆(以下简称“鲁博”)是在北京鲁迅旧居的基础上建立起来的博物馆，其藏品主要由博物馆成立前故居内的鲁迅遗物以及鲁迅纪念馆筹备处暂保管的文物两部分组成，这其中大部分来自许广平先生及其子周海婴的捐赠。

1950年，许广平及其子周海婴将鲁迅故居及故居内的文物全部捐献给人民政府。1955年，许广平将《且介亭杂文》《且介亭杂文二集》《且介亭杂文末编》《朝花夕拾》《集外集》《集外集拾遗》等文稿200余篇，以及鲁迅撰写的古籍辑录近百种手稿交给国家。1956年6月，许广平将保存的鲁迅书信924封、文稿57件、辑录52件、“医学笔记”6册等一起交给鲁博筹备处保管。这部分手稿是鲁博藏品的主要部分，也是鲁迅文物的核心部分，现全部存放在鲁博文物库房内。可以说，北京西三条鲁迅故居的完好保存和许广平捐赠的鲁迅手稿是鲁博馆藏的基础。

在许广平先生的带动下，出于对鲁迅的崇敬、对鲁博的信任，许多鲁迅生前好友纷纷将他们珍藏多年的鲁迅手稿、遗物捐赠给鲁博。

鲁博设有三个部门，其中资料组负责鲁迅文物的征集和保管工作。时至今日，“资料组”名称几经变更，然性质未变，仍负责文物的征集、保护和管理工作。鲁博藏品大部分来源于许广平的捐赠，根据藏品的种类，分为藏书和手迹两大类，两者皆为文物。藏书以中文为主，兼有日文、俄文、英文等。手迹中主要是书信，有1138封，占所藏手迹的84%。其中最早的一封为鲁迅1904年8月29日在日本写给朋友蒋抑卮的一封信；最后一封为去世前三天，1936年10月17日写给翻译家曹靖华的。题赠有广为人知的鲁迅赠瞿秋白条幅“人生得一知己足矣，斯世当以同怀视之”、鲁迅赠冈本繁自题小像诗等。此外，还收藏了鲁迅生平活动的各种史料，如鲁迅在国立北京女子师范大学的聘书、版税合同、诉讼文件、女师大事件资料等。同时还保存有鲁迅生活学习的各种用具、文具、衣物等。鲁迅文物中除藏书和手迹外还包括其生前收藏的大量美术品，诸如版画、国画、油画、拓片等，这些美术品构成了鲁迅文物的半壁江山，也是鲁博馆藏美术品的重要组成部分。在文物分类上以上皆为“鲁迅文物”。

鲁迅是中国历史上非常重要的人物，对中国历史的发展产生了重大影响。他是亿万人民所尊敬的学者、思想家。先生的故居是供人们瞻仰的极具历史价值的遗迹，这样的历史遗迹、名人故居，绝对值得我们重视，并且完整地、热忱地把它介绍给我们的下一代。

三、北京大学红楼

五四大街东起朝阳门，西至阜成门，骑行不过四五分钟，乘车不过一两站地。车水马龙中，一幢坐北朝南的北洋风格建筑庄严伫立，红色的砖石、绛色的窗棂，注视着今日北京街头的繁华与热闹，记录着中华民族百年来的抗争与求索。这栋楼，是享誉古今中外的北大红楼，这条街，则名为五四大街。

皇城根遗址公园西边，五四大街路北，便是北京大学的旧址——北京大学红楼之所在。1916 年底，蔡元培与吴玉章一起乘船由马赛回国，抵达上海。12 月 26 日，蔡元培出任北京大学第五任校长。同年，他买下来两块地皮，一块在南河沿，现在是黄埔同学会，另一块则是现在的北大红楼。“北大红楼”之名，细究起来应为现今的俗称，当年蔡校长在此地修建北京大学新区，投入使用后，周围居民都称之为“操场大院”，因为校园里面有特别宽阔时髦的操场，在当时整个老北京城里算是头一号。除了京城一流的体育设施，红楼里的硬件设施也是样样俱全。如今除学校部分教室改为对外开放的展览馆外，校长室、文科学长室、图书馆主任室均进行了全景还原。

“然而大学者，非有大楼之谓也，有大师之谓也。”作为当时北京城最高和最有现代气息的建筑之一，北大红楼之盛名并非源于建筑本身，而是源于那些曾经在这里工作生活、用思想与生命照亮过历史的大师。著名教育家蔡元培任北大校长，“五四运动的总司令”陈独秀担任文科学长，中国共产主义运动先驱李大钊经章士钊推荐到北京大学任图书馆主任，1920 年鲁迅也在北大国文系讲授《中国小说史》……他们在北大红楼这座“青年大本营”中“铁肩担道义，妙手著文章”，在中国历史上书写了新文化运动的崭新篇章。

陈独秀曾经说过：“要帝制不再发生，民主共和可以安稳……非先将国民脑子里所有反共和的旧思想，一一洗刷干净不可。”还有人说：“如果我们将中国传统文化比喻成一棵大树，洋务运动只不过剪断了一些枝叶，辛亥革命则相当于将这棵大树砍断了。但是树断了，树墩还在，一般的树只要树墩还在，还是可以萌芽的。”1915 年 9 月，陈独秀在上海创办《青年杂志》，后改名《新青年》，此后，先进知识分子高举“德先生”(Democracy)和“赛先生”(Science)两面旗帜，向封建主义发起猛烈进攻。他们以进化论观点和个性解放思想为主要武器，抨击以孔子为代表的“往圣先贤”，大力提倡新道德，反对旧道德，提倡新文学，反对旧文学。以北大和《新青年》杂志为主阵地的新文化运动有力地打击和动摇了长期以来封建正统思想的统治地位，唤醒了一代有志青年，让中国的知识分子，尤其是广大青年感受到了一次西方民主和科学思想的洗礼，从而打开了新思想涌流的闸门，在中国社会上掀起了一股生气勃勃的思想解放潮流。

在《新青年》创刊时，陈独秀曾申明：“盖改造青年之思想，辅导青年之修养，为本志天职。批评时政，非其旨也。”然而莫谈国事的预想终究难以实现。1919 年 5 月 2 日，北大学生许德珩在红楼二层校长室得知了巴黎和会上中国外交失败的消息。一石激起千层浪，随着外交失败的消息传至国内，立即在人民群众，尤其是知识分子和青年学生中激起强烈愤慨，以北京学生为先锋的五四爱国运动即刻爆发。5 月 3 日晚，北大学生在红楼一层新潮杂志社商议游行事宜，并连夜赶制标语、旗帜、条幅。4 日上午，北大学生罗家伦在新潮杂志社撰写了《北京全体学界通告》，他写道，“中国的土地可以征服而不可以断送！中国的人民可以杀戮而不可以低头！”，这也是五四游行当天唯一的印刷品。为了阻止北洋政府在《巴黎和约》上签字，同天，北京学界以北大学生傅斯年为总指挥，高喊“誓死力争，还我青岛”等口号，举行了大范围的游行示威活动。浩浩荡荡的游行队伍从北大红楼出发，外争主权，内除国贼，叩开了中国新民主主义的大门，展开了中国历史崭新的一页。

此后，从“一二·九”运动直到解放战争时期的历次学生运动都与红楼有关。在红楼，北大进步师生深入劳苦大众，领导发动工人运动，将科学理论转变为民众的革命行动。1947 年，声势浩大的“反饥饿、反内战、反迫害”游行队伍仍从红楼出发。前后有 70 多位革命先烈曾在红楼受到革命的洗礼。

说起“沙滩”，谈起五四大街，北京人可谓是无人不知、无人不晓。如今，这条景山前街东侧半长不短的街道，整洁美观；文化纪念墙附近的街头花园，更是老人们夏日乘凉、闲坐下棋的世外桃源。21 世纪的宁静祥和与 20 世纪的动荡在这里交汇，走过北京的五四大街，路过北大红楼，短短几步路，是百年前的中国从封建走向民主富强的道路。

（指导教师：初等教育学院　傅　添）

参加庆祝建党百年系列活动对我校本科生爱国主义精神的影响

学前教育学院　张可心　曾　雨
杜家澍　王伊侯
初等教育学院　胡子杰

一、问题提出

爱国主义是中华民族精神的核心，爱国主义精神维系着华夏大地上各个民族的团结统一，激励着中华儿女为祖国发展繁荣而不懈奋斗。随着时代的进步，“00 后”这一批新鲜的血液已经进入了大学校园，拥有着优越的生活条件的同时，还面对着互联网的崛起、与日俱增的升学和竞争压力，“00 后”已经被赋予了深深的时代烙印。他们是新鲜的一代，他们是充满矛盾的一代，他们也是被人民寄予厚望的一代。如何针对“00 后”开展爱国主义教育，进行爱国主义精神培养，这个问题越来越迫切地需要一个答案。不可否认的是，它对高校的爱国主义思想政治教育的教学资源、教学方式，以及传播媒介提出了更高的要求。

因此，我们以我校参加本次庆祝建党 100 周年系列活动的本科生为研究对象，采取问卷调查的方式进行调研，探索他们对于爱国主义的认识，更加明晰研究现状，为以后的研究奠定基础。

二、研究设计与资料收集

(一)调查样本的分布

本调查于 2021 年 8 月进行，调查的主体包括首都师范大学各学院参加庆祝建党100周年系列活动的2017—2020级学生，调查主体范围广，增强了数据的可靠性。具体分布情况如表1。

表1 调查样本分布情况表 （单位：人）

学院	学生年级				合计
	2020级	2019级	2018级	2017级	
文学院	1	7	3	0	11
历史学院	0	3	1	1	5
政法学院	2	2	2	1	7
教育学院	0	4	1	1	6
外国语学院	0	1	2	0	3
马克思主义学院	2	1	0	0	3
管理学院	0	1	5	2	8
美术学院	0	2	2	0	4
数学科学学院	0	3	0	0	3
物理系	0	2	1	0	3
化学系	0	0	1	0	1
生命科学学院	0	0	2	0	2
资源环境与旅游学院	0	0	0	1	1
信息工程学院	0	1	0	0	1
初等教育学院	11	21	8	0	40
学前教育学院	9	21	16	3	49
燕都学院	0	0	0	0	0
心理学院	1	0	0	0	1
合计	26	69	44	9	148

（二）调查内容设计

本小组围绕调查主题，共设置了13道题，其中包括学生的基本信息、在庆祝建党百年系列活动中参与的部分、通过参加这次活动是否增强了爱国主义精神、对此次活动中自己表现的评价、通过参加这次活动是否对自己的生活学习有积极影响、参加彩排时的感受等。其中12题为单选题，参加彩排时的感受为主观题。

(三)调查方式方法

本次的调查对象是首都师范大学参加庆祝建党百年系列活动的本科学生148人，通过问卷星发放问卷，收回有效问卷148份。

三、调查结果与分析

第一题“参加此次庆祝建党百年活动是否增强了您对党和国家的归属感与自豪感?”调查结果见表2。

表2　第一题调查情况

选项	人数/人	比例/%
是	148	100
否	0	0

表2显示出，参与本次庆祝建党百年系列活动，对增强我校本科学生的家国情怀有着显著的成效。全体受访学生表示，通过参与此次庆祝建党百年系列活动，既增强了对党和国家的归属感，同时也提升了对党和国家的自豪感。

第二题“参加此次庆祝建党百年活动是否使您对爱国主义的认识与了解更深一层?”调查结果见表3。

表3　第二题调查情况

选项	人数/人	比例/%
是	148	100
否	0	0

表3显示出，本次庆祝建党百年系列活动使我校本科学生对爱国主义的认识与了解更深了一层。全部受访学生表示，在参与此次活动的过程中，他们深刻体会到了为国奉献、对国家尽责的崇高的思想品德。

第三题“参加此次庆祝建党百年活动是否增强了您的民族自信心?”调查结果见表4。

表 4　第三题调查情况

选项	人数/人	比例/%
是	148	100
否	0	0

表 4 显示出，此次庆祝建党百年系列活动大大增强了我校本科学生的民族自信心。全部受访学生都在参与庆祝建党百年系列活动的过程中，深刻感受到了中华民族的繁荣富强，增强了每一位学生作为中华儿女的自豪感与自信心。

第四题“参加此次庆祝建党百年活动是否提高了您对国家大事的关注度?”调查结果见表 5。

表 5　第四题调查情况

选项	人数/人	比例/%
是	148	100
否	0	0

表 5 显示出，此次庆祝建党百年系列活动让学生更加关注国家大事。参与庆祝建党百年系列活动，让每一位参与者亲身经历了一项宏大的国家大事，增强了家国情怀和提高了对国家大事的关注度。

第五题“如果以后有类似的活动你还会选择参加吗?”调查结果见表 6。

表 6　第五题调查情况

选项	人数/人	比例/%
会	148	100
不会	0	0

表 6 显示出，学生们对于类似此次庆祝建党百年系列活动的参与热情十分高涨。全部受访学生都表示非常愿意参与今后的类似活动。

第六题“从前期准备到正式的活动结束您认为自己的表现如何?”的调查结果见表 7。

表 7　第六题调查情况

选项	人数/人	比例/%
很差	0	0
不好	0	0
一般	11	7.43
还行	66	44.59
完美	71	47.97

表 7 显示出，认为自己表现完美的有 71 人，占比 47.97%；认为自己表现还行的有 66 人，占比 44.59%；其余 11 人认为自己表现一般，占比 7.43%。从此表可以看出，接近五成受访者认为自己参与庆祝建党百年系列活动全程的表现都很完美，说明这些受访者在活动中积极参与，并达到了令自己满意的成果。而其余受访者表示自己的表现不算完美，可能认为自己的表现未达到自己的预期效果，还存在可以完善的地方。

第七题"比起平时的爱国主义教育，参加此次庆祝建党百年活动的感触是否更深?"的调查结果见表 8。

表 8　第七题调查情况

选项	人数/人	比例/%
是	148	100
否	0	0

表 8 显示出，参加此次庆祝建党百年系列活动，能为学生带来相较平常的爱国主义教育更深刻的感触。全部受访者表示，通过参与此次庆祝建党百年系列活动，深刻感受到了以爱国主义为核心的伟大的创造精神、奋斗精神、团结精神和梦想精神，比起日常的爱国主义教育，此次活动更有影响力。

第八题"参加此次活动，是否对您平时的生活和学习有积极的影响?"的调查结果见表 9。

表 9　第八题调查情况

选项	人数/人	比例/%
是	146	98.65
否	2	1.35

表 9 显示出，认为参与此次活动对平时的生活学习有积极影响的有 146 人，占比 98.65%；其余 2 人认为没有积极影响，仅占比 1.35%。

从调查问卷反映的结果来看，参加庆祝建党百年系列活动对我校绝大多数本科生的爱国主义精神具有极其深刻的积极影响。尤其是在国家及民族认同感方面，参与调查问卷的我校本科生一致认为，参与此次庆祝建党百年系列活动后有了明显的增强。但仍存在样本指向此次活动对平时的生活和学习有着非积极的影响。针对既有问题，笔者拟出以下建议。

四、建议

(一)加强理论学习，进一步提高大学生对爱国主义精神的认识

2020 年 2 月，中共中央、国务院印发的《新时代爱国主义教育实施纲要》中强调："新时代爱国主义教育要广泛开展党史、国史、改革开放史教育。历史是最好的教科书，也是最好的清醒剂。"因此，我们要加强党史、国史、改革开放史等理论教育，引导新时代大学生深刻了解、认识历史并学习理论知识。"办好学校思想政治理论课"，就此次"庆祝建党百年活动"而言，可以组织开展前、中、后期的党史学习，利用学生的所见所闻，进一步巩固理论知识，同时结合新时代特点给予爱国主义新的定义与内涵，使之转化为爱国主义发展的动力。

(二)运用科学方法，不断创新爱国主义教育模式

一是教育内容方面，需要贴近学生生活，便于学生理解与学习。给予学生丰富的参与感与责任感，使爱国主义教育接地气、有生气、聚人气。二是改进爱国主义教育教学手段。要善于运用互联网加强大学生爱国主义教育，广泛开展网上主题教育活动。运用大学生喜闻乐见的音频、短视频、网络文章等丰富爱国主义教育模式，使爱国主义教育模式更加科学化、生

活化，有感情、有温度，更有深度。

（三）加强环境影响，进一步营造良好的爱国主义教育校园氛围

良好的爱国主义教育校园氛围，对培养大学生爱国情感具有非凡意义。营造良好爱国主义教育校园氛围一是要注重内在环境的培养；二是要加强外在环境的建设。内在环境需要学校加强宣传教育，引导大学生正确认识历史与现状，保持积极进取、开放包容、理性平和的心态。不仅要具有爱国主义精神，还要培养海纳百川的胸襟，理性表达，反对极端。外在环境需要学校加强环境教育，通过布置标语、展板、推送等，在学生目之所及处增设爱国主义教育布置，在潜移默化中培养大学生爱国主义精神，凝聚爱国主义力量。

（四）广泛开展活动，不断把爱国主义教育落实到大学生日常生活

广泛开展爱国主义活动，一是把爱国主义教育融入学生日常。将爱国主义精神融入日常班会、入党日等主题活动。组织开展丰富的校内外爱国主义活动，如举办爱国晚会，组织参观纪念馆和博物馆，组织志愿服务、公益活动等。将爱国主义融入各类活动中，使学生在实践中进一步培养爱国主义精神。二是重视重大活动的组织。充分运用“七一”“八一”等重要时间节点，组织引导学生参与歌唱祖国、致敬祖国、祝福祖国的活动，激发学生爱国热情，凝聚奋进力量。

（指导教师：学前教育学院　黄　爽）

向实践学习　拜群众为师

践行理论精神，服务奉献社会。研究生实践调研是依托我校研究生社会实践工程等平台开展的主题调研活动。研究生围绕“穿越百年，社会变革”“乡村振兴与脱贫攻坚衔接”“京津冀协同发展”“基础党建与基层治理”“中华民族共同体意识”等主题开展调研，努力将理论内化于心，外化于行，不仅在调研中深化理论认知，而且在实践中感受时代脉搏，体悟国情民生，肩负起当代青年的责任与使命，在亲身参与中受教育，长才干，做贡献。

藏区中学汉语文教学现状调研

——以四川某县藏文中学为例

文学院　牛　涛

一、藏区双语教学体制及其形式

藏区的通用语言为藏语，汉语作为第二语言在学校中教授。由于藏区中小学的汉语教学对象是广大的藏族学生，针对当地学生的汉语教学始终是在藏汉双语的教育教学背景下开展的。从 20 世纪八九十年代开始，双语教育就一直是我国改革的热点，国内外关于“双语教育”的定义很多，可以分为广义的和狭义的：广义的双语教育是指学校中使用两种语言的教育；狭义的双语教育是指学校中使用第二语言或外语传授数学、物理、化学、历史、地理等学科内容的教育。这也就意味着所有的汉语教学都不能脱离学生的母语藏语进行，而是要相互借鉴，相互促进。

基于以上双语教育的背景，如何在藏区更好地开展汉语教学便成了藏区教育的一大问题。在两种语言的教育背景下，势必会产生较为独特的教学模式，而通过对当地教育政策的了解和对当地教师以及学生的访谈可以发现，大体上可以归纳出两种类型的教学语言模式：第一种教学语言模式是除了语言课程外所有的非语言课程都用藏语来教授(简称“一类模式”)；第二种教学语言模式是除了语言课程外所有的非语言课程都用汉语来教授(简称“二类模式”)。选择一类模式的学生在高考时除了汉语文要用汉语作答之外，其他科目均可用他们的母语即藏语来作答，其中，藏语文、汉语文、数学、英语各科成绩满分均为 150 分；文科综合、理科综合满分为 300 分；藏语文与汉语文或“民族汉考”三级成绩，各按 50%计为语文科成绩。文史类、理工类考试总分均为 750 分。而选择二类模式的学生在高考时除了额外多一门藏语文之外，其余科目都要用汉语来作答，总成绩也为 750。经过调查走访和资料查找可以发现，当地的大部分学校都会选择一类模式，并且这类模式培养的学生毕业之后有更高的就业率。在教材使用方面，选择一类模式的学校会使用单独的汉语教材，通常是人民教育出版社课程教材研究所专为藏族地区编写的《汉语》课本。而二类模式的学校使用的汉语教材则是与内地相同的人民教育出版社出版的必修系列语文课本。

表 1　两种教学语言模式高考情况统计

年份	一类模式			二类模式		
	报名人数/人	录取人数/人	比例/%	报名人数/人	录取人数/人	比例/%
2009	298	174	58.39	88	41	46.59
2010	294	152	51.70	128	86	67.19
2011	465	307	66.02	135	125	92.59
2012	497	409	82.29	160	145	90.63
2013	610	517	84.75	207	200	96.62

教学语言模式应因地制宜，不论选择哪一种模式，在教学中汉语和藏语始终是相辅相成、互相促进的关系。这两种语言模式的采用，很好地契合了当地特色，也符合当地双语教学的特征；同时，对于学生而言，两类模式的设置也给了学生更多的选择机会，更有利于培养出不同类型的对口人才，在一定程度上也降低了学生汉语课程的学习难度。

二、作为第二语言的汉语普通话教学现状

基于上述双语教学的体制背景，笔者以某县藏文中学为主要调研对象，详细了解了一类模式中汉语文的教学现状。通过问卷、访谈等调研了解之后发现，在一类模式下，可以把该藏区的学校分为两大类：一类是县城学校和农区学校，这一类学校的汉语水平整体较高；另一类是牧区学校，这类学校的汉语水平整体较低。通过与学生的沟通交流和访谈，笔者发现，

这两类学校之所以会出现这种差距，其主要原因并不是师资力量的悬殊，而是语言环境的差距。以该县藏文中学为例，这所学校坐落在县城，整个城区为各民族杂居之地，因此日常生活、交往都免不了要使用汉语，这就为学生们学习汉语提供了天然的语言环境。而生活在牧区的一般以藏族为主，他们的生活、生产方式都较多地保留了传统，受汉文化影响较少，因此他们的交流大多以藏语为主，学生自然就丧失了汉语的语言环境，导致他们的汉语水平相对较低一些。

因为该县大部分学校选择一类教学语言模式，所以在高考之前他们需要先进行少数民族汉语水平等级考试（MHK），即民族汉考三级考试，因此，除了藏语文之外他们还开设额外的汉语文课程，来提高学生的汉语水平。本次调研期间，笔者对藏文中学高一年级一个班的 50 名学生进行了汉语水平的小测验，考试结果显示，听力部分的平均正确率高达 89.0%，阅读理解部分平均正确率达 73.5%，书面客观题部分平均正确率达 87.2%，作文部分成绩稍差，但平均分也能达到及格分 6 分左右，因此可以发现学生的汉语水平整体教好，足以应对汉语水平等级考试。而在平常与学生的访谈交流过程中也可以感受到，学生们的汉语表达能力都很好。

在汉语课程设置方面，笔者了解到，他们的汉语课程一般能保证一天至少有一到两节课，一周至少有六节，这首先在数量方面使汉语课得到了保证。而具体的课程内容则由于不同学校选择的教材不同而有一些出入。就该县藏文中学来看，他们选择的汉语教材是人民教育出版社编写的《汉语》课本，里面的文章大都是著名作家的经典之作，但是所选难度会低于同等阶段的内地学生使用的《语文》必修课本。在师资方面，学生们的反馈是主要由当地的藏族教师来讲授汉语课，这在某种程度上制约了学生们汉语水平的进一步提升。

综上所述，作为第二语言的汉语普通话教学在该县有较为明显的成果，尤其是天然良好的语言环境使学生们的汉语能力得到了很好的锻炼，而汉语课程的大量开设也为学生们提高汉语水平打下了良好的基础。尽管如此，目前的汉语教学中仍然存在不少问题，比如师资的问题和教材混乱的情况，这些都是有待慢慢解决的问题。

三、汉语文教学中存在的问题及其思考

尽管目前藏区所采用的双语教学模式是经过长期不断努力"因地制宜"的结果,也取得了一定的成就,但是这种教学模式对于汉语的学习来讲仍存在一定的缺陷。

(一)缺乏良好的汉语环境

学生所处的环境对于汉语学习并没有太多的帮助,因为大多数学生都是藏族,他们从小接触和掌握的就是藏语,日常交流也基本都是藏语,因此藏语作为他们的母语,确实有着天然的优势。对于选择一类模式的学生来说,用母语学习课程会相对容易些,藏语授课有其必要性。但是这种教学语言模式的选择就更加挤占了汉语的教学空间,把使用汉语的环境只缩小到了每天一次的汉语课,这样提供给学生接触汉语的机会就变得更少,语言掌握起来就比较困难。一个良好的汉语环境是学生学习掌握汉语必不可少的条件,沉浸式学习所起到的效果要远远大于课堂上专业知识的讲授。

(二)缺乏专业的汉语教师

经过与老师和学生的交流以及访谈,笔者发现很多汉语课的老师是由藏族老师担任的,有些甚至就是他们的藏语文老师。学生也在反馈中说他们的汉语老师有当地的藏族老师,也有很多前来支教的老师,而支教老师只是短暂地授课,总之,师资匮乏是当地目前遇到的比较大的困难。因此,学校在选择汉语教师的时候要充分考虑教师的专业性,这样才能从根本上提升学生的汉语水平。

(三)缺乏本土化的汉语课程

该县藏文中学所用的《汉语》教材是教育部新课改之后,由五省教材编委会共同编写的新教材,于2011年9月正式开始在教学中使用。然而,因为藏语还分为拉萨、安多和康巴三大方言区,因此在使用统编教材时还是会出现一定的问题,师生在对新教材进行翻译和理解的时候还是会遇到一些障碍。此外,《汉语》课本中所涉及的很多文章都是汉族作者且大多都是

描写汉民族文化的文章，尽管这对于当地的藏族孩子更好地了解我国的传统文化有一定帮助，但是一些本土化、具有当地文化色彩的文章能更贴近当地学生的生活，理解起来也会更加容易。因此，这就需要汉语教师充分掌握主动性，在日常的教学中能依于教材但不囿于教材，加入更多具有当地特色的汉语课程，增加学生学习的热情和积极性。

藏族高中生对科学本质的理解现状调研

——以某县藏文中学学生为例

教师教育学院　朱文静

一、调研背景与目的

(一)调研背景

21 世纪，全球正处于飞速发展阶段，特别是科学技术领域的发展呈现出前所未有的态势。科技发展一方面极大地提高了社会生产力，推动了人类文明的进步，另一方面也造成了诸如环境恶化、资源枯竭等负面社会效应。在此背景下，“培养具备科学素养的合格公民”在世界范围内达成共识，成为各国进行自然科学教育的宗旨。与此同时，与科学素养联系极为密切的“科学本质”也走进研究者的视线。

科学本质回答“科学是什么”的问题，是科学与艺术、宗教等区别的根本，也是科学与伪科学区分的标尺。《义务教育初中科学课程标准(2011 年版)》在“课程的基本理念”中明确提出“认识科学本质有助于提高学生的科学素养”；《普通高中物理课程标准(2017 年版)》也在课程目标中对科学本质教育提出显性要求，即正确认识科学的本质，并将其作为物理学科核心素养中科学态度与责任形成的基础与要素。

(二)调研目的

学校是学生接受科学教育、提升科学素养的主要场所；高中是学生形成科学的世界观、价值观的重要阶段。在全民科学素质行动的现实需要下，着力了解少数民族学生对科学的理解和认识并提出有针对性的对策与建议，对提升少数民族学生科学素养，促进少数民族地区科学教育的发展有至关重要的作用。

二、调研思路与方法

笔者以某县藏文中学高一、高二年级理科班随机抽选的45人为研究对象，在参考相关文献的基础上，采用问卷为主、访谈为辅的调研方法，具体如下：

问卷共有7部分开放性问题，以Ryan Summers等人总结的科学本质理解框架为蓝图，参考严文法编制的"高中生科学本质理解问卷"和"科学本质观评价指导方案"，并根据藏区学生实际情况做适当改编。

表1 问卷收发详情

年级	发放数	回收数	回收率
高一	45	38	84.44%
高二	45	43	95.56%

为了提高问卷的有效性，笔者抽取部分学生进行访谈，作为开放式问卷的补充，他们在问卷中表达的观点能代表多数学生对科学本质的理解。访谈中允许受访者为自己的回答做进一步的解释。

三、科学本质的内涵

科学本质的英语原文为Nature of Science(NOS)，译为"科学的性质"更为恰当，但本研究还是采用我国更普遍的"科学本质"译法。按本质主义的观点，"任何事物都存在一个深藏的唯一本质"，由此可能会有人将"科学本质"理解为科学的本质属性，但事实上科学本身就极其复杂，科学是否存在"本质"或者是否能够概括出科学的"本质"都很成问题。

考虑到中学生的认知发展水平，Abd-El-Khalick等人(1998)认为，围绕科学本质的深层次哲学争论与中学生没有关系，只需要将没有争议的科学本质所包含的方面纳入科学教育已然足够(见表2)。因此，本研究提及的"科学本质"，实则是对"科学教育领域的科学本质"的简称。科学本质观则是人们对科学教育领域的科学本质的观点、看法或理解。不同的人具有不同的科学本质观，随着科学的进步与发展，人们的科学本质观也在不断地变化。

表 2　科学本质理解框架

<table>
<tr><th colspan="2">科学本质</th><th>强调的维度</th></tr>
<tr><td colspan="2">经验性/主观性</td><td>科学观点的形成源自对自然现象的观察
观察几乎总是通过人类的感性器官来进行</td></tr>
<tr><td colspan="2">区分观察和推测</td><td>观察是关于自然现象的描述性陈述，可以通过感官获得，观察者可以相对容易地达成共识(例如，在地面上释放的物体很容易落在地面上)
推测是关于感官无法直接接触的现象(只能通过它们的表现或效果来访问或测量)的陈述(例如，物体往往由于“重力”而“坠落地面”)</td></tr>
<tr><td colspan="2">创造性</td><td>科学不是一种完全理性或系统的活动
科学知识的生成需要人类创造力
创造性＋推论性，意味着科学实体(原子、力场、物种等)是功能理论模型，而不是“现实”的忠实复制品</td></tr>
<tr><td colspan="2">理论渗透性</td><td>科学家的理论影响到科学家对研究问题、调查和观察方法的选择，以及对这些观察结果的解释
科学从来不从中立的观察开始，观察总是受到某些理论观点的激励和指导，并根据这些理论观点所产生的问题和困难来获得意义</td></tr>
<tr><td colspan="2">不确定性/暂定性</td><td>科学知识是可靠和持久的，但从来不是绝对的或确定的</td></tr>
<tr><td colspan="2">科学方法的多元性</td><td>没有一个单一的“科学方法”可以保证绝对正确的知识的发展</td></tr>
<tr><td rowspan="2">区分科学理论与科学定律</td><td>科学理论</td><td>科学理论是公认的、有高度证实的、内部一致的解释系统。它解释了几个调查领域的大量看似不相关的观察资料；产生研究问题；指导未来的调查
科学家从理论中获得特定的可测试的预测，并根据观察结果进行检查，预测和观察结果之间的一致增加了人们对被测试理论的信心</td></tr>
<tr><td>科学定律</td><td>定律是对可观察现象之间关系的描述性陈述；理论是对这些现象中可观察的现象或规律的推断解释
理论和定律是不同种类的知识，一个不能成为另一个
理论和定律一样是科学的合理产物</td></tr>
<tr><td colspan="2">科学社群</td><td>科学知识是社会协商的。通过减少个别科学家的主观影响，来提高集体审查科学知识的客观性</td></tr>
</table>

续表

科学本质	强调的维度
科学是渗透社会与文化的	科学是一种在更大的文化环境背景下进行嵌入和实践的人类事业 科学会影响并受到各种文化元素和领域的影响，包括社会结构、世界观、权力结构、哲学、宗教以及政治和经济因素

四、藏族高中生对科学本质的理解现状

受访者对科学本质的理解水平可从两个维度判断：科学本质的处理方式（the treatment of NOS）和科学本质的呈现方式（the presentation of NOS）。前者包括质朴（naive）、混合（mixed）和理性（informed）三个水平，后者包括显性（explicit）和隐性（implicit）两个水平，具体如下：

质朴：对科学本质的理解是偏幼稚的、简单的、僵化的；

理性：对科学本质的理解是层次丰富的、通达的、有发展性的；

混合：对科学本质的理解水平介于“质朴”和“理性”之间；

显性：学生对科学本质的理解以“显性”的文本或语言呈现，比如学生明确地认同科学知识的暂定性，并以“日心说取代地心说”为证；

隐性：学生对科学本质的理解以“隐性”的文本或语言呈现，需要教师对学生的回答进行加工和再解释，从而获得学生对科学本质的理解程度。

综上所述，可将学生对科学本质的理解划分为“显性质朴”“隐性质朴”“混合理解”“隐性理性”“显性理性”五个水平。

（一）科学知识的暂定性

对“科学知识今后会不会改变”这一表述的调查显示（见表3），绝大部分学生表示科学知识会不断变化和更新，典型回答包括“某些知识还存在争议”“未来会发现很多以前没有的事物”“随着社会进步，科学知识也在不断丰富和完善”，但很少有学生能给出具体例子，可见绝大多数学生对科学知识暂定性的理解还处于“隐性理性”阶段。但也有个别学生能提到如“日心说取代地心说”“从牛顿经典力学到爱因斯坦相对论”等实例。

表3　藏族高中生对科学知识暂定性的认识

题目表述	年级	会/%	不会/%
你认为现在所学习的科学知识在今后会不会发生变化呢?	高一	94.00	6.00
	高二	96.04	3.96

笔者在访谈中了解到，虽然学生能意识到科技发展对知识更新的重要性，但不能恰当解释科技如何促进知识更新，对知识更新换代的过程缺乏认识，对“证据”在知识更新中的重要意义缺乏理解。此外，受访学生虽然认为科学知识是变化的，但认为“科学定律”是固定的，这说明至少有部分学生对科学知识暂定性的认识处于“混合理解”水平。

(二)科学探究的主观性

在对“不同科学家使用相同的数据和资料，得到宇宙所处状态不同的结论”这一问题的调查中，超过半数的学生认为“不同的人有不同的想法，不同的科学家数据分析的方法、思考问题的角度不同”“科学研究过程中出现分歧是正常现象”，但鲜有学生能提到“不同的科学家拥有不同的知识经验，所信奉的理论不同”，说明大部分学生对科学探究的主观性还停留在“隐性理性”水平。但是也有超过20%的学生认为，不同结论的得出是由于“资料或数据不够精确”“计算过程中出现错误”“对宇宙的观察还不够全面”等。

表4　藏族高中生对科学探究主观性的认识

年级	显性质朴/%	隐性质朴/%	混合理解/%	隐性理性/%	显性理性/%
高一	0	25.58	0	60.47	0
高二	0	21.05	5.26	44.74	5.26

(三)科学方法的多样性

对科学方法的调查显示，绝大部分学生能认识到科学方法的多样性，当问到“科学方法有哪些”时，观察法、实验法是最常出现的回答。对于“科学方法是否存在‘套路’”，大多数学生赞同“科学探究的方法随着需要解决的问题而改变”的观点，但也有相当比例学生持有“混合理解”，认为某些科学探究有一定套路，但有时需要扩展、补充一些其他步骤。

表 5　藏族高中生对科学方法多样性的认识

观点	年级	同意人数的比例/%	两种观点都同意人数的比例/%
科学探究的方法有一定的“套路”，基本方法是相似的	高一	19.00	高一：7.32 高二：15.93
	高二	10.58	
科学探究的方法随着需要解决的问题而改变	高一	73.68	
	高二	74.49	

访谈中，两个年级的学生一致否定了“科学方法有顺序性”的观点，认为根据问题的不同，可以选择不同的科学方法，也可以选择不同的方法顺序，实验法在科学研究中也不是必需的，比如“太阳东升西落”的规律就不需要进行实验。但是也有学生提到“按照不同顺序去解决问题，可能得出不同的结论；如果大家的顺序都一样，最后的结论也大概相同”，这显然还未真正理解“科学探究的主观性”。

（四）科学的社会性

从数据来看，超过80%的学生认可科学与社会文化间存在联系，但只认识到其中的一方面，处于“隐性理性”水平，即只看到科学对社会文化的影响或只看到社会文化对科学的影响。在学生所举事例中，绝大部分体现的是科学对社会文化的影响，如“科学进步会丰富社会文化”“科学能创造新事物，使生活更便捷”等。少数学生认为科学反映客观事物，不受社会和文化影响。此外，几乎没有学生能认识到科学、文化与人类世界观、价值观和思维方式上的相互影响，只有极少数学生能够提到“宗教文化对科学发展的影响”。表明学生对科学社会性的认识不够清晰和全面，虽然大部分学生认可科学是社会文化的组成部分，但不能从精神和观念层面探讨科学的社会性。

表 6　藏族高中生对科学社会性的认识

观点	年级	同意人数的比例/%	两种观点都同意人数的比例/%
科学体现社会和文化价值，受到社会和文化的影响	高一	81.00	高一：3.00 高二：4.65
	高二	86.05	
科学超越了社会和文化的界限，不受社会和文化的影响	高一	6.00	
	高二	9.30	

(五)观察和推测

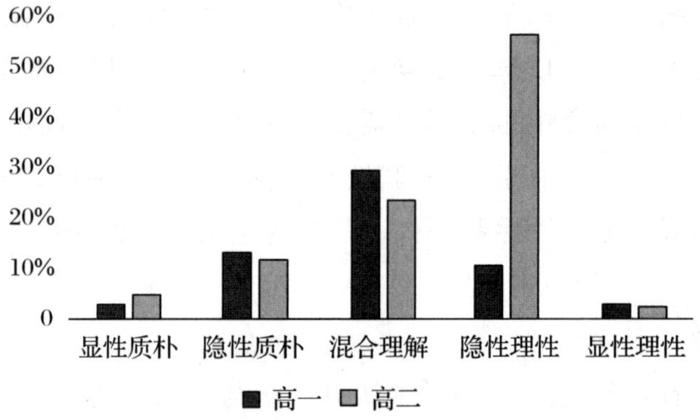

图 1　藏族高中生对观察和推测的认识

在区分“观察和推测”方面，高二学生明显优于高一学生，但是在具体问题中，如当问及“原子结构示意图是否是原子结构真实而正确的表征”时，高一学生的表现则明显优于高二学生。这说明，虽然高二学生能区分观察和推测，但是并不能灵活地将其与具体的科学知识、科学探究相联系。

表 7　藏族高中生对观察和推测的认识

题目表述	年级	是/%	否/%	不确定/%
原子结构示意图是否是原子结构真实而正确的表征?	高一	34.00	34.00	32.00
	高二	74.72	9.30	15.98

在解释“原子结构示意图是否是原子结构的真实表征”的问题中，回答

“是”的学生认为原子结构示意图是科学家通过显微镜真实看到的；回答“否”的学生认为不可能所有事物的原子结构都一样或者认为原子结构类似于人类的基因结构，在某些情况下会发生突变，显然关于“原子结构”，学生缺乏相关的知识储备。此外，在询问学生“科学家如何得到原子结构示意图”时，大部分学生的回答为“观察”“实验”“计算”等，少数学生能够提到“推测”。

（六）科学探究的创造性

调查显示，绝大部分学生认可创造力和想象力在科学研究中的重要价值，认为“科学要创造一些新鲜事物，因此需要个人的想象力和创造力”“研究开始之前需要对研究全过程进行预设，这需要想象力”“当科学家没有思路或遇到瓶颈时需要想象力和创造力”，有些同学还提到“电场线、磁感线是科学家想象的”“科学家看到鸟就创造了飞机，看到蝙蝠而发明了雷达”等具体事例。

表 8　藏族高中生对科学探究创造性的认识

题目表述	年级	会/%	不会/%
科学家进行实验研究努力寻找他们提出问题的答案。在研究中，科学家会利用他们的创造力和想象力吗？	高一	87.50	3.50
	高二	86.05	13.95

注：9.00%高一学生表示不清楚、不知道

但在“科学的全过程是否都需要创造力和想象力的加入”这一问题中，学生基本都给出了否定回答，认为只有在某些阶段才会需要创造力和想象力；在“创造力和想象力的加入是否会影响科学的客观性”这一问题中，学生们认为影响不大，因为还会有验证阶段。这说明，绝大部分学生对科学探究的创造性的认识相对理想。

（七）科学理论与科学定律的关系

关于“区分科学理论与科学定律”的调查表明，绝大多数学生对科学理论与定律的认识都是质朴的，典型回答包括“科学理论是可以进行推理的，而定律是一种规定”“科学理论是不太准确的，而科学定律是准确的、固定

不变的”“科学定律是在理论的基础上建立的，如果理论成立了就建立了定律”等。在学生的举例中，关于“科学定律”，学生仅能想到“牛顿运动定律”“热力学定律”等课本中的重点定律，而关于“科学理论”，学生则无法举例说明。这反映出学生对“科学理论与科学定律”的认识相当有限。

表 9　藏族高中生对科学理论与科学定律的认识

年级	显性质朴/%	隐性质朴/%	混合理解/%	隐性理性/%	显性理性/%
高一	5.26	10.53	0	7.89	0
高二	0	32.56	4.65	9.30	0

五、研究结论与建议

整体来看，学生对暂定性、主观性、社会性和创造性的理解相对较好，大部分处于“隐性理性”水平；但在理解“科学理论与科学定律”方面，学生表现较差，不仅对这两个概念缺乏正确认识，而且对二者的关系理解不当。高一学生对“科学方法的多样性”有更多的“混合理解”，而高二学生在一这方面呈现出“质朴”与“理性”两种理解分庭抗礼的局面。在区分“观察和推测”方面，高二学生明显好于高一学生。虽然学生能根据个人经验对自己的观点进行一定的解释，但说服力低，鲜有同学能拿出具体事例进行例证，说明学生在日常学习中，多以掌握科学知识为目标，很少进行科学史、科学探究或科学素养的学习。

根据在藏文中学生活、工作的实际经历，笔者认为影响藏族高中生对科学本质理解的主要因素有：学校对科学素养的重视程度以及学生对科学的兴趣。首先，藏文中学对学生的培养以应试为主，而学生对科学本质的认识很少会体现在考试要求中，从而形成重知识、轻过程的教学氛围。师资方面，教师对科学本质相关理念的认识相当有限，更关心教材、考点和学生管理，即使有教师关注科学素养的培养，在这种教学环境下，实施起来也相对困难。其次，学生对科学的兴趣远低于其他学科，缺乏将科学与生活相联系的经验，因此学生在学习中逐渐呈现疲态，只有少数学生表示对科学技术和科技馆感兴趣，极少数学生表示会通过其他媒介了解科学，这说明大部分学生对提升自我科学素养没有明确要求。

针对以上情况，笔者对学校和教师提出以下建议：首先，学校管理层应转变应试教育观念，加强科学与生活教育、科学与社会教育，充分利用校内实验室或公共科学教育基地，积极开展各项实践活动让学生探索科学发展；还要做好教师培训工作，让教师有平台去接触和学习先进的教育理念与方法，同时给予教师更大的自由度，让其能在日常教学中有施展教育新理念的机会。其次，科学知识是科学教育的载体，但知识学习并非科学教育的全部，教师应充分认识到科学素养、科学本质教育对学生发展的重要意义，改变传统的应试模式，积极接纳新的教育思想和方法。此外，要想抓住学生的好奇心、激发学生探索科学的兴趣，就要不断激发学生对生活素材的发掘，带学生走进实验室或走出校园，让学生在实践中获得科学知识、了解科学的演化和发展、体验科学探究等。

少数民族学生生态文明素养调研

——以某县藏族中学生为例

教师教育学院　齐　晏

党的十八大将生态文明建设纳入“五位一体”的总体布局；党的十九大明确表示生态文明建设是中华民族永续发展的千年大计，是实现事关“两个一百年”奋斗目标的关键；2020年颁布的《关于构建现代环境治理体系的指导意见》《中国公民生态环境与健康素养》等文件，对各地区、各部门以及每位公民都提出了生态文明建设要求与建议。生态文明建设已经成为关乎个人和民族未来、关系国家发展的时代使命。

《国家教育事业发展“十三五”规划》中指出，增强学生的生态文明素养有助于全面落实立德树人的教育根本使命。当代学生是建设生态文明社会至关重要的未来力量，提升当代学生的生态文明素养是新时代发展的必然要求，深入了解各地区各民族学生的生态文明素养现状，有助于生态文明教育的发展与提升。

一、生态文明素养的内涵与研究现状

在国外对生态素养、环境素养理解的基础上，从人与自然和谐相处的角度出发，我国提出，生态文明素养是指人类在追求生态文明的过程中，为实现个人的、集体的和全球性的利益，在符合要求的前提下以合作的方式提出并解决问题的发展性能力。它是“一种对生态的文明态度”，也是“一种充满感情且自觉的意愿或技巧”。

近几年国内生态文明素养研究备受关注，很多研究者对不同群体的生态文明素养现状展开了研究并对其培养提升提出了建议，涉及的群体包括学生、农民、公务员等，但大多数研究都聚焦在高校学生及高校建设上，缺乏对基础教育阶段的调查研究。

二、研究设计

本研究综合国内外研究成果及专家建议，认为生态文明素养应包括知识、技能、态度、观念、行为五个维度，涉及具有特殊文化背景的群体，还应当考虑宗教、习俗等因素的影响。

（一）研究对象

通过班级整群抽样的方式，以某县藏族高中生为样本，共发放 278 份问卷，剔除无效问卷后收回 267 份问卷，回收率为 96.04%。样本均为藏族，其中男生 56 人、女生 211 人；高一 82 人、高二 185 人；理科 136 人、文科 131 人。

（二）研究工具

本研究参考国内外生态文明教育相关文件，经过专家审议构建了包括知识、技能、态度、观念、行为五个维度的生态文明素养研究框架。遵循语言简洁、通俗易懂、问题贴近学生生活、具有情境性等原则，以框架为基础，经过专家审议及一线教师、学生建议，编制完善了调查问卷，并设计了融入民族特色的相关试题。

（三）信度分析

本研究利用 SPSS 24.0 对数据进行处理分析，问卷的克隆巴赫系数为 0.735，说明问卷具有良好的信度。

三、研究结果

（一）背景分析

为了探究生态文明素养的影响因素，本问卷设置了 5 个背景题，包括学生对生态方面的阅读兴趣程度、获取生态文明知识的途径、每周的户外活动时间、家庭垃圾的分类方式以及对学校自然环境的满意度。结果显示，仅有 14.2%的学生明确表示自己不喜欢阅读与生态相关的书籍或杂志；

64%的学生家庭不会进行垃圾分类；约93%的学生上学期间每周户外活动时间低于6小时；学生主要通过网络(64%)、电视广播(57%)获取生态文明的信息，通过社会实践活动(33%)获取相关信息的机会最少；学生对学校自然环境的满意度达70%。从背景题可知，该地区的高中生对生态知识感兴趣的程度、对学校环境的满意度较高，但获取生态文明知识的途径有限、户外活动时间少。

(二)生态文明素养总体现状

本研究以问卷整体或各维度得分达到其总分80%及以上，判定个体具备良好的素养水平；60%至80%判定为较好；60%以下判定为有待提高。从统计结果看，学生的生态文明素养整体处于较好水平，除观念为良好外其他维度表现也都处于较好水平。学生高度认同生态文明观念，100%的学生都为良好水平；生态文明态度方面也表现很好，仅有一人处于待提高水平；但生态文明知识和生态文明技能两方面分别有40%以上和近30%的学生处于有待提高的水平，表现不佳；生态文明行为方面近四分之三的学生处于较好水平，整体表现不错，但处于良好水平的学生未超过10%。

(三)民族文化

该县地处青藏高原，这里生活的居民基本为藏族，本次调查的高中生也均为藏族。因为青藏高原上特殊的地理环境，藏族人民对其生存的环境有着清晰深刻的认识，并形成了本民族独特的生态保护经验与智慧。根据拉先、南文渊等学者的相关研究，他们认为藏族本土生态文化主要包括生产习俗、文学艺术、自然崇拜、宗教信仰四个方面，问卷中共设计10道题，以李克特五点量表的形式考察学生对以上内容的认同度。结果显示，94.4%的学生认同以上的藏族生态文化，且民族文化与生态文明素养整体得分存在显著相关，与生态文明素养除技能外的其他四个维度也有不同程度的相关，这说明藏族学生的生态文明素养深受当地的民族文化影响。

(四)差异性分析

1. 学生的基本信息分析

虽然仅涉及两个年级的学生，但学生的年龄跨度达到了5岁且并非以个案的形式存在，所以本研究对所选取的样本的性别、年龄、年级、文理科做了相关分析。结果显示，除了年龄与年级、性别与文理科存在极显著的相关外，其他的变量间不存在相关性。

2. 学生在背景信息上的差异性分析

除学生获取生态文明相关信息的途径外，本研究对学生的其他四个背景信息进行了差异性分析。结果显示，学生的年龄、年级与背景信息均不相关，但学生的性别与家庭的垃圾处理方式及每周的户外活动时间都显著相关，根据上面分析的理科班男生多于文科班，所以两个相关指向同一结果，即男生的家庭处理垃圾方式更加合理，男生每周的户外活动时间更长。

3. 学生在生态文明素养不同维度上的差异性分析

可能受到样本男女比例的原因，生态文明素养的五个维度及民族文化与样本的基本信息的相关关系中，除学生的性别与知识和行为存在显著相关外，其他变量间均无相关性。

4. 背景因素对生态文明素养的影响

本研究对不同背景因素与学生生态文明素养进行相关性分析。结果显示，从整体上来看，四个背景因素与学生生态文明素养存在显著的相关关系，其中学生在生态方面的阅读兴趣程度相关性最明显，这意味着学生对校园的自然环境满意度或阅读兴趣度越高、家庭垃圾分类方式越合理、户外活动时间越长，生态文明素养的水平越高。同时，背景因素与各维度间也存在着不同程度的相关性，学生对学校自然环境的满意度与态度和行为存在显著相关；学生对生态方面的阅读兴趣程度与除了观念以外的四个维度都存在极显著的相关性；家庭的垃圾处理方式与除知识外的四个维度都显著相关；每周的户外活动时间与知识、技能、态度也都显著相关。

四、研究结论

(一)学生生态文明素养现状

从调查数据来看，该地区少数民族学生的生态文明素养水平整体较好，学生具有积极的生态文明观念和态度，强烈认同人与自然和谐共处理念、科学生态观和绿色发展观，具有较强的环境感知和生态关心能力，对于环境保护也有很高的行动意愿；但生态文明知识方面储备缺乏，对于我国的资源国情、环境保护措施、新闻等了解不足；生态文明技能缺失，获取识别信息、分析解决环境问题的能力都还有待提升；生态文明行为不尽如人意，不能很好地践行绿色消费观、在日常生活中对环境保护不够重视。整体来说，学生的生态文明主体意识薄弱，虽然了解环境保护的意义并表示支持，但在日常生活、学习中不能将行动与自己是生态文明建设的重要力量之一的观念结合起来。

(二)生态文明素养的影响因素

通过本研究中列举的几个背景因素来看，学生对生态文明的兴趣程度对自身生态文明素养的影响最大；家庭中的环保行为、学生对周围自然环境的满意程度、每周的户外活动时间也都对生态文明素养有不同程度上的影响。除此之外，当地的藏族文化对学生的生态文明素养有非常明显的影响。总体来说，生态文明素养的影响因素较为复杂，与学生自己的兴趣爱好、家庭的环保行为、周围的环境状况、当地的民族文化都有着密切的联系。

五、讨论与建议

(一)学校注重课程设计规划

世界各国都非常重视环境教育，我国更是重视生态文明课程的建设，力求在教育过程中融入生态文明理念。但从学生获取生态文明信息的方式(广播电视 57%、报纸杂志书籍 53%、校园宣传栏 43%、学校相关课程 43%、社会实践活动 33%、网络 64%)来看，该地区的学生主要是通过自学的方式来获取相关的内容信息，而学校在课程设置方面对生态文明内容的关注度不够。学校作为学生学习知识的重要载体，应切实发挥作用，开设融入藏族文化的生态文明选修课程，帮助学生培养学习兴趣，巩固提升生态文明基础知识；同时也要利用好必修课程，如生物学的稳态与环境模块以及地理的国家资源国情知识，帮助学生在课堂中掌握相应的知识及能力；除此之外，加强实践教育课程也十分有必要，通过社会实践课程让学生走出课堂，让学生在真实的社会情境中学习、培养行为习惯。

（二）政府打造生态氛围

政府的顶层设计与宏观布局会对生态文明的社会导向与地位造成影响，进而影响人们的看法与行为，所以政府一定要做好宏观把控，营造生态文明的氛围。就该县来说，当地尚未进行垃圾分类，县里及旅游景区的垃圾桶也仅有可回收与不可回收垃圾的区分，但通过问卷调查显示，有超过40%的学生未能正确区分常见的生活垃圾是否属于可回收垃圾。政府应完善当地的制度政策，特别是少数民族地区，政府应结合当地相关特色加强生态文明知识宣传力度，让每一位公民都感受到自己对生态文明建设的责任与担当，营造积极的生态文明氛围。

同时，在统计学生年龄的时候笔者发现，虽然学生只有两个年级，但年龄跨度为5岁，一半以上的学生已经成年（≥18岁），这说明很多孩子上学时都已超过了法定入学年龄。当地政府应在保证民生的前提下，加强对当地教育的关注与投入。

六、解决优化方案

本研究中性别、年龄、文理科等变量均与生态文明素养各维度间不存在相关性，这可能与样本的选取有关，因为样本中男性仅占21%，会对结果造成影响；除此之外，调查的年级为高一、高二，学生的年级跨度不大，所以在年龄、年级各维度上未表现出明显差异。今后的研究可选择性别比例平均、年龄跨度大的样本，还可以进一步调查家庭住址、父母文化水平、工作等因素对学生生态文明素养的影响。同时，为了更好地明确民族文化等因素的影响，可选择来自不同民族的样本做差异性分析，这样的结论会更有说服力。

乡村振兴、脱贫攻坚经验总结

——以海东市化隆回族自治县圈坑村及本康沟村为例

教师教育学院　卢　悦　张旭冉

一、调研目的

我国脱贫攻坚取得举世瞩目的成就，靠的是党的坚强领导，靠的是中华民族自力更生、艰苦奋斗的精神品质，靠的是新中国成立以来特别是改革开放以来积累的坚实物质基础，靠的是"一任接着一任干"的坚守执着，靠的是全党全国各族人民的团结奋斗。

"没有调查就没有发言权"，本次青海暑期实践，我们组选取海东市化隆县圈坑村与本康沟村进行深入调研，探寻圈坑村与本康沟村成功脱贫的有效措施，并结合在"打好精准脱贫攻坚战座谈会"上习近平总书记提出的六项脱贫攻坚经验，与两村实际情况形成对比，提出有助于两村进一步发展的有效建议。

二、调研方法

实地考察、村委座谈、入户访谈、查阅文献。

三、调研对象

圈坑村与本康沟村村委会成员、党员以及部分村民。

四、海东市化隆县圈坑村基本情况

圈坑村为纯汉族非贫困村。共有116户，386人，常住人口90户，314

人。有贫困户18户，49人，党员22名。自村集体经济"破零"工程启动以来，圈坑村发展以藏香猪养殖为主、土鸡养殖为辅的集体经济。2018年年底至今，分别投入集体经济扶持资金100万元、东西部协作帮扶资金50万元、中央壮大村集体经济扶持资金50万元、较少民族地区发展资金35万元，共计235万元整。

五、海东市化隆县本康沟村基本情况

本康沟村地处青沙山南麓，海拔3000米，距离镇政府6千米，村中下辖3个社。全村共有112户，447人，其中汉族68户，257人，回族44户，190人；全村共有党员29名，其中少数民族党员12名；精准扶贫户14户，42人。耕地1350亩，退耕还林502.6亩，林地3864.6亩，草山7108亩。经济来源主要依靠传统农业种植、畜牧养殖、务工收入，已于2018年底完成脱贫任务。2019年该村被评为青海省乡村振兴示范点、省级文明村等，村党支部被评为化隆县先进基层党组织。

六、调研结果分析

（一）坚持党的领导，强化组织保证

脱贫攻坚，加强领导是根本。必须坚持发挥各级党委总揽全局、协调各方的作用，落实脱贫攻坚一把手负责制，省市县乡村五级书记一起抓，为脱贫攻坚提供坚强政治保证。

1. 圈坑村实施情况

近年来，圈坑村以抓好农村党建工作为统领，认真贯彻落实以党建工作为引领狠抓村集体经济"破零"工作的基本方略，紧紧围绕提升组织力、夯实基层基础来细化措施、持续用力，各项重点工作落实落地，村集体经济"破零"工作取得了显著成效。通过严格落实"三会一课"、"四议两公开"、党员民主评议等制度，在支部引领下开展各项工作，充分发挥支部堡垒作用。村民们积极配合村"两委"开展各项工作。正因有了党建引领这一"基石"，圈坑村各项工作这几年才能一直位居全乡第一，村集体经济发展项目

才能在圈坑村落地生花、颇见成效。

2. 本康沟村实施情况

本康沟村以"党建品牌"引领乡村组织振兴，推进脱贫攻坚、乡村振兴。坚持以党建为引领，注重提升党组织凝聚力、战斗力，发挥党组织在精准扶贫、产业发展、乡村治理等重点工作中的坚强战斗堡垒作用，逐步形成了"党组织领导能力提升、党员引领发展能力提升、群众致富技能提升，促进集体经济'破零'"的具有该村特色的"三提一促·奔小康"党建品牌。积极引导、教育群众看变化、讲感受、谈体会，推进民族团结进步事业创新发展；根据"开展移风易俗活动、弘扬时代新风行动"的重要部署，成立红白理事会，引导村民养成科学、文明的生活方式；结合精准扶贫和乡村振兴工作，进一步夯实村级组织的工作基础，使村级组织成为群众奔小康的"桥头堡"；切实强化技能培训，重点结合产业发展、旅游扶贫项目，组织技能培训，引导党员群众参与村级发展和村级事务民主管理。

本康沟村被评为全国巾帼建功先进集体、省级文明村、省市民族团结示范村等，村党支部连续两年被评为先进基层党组织。

(二)坚持精准方略，提高脱贫实效

脱贫攻坚，精准是要义。必须坚持精准扶贫、精准脱贫，坚持扶持对象精准、项目安排精准、资金使用精准、措施到户精准、因村派人(第一书记)精准、脱贫成效精准等"六个精准"，解决好"扶持谁、谁来扶、怎么扶、如何退"的问题，不搞大水漫灌，不搞"手榴弹炸跳蚤"，因村、因户、因人施策，"对症下药"、精准滴灌、"靶向治疗"，扶贫扶到点上、扶到根上。

1. 圈坑村实施情况

在充分调研、项目比较、风险评估等后，该村最终确定在该村养殖繁育藏香猪。其原因是，该村有适宜藏香猪养殖的生长环境和气候条件，且养殖成本不高，收益良好，有可靠的销售渠道，市场风险较低，且有一定的养殖经验。2018年年底，该村与县相关部门就各方面沟通对接后，开始实施藏香猪的繁育养殖。习总书记提出发展"林下经济"理念后，该村积极响应，又开始养殖原始土鸡(笨鸡)，既能优化产业结构，还可增加收益。

2. 本康沟村实施情况

面对本村的贫困处境和自然环境，“第一书记”张吉青为发挥资源优势，重点培育有地域特色的产业、产品，在提升发展优质油菜种植和生态养殖的同时，为村民争取到电动缝纫设备和挖掘机，开办缝纫技术培训班，对留守妇女免费进行技术培训，并因地制宜改造服装加工车间，积极与公司进行洽谈，最终形成了“公司＋生产车间＋农户”的产业发展模式，将村中的特殊人群吸纳进来，建立“双赢”的利益联结机制，既增加了居民收入，也有效解决了空巢老人和留守儿童等社会问题。该村还以“乡村旅游”丰富乡村产业内涵，打造以花海观赏、“本康神泉”、观光采摘园、传统农家乐等集休闲娱乐于一体的民俗旅游村，极力打造“一沟一道二环三山”的精品旅游线路，成为化隆县旅游扶贫样板村、省级乡村振兴示范试点村和全国美丽休闲乡村。

（三）坚持加大投入，强化资金支持

脱贫攻坚，资金投入是保障。必须坚持发挥政府投入的主体和主导作用，增加金融资金对脱贫攻坚的投放，发挥资本市场支持贫困地区发展作用，吸引社会资金广泛参与脱贫攻坚，形成脱贫攻坚资金多渠道、多样化投入。

1. 圈坑村实施情况

2018 年年底至今，该村分别投入集体经济扶持资金 100 万元、东西部协作帮扶资金 50 万元、中央壮大村集体经济扶持资金 50 万元、较少民族地区发展资金 35 万元，共计 235 万元整。

2. 本康沟村实施情况

打赢脱贫攻坚战，必定离不开政府和市场的资金投入，在该村脱贫道路上，得到了众多社会资源的支持。2016 年村扶贫联点单位青海省西川监狱向本康沟村捐赠了缝纫设备 42 台，村里以此为基础，同青海哈尼福民族服饰有限公司达成合作，成为其服装加工基地。2017 年，本康沟村援建了一座 400 平方米的正规车间，在双格达村援建了一座 200 平方米的正规车间。同时，化隆县将东西部协作的 80 万资金投入扶贫车间用于购置服饰加工设备，扩大生产规模，形成了“公司+生产车间+农户”的产业发展模式。

(四)坚持社会动员，凝聚各方力量

脱贫攻坚，各方参与是合力。必须坚持充分发挥政府和社会两方面力量的作用，构建专项扶贫、行业扶贫、社会扶贫互为补充的大扶贫格局，调动各方面积极性，引领市场、社会协同发力，形成全社会广泛参与脱贫攻坚格局。

1. 圈坑村实施情况

春节期间，藏香猪销售一度出现供不应求的局面，共销售 225 头，收益 36 万元。4 月，通过电商平台(即与电商平台合作，电商负责销售，村子负责供货)，将藏香猪销往广西、无锡、深圳等地，仅 4 月就出售 45 头猪，实现收益达 5.4 万元，藏香猪受到了顾客的一致好评。

2. 本康沟村实施情况

政府和企业除了在资金方面给予了该村莫大的支持外，还从发展模式和市场方面也进行扶持，协同发力。在本康沟村与青海哈尼福民族服饰有限公司达成合作，创设服装加工基地后，该公司还免费对当地村民进行了缝纫设备操作和服装裁剪的培训，为扶贫车间提供技术支持。

(五)坚持从严要求，促进真抓实干

脱贫攻坚，从严从实是要领。必须坚持把全面从严治党要求贯穿脱贫攻坚工作全过程和各环节，实施经常性的督查巡查和最严格的考核评估，确保脱贫过程扎实、脱贫结果真实，使脱贫攻坚成效经得起实践和历史检验。

青海省落实整治要求，严肃问题整改，确保脱贫成效，两村严格把握脱贫过程，与青海省整体保持一致步调。2016 年以来，青海省先后组织开展了整治和预防脱贫领域职务犯罪、不担当不作为，扶贫领域腐败和作风问题专项治理等活动，对脱贫攻坚排名靠后或存在突出问题的县进行省级约谈。通过明察暗访和省级挂牌督办等举措，压实攻坚责任。从严查处扶贫领域违纪违法问题，强化扶贫资金监管使用，始终保持零容忍、全覆盖的高压态势。

(六)坚持群众主体，激发内生动力

脱贫攻坚，群众动力是基础。必须坚持依靠人民群众，充分调动贫困群众积极性、主动性、创造性，坚持扶贫和扶志、扶智相结合，正确处理外部帮扶和贫困群众自身努力关系，培育贫困群众依靠自力更生实现脱贫致富意识，培养贫困群众发展生产和务工经商技能，组织、引导、支持贫困群众用自己的辛勤劳动实现脱贫致富，用人民群众的内生动力支撑脱贫攻坚。

1. 圈坑村实施情况

为使贫困户有一技之长，该村“两委”积极鼓励贫困户定期到养殖场进行技术学习。同时，养殖场将防疫、检疫、消毒等工作作为重中之重，村里专门聘请一名退休老兽医作技术指导员，为藏香猪的防疫提供了坚实保障。为进一步改善藏香猪生长条件，优化整体生态环境，村“两委”组织村民在路边种植云杉、白杨达4000余株，同时，为藏香猪储备豆类、畜饲草等食材，降低了养殖成本。

2. 本康沟村实施情况

村服装基地采取“公司＋农民工＋小车间”的精准扶贫模式，实行分工序计件工资制，每一件服装根据工艺流程的不同分解为不同的工序，各个工序依照难度不同在生产之初就制定好各自的工序工资。车间根据每个工人所从事的工序和生产数量来确定工人的工资，真正实现了多劳多得。在这样的工作环境下，该村村民的生产动力被充分激发，通过自身努力不断创造属于自己的财富。

七、调研发现的问题及建议

(一)局部短板限制明显

局部短板主要表现在宣传方面和民生领域。首先，许多村庄的旅游设施建设非常完善，但即使在7月旅游旺季时，游客数量也明显很少。村庄的宣传力度和广度不到位，知名度不高，产业品牌还未打造成熟。此外，村里生产出来的酒基本上都是卖给附近的村民，客户群非常固定和单一，在网销和运输方面都存在很大的困难。其次，民生领域主要是在教育方面，教育资源分配十分不均，留守儿童教育十分短缺，乡村地区教师资源缺乏，总量和质量都不够。

建议：对于农产品宣传，需要对农民进行培训，培训电商网络运营、电脑操作等知识，另外要对农产品进行统一包装和严格的质量检测，提高产品质量。对于旅游业的宣传，需要根据乡村旅游的目标和定位制订合理的计划，在合理的时间内进行推广和宣传，精准定位消费群体，通过政府或企业提供的大平台、自媒体或传统媒体等多种媒介进行推广，合理利用媒体资源，做好营销活动推广。对于民生领域的教育问题，需要从政府层面进行教育资源的调配，选派优秀教师前往乡村地区任教，逐步改变教育落后的现状。

(二)提升造血能力道阻且长

以市场为导向的现代农牧业经济结构尚未形成，同质化、初级化现象仍然存在，小规模生产、分散化经营占据主导地位，产业链条短，附加值不高，抵御市场风险能力弱。

建议：需要对贫困地区进行经济发展评估，找到适合本地区的经济发展模式，充分利用扶贫政策，鼓励自主创业，以先富带后富；需要通过引入适应地区发展的人才助力地方脱贫，通过智慧引领，拓宽贫困地区群众的视野，找到发展新路子；需要聘请专业技术人员或创业成功人士，开展一些适合当地劳动力的实用技能培训和创业致富带头人经验分享；需要通过发展文化事业，带动贫困地区人民自主脱贫，努力在精神和物质上都富裕起来；需要改变贫困群众的落后思维，变“要我学”为“我要学”，变“要我做”为“我要做”。

俗话说，“授人以鱼，不如授人以渔”。在扶贫开发过程中，给钱、给物只能解一时之困，而增强贫困地区的“造血”能力才能拔穷根、掘富源。因此，在开展精准扶贫工作中，要准确了解和掌握贫困村、贫困户的基本情况，有针对性地开展扶贫，增强自身“造血功能”，就能避免产生“等、靠、要”的依赖心理，避免出现“干部奔波忙断腿，群众倚墙晒太阳”的窘境。要为贫困的基层群众传授好现代技术，引进项目，积极抓好产业结构调整，让群众富起来，真正起到扶贫解困的实效。

疫情期间幼儿家庭教育现状调研

教师教育学院　付荣雪

一、问题的提出

家庭是幼儿最早生活成长的地方，良好的家庭教育对于幼儿的学习与发展举足轻重。从突发疫情至今(2020 年 6 月)，全国很多城市的幼儿全天居家已半年之久，很多家长居家办公，亲子陪伴时间增加，家庭教育引起广泛关注。本研究通过问卷调查法和访谈法，对河北、吉林、江苏等地 100 位家长进行调查，了解疫情期间家庭教育现状及其存在的问题并提出教育建议，以期改善和提高家庭教育质量，促进幼儿身心全面发展。

二、幼儿家庭教育现状

(一)家长基本信息统计

本次主要采用问卷调查法，以河北、吉林、江苏等地的幼儿家长为调查对象，发放问卷 100 份，收回有效问卷 100 份。填写问卷的家长以 26—40 岁年龄段的父母为主，占比 79%。其中母亲占比 61%，父亲占比 31%，其他人员如爷爷、奶奶等占比较低。

从对家长学历和职业的统计来看，家长及其配偶的学历以“大专”和“本科”占比最高。研究生学历、高中学历和初中学历均占比不高。通过对家长职业的统计可知，家长们大多为教师、公司企业员工以及自由职业者，三者占比分别为 31%、27%、27%。由以上统计数据可以发现，大部分家长接受过教育，有正规工作，因此具备教育幼儿的素质和能力，对这些家长的调查可以很好地反映幼儿的家庭教育现状。

表 1　家长基本信息统计表($N=100$)

基本信息		百分比/%
家庭关系	父亲	31
	母亲	61
	爷爷或外公	0
	奶奶或外婆	2
	其他	6
年龄	25 岁及以下	13
	26—30 岁	34
	31—40 岁	45
	41 岁以上	8
学历	初中及以下	8
	高中	7
	大专	27
	本科	38
	研究生及以上	20
配偶学历	初中及以下	8
	高中	8
	大专	24
	本科	46
	研究生及以上	14
职业	公务员	10
	教师	31
	公司或企业员工	27
	农民或工人	4
	自由职业者	27
	其他	1

续表

基本信息		百分比/%
家庭结构	核心家庭	69
	主干家庭	25
	单亲家庭	6
	隔代家庭	0
	再婚家庭	0

由表 2 可知，调查的 100 个家庭中，男孩占比为 52%，女孩为 48%。其中 3—4 岁幼儿数量最多，共 34 个；5—6 岁幼儿共 29 个；6 岁以上幼儿数量最少。

另外，通过对家庭月收入的统计，笔者发现，多数家庭月收入可以达到 6000 元甚至 9000 元以上，占比为 70%。而月收入在 3000 元以下的家庭占比很小。最后，通过对家庭幼儿教育支出的统计，64%的家长表示，幼儿教育支出占到了家庭总收入的 10%—30%。

表 2 幼儿信息统计表($N=100$)

基本信息		百分比/%
幼儿性别	男	52
	女	48
幼儿年龄	3 岁以下	23
	3—4 岁	34
	5—6 岁	29
	6 岁以上	14
家庭月收入	3000 元及以下	5
	3001—6000 元	25
	6001—8999 元	33
	9000 元以上	37

续表

基本信息		百分比/%
幼儿教育支出占比	10%以下	14
	10%—30%	64
	30%—60%	20
	60%以上	2

(二)家长对家庭教育的看法

1. 家庭教育的重要性

由图1可知，36%的家长认为家庭教育重要，62%的家长认为家庭教育非常重要。只有2%的家长认为家庭教育不重要，通过对这部分家长的后期访谈，笔者得知，他们也认为家庭教育重要，只是幼儿大多数时间在园中度过，因此家庭教育在他们看来并不十分必要，在家对幼儿采取的教育措施较少。

2. 家庭教育的目的及优势

通过对家庭教育目的的分析可以看出，多数家长认为家庭教育的主要目的在于促进幼儿健康成长及帮助幼儿形成良好的人格特性与生活习惯，两者占比分别为98%、89%。此外，家长们也认为家庭教育在为孩子未来铺垫、培养亲子感情、帮助孩子提高学习成绩等方面有着重要作用。有55%的家长选择帮助孩子提高成绩，表明部分家长并未放松对幼儿的智力培养，存在“让孩子赢在起跑线上”这一想法。

家庭教育有其自身的优势，家长对幼儿的发展情况及发展中的各种变化可以及时察觉并做出反应是其最大优势。此外，家长认为家庭教育的优势还在于提供良好的成长环境和父母的榜样作用。而在调查中，笔者发现幼儿对电子产品的依赖很大程度上都是子女对父母的模仿。

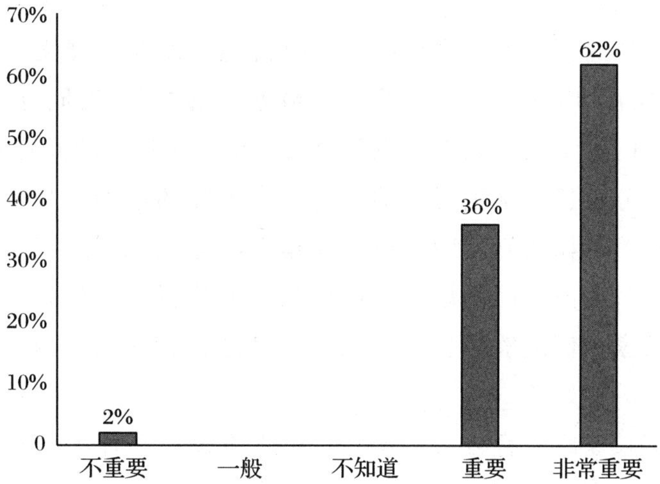

图 1　家庭教育重要性统计图

3. 家庭教育对家长能力的要求

94%的家长认为家庭教育要求家长具备正确的教育观，此外，“时间上的陪伴”和“对相关知识的了解”也是家长选择较多的两项。工作忙碌是当今父母的常态，83%的家长都认为家长及孩子需要彼此的陪伴。74%的父母选择了解相关专业知识的能力，访谈中，L 家长表示自己并没有看过多少专业书籍，所以在教育中遇到问题难免不知如何解决，其他家长也存在同样的困惑，希望能够更多地了解相关的知识与策略。

（三）家庭教育内容、方式、效果统计

问卷采用了李克特 5 点计分，1—5 分别表示很不同意、不同意、一般、同意和很同意，数字越高表示家长同意程度越高。总体来看，家长们大多有较为固定的教育内容和教育计划，内容较全面，涉及文化知识、卫生安全、特长、规则、电子产品使用等各方面。

首先，家长重视对孩子的卫生安全教育，表示会开展针对幼儿体质的训练以保证幼儿身体健康。笔者认为这与疫情密切相关，在疫情紧张的形势下，家长开始培养孩子的卫生习惯、教给孩子简单的卫生知识等。此外，疫情居家期间，多数家长表示出于对孩子身体健康的考虑，禁止幼儿对电子产品过度使用。

其次，疫情居家时期，家长们不失时机地对幼儿开展文明礼貌方面的教育，这一项的平均分为 4.48，表明多数家长选择了“很同意”，这一项甚至超越了之前的卫生安全教育，说明家长们十分重视对幼儿礼貌的培养。

最后，部分家长并不重视对幼儿的艺术才能的培养。笔者认为在疫情时期特长的学习，如跳舞、跆拳道等课程无法通过线上或者线下的形式开展，因此这一时期该方面的培养有所放松。但值得庆幸的是，重视培养孩子艺术才能的家长们能够根据幼儿兴趣为其选择相应的项目，表明家长们能够尊重幼儿的喜好。

通过对家长家庭教育方式的统计，笔者发现，总体上家长的教育方式以鼓励为主，教育措施多样化，但家长会出现教育方式不一致、缺乏严格计划性等问题。根据后期访谈，笔者发现多数家长将原因归结于自身的教育能力不足，认为自己并不确定教育方法是否科学，只是根据自己及他人的经验采取教育措施，这也说明家长需要来自教育行业各方的科学指导。

首先，家庭成员教育方式不一致的情况同意程度为 3.78，介于一般和同意的程度之间，家庭成员教育方式的一致性是影响教育效果的重要因素，因此教育方式的统一情况有待改善。

其次，家长们通常通过为幼儿准备玩具、绘本等方式促进幼儿发展，而且在幼儿游戏或阅读的过程中，蕴含了家长教育幼儿的其他措施，如“游戏后，我要求孩子主动收拾玩具”这一项上，家长们表示同意。而且家长也会通过陪伴孩子游戏和阅读的方式增进亲子感情，能够“认真回答孩子提出的问题”。

最后，制定作息表、请家教老师等教育方式在调查的 100 位家长中并不常见，笔者认为这与家长的生活习惯息息相关，居家时期在家长生活不规律的情况下，很少有家长考虑到为幼儿制订计划表，无法保证教育的计划性。而由于疫情和经济因素的限制，许多家长表示能够自己完成对孩子的教育，一般不会专门请家教老师，因为家庭的经济情况无法支撑。

通过对家庭教育效果的统计，笔者发现疫情期间家庭教育虽然在某些方面仍不理想，但总体效果显著，大多数家长认为幼儿在某方面的确取得了明显进步，如“孩子学会了某方面的新技能、新知识”“各类读物阅读量增加”等选项上平均分均超过 4，表明在这些方面幼儿存在进步，也进一步说明了家庭教育的效果。

但问题在于，幼儿对电子产品的依赖以及挑食等某些坏习惯未得到明显改善，导致部分家长对家庭教育效果产生怀疑。根据访谈内容，笔者归纳了以下几方面原因。首先，家长无法起到榜样作用。如家长规定了幼儿对电子产品的使用时间，但由于家长一再纵容，或家长自己沉迷于电子产品，导致对电子产品的控制力度减弱。其次，家长缺乏陪伴孩子和改善孩子坏习惯的耐心。如家长很多时候会让孩子自己去玩，孩子只能以电子产品作为消遣。最后，家长的教育方式没有针对性。访谈中，家长表示：“想要改变孩子挑食的毛病吧，好好跟他说不管用，气急了有可能打他两下，但他也知道我不会真打他，所以久而久之，我也不管了。”由此可见，家长们并未选对方法，才会对幼儿的坏习惯束手无策。

三、建议

（一）加强幼儿的家庭教育指导

幼儿园是专门对幼儿进行科学教育的机构，有义务，也有能力对家庭教育给予必要的指导。首先，注重提升教师的培训素养。教师必须具备专业的家庭教育知识与技能，为幼儿的家庭教育指导奠定基础。其次，加强家园联系，开展家长培训工作。除了日常上下学的交流之外，组织专门的讲座或个别辅导让家长能获取正确的、专业的指导意见。此外，幼儿园应及时倾听家长的意见，了解家长需求，以便开展更加有针对性的指导。

（二）保证家庭成员教育方式的一致性

父母双方或者父母与上一辈的教育观念不一致，导致在幼儿教育问题上没有统一的标准。针对这一问题，首先，家庭内部成员要沟通好，就幼儿的教育问题达成统一的标准，尤其是对于疼爱孩子的上一辈来说，父母可以通过劝说，或者与幼儿园教师沟通来改变其教育观念，从而保证其教育方式的科学性。其次，可以通过在家中建立规则墙、奖惩表等方式规范幼儿，在家庭中形成遵守规则的良好氛围，家长同时发挥模范作用，以保证家庭中教育方式的一致性。

(三)家长主动提升自身教育水平

要真正提升家庭教育质量，家长自身的主动性是最关键的因素。只有家长主动提升自身教育水平，才能从根本上促进家庭教育质量。首先，家长要重视自身的榜样作用。父母要教育儿童，就要规范自己的言行举止，做一个好的榜样。其次，通过各种方式提升自身教育水平，付诸行动。如阅读书籍、听网上专家讲座、多与幼儿教师沟通，甚至是多与有经验的朋友沟通等，都是提升家长教育水平的有效措施，只要家长能够将之付诸行动，必定会有意想不到的收获。

后疫情时代对大学生社会适应能力影响的研究

心理学院　张思敏　王海洋

一、前言

（一）研究背景

进入后疫情时代，时代发生的新变化给大学生群体的学习和生活带来了更多的问题与挑战，对其正常的生活、学习造成了一定的负面影响。本研究旨在了解大学生的社会适应能力，考察其在后疫情时代的具体体现，为学校及时开展社会适应不良预防和有针对性地进行心理干预提供参考。

（二）研究意义

自新冠肺炎疫情暴发以来，社会大众普遍表现出焦虑、抑郁、恐慌、忧虑、疑病等心理反应，本研究将目标群体选定为在校大学生这一特殊群体，探讨其心理健康水平，拟为后续的研究提供参考和借鉴。

（三）研究价值

新冠肺炎疫情给人们的日常生活带来了深远影响。本研究关注不同年级大学生社会适应能力的受影响程度，深入研究在更多维度上大学生社会适应能力的显著差异，帮助大学生更为积极有效地适应后疫情时代的学习和生活。

（四）研究目标

1. 通过问卷调查，了解后疫情时代大学生在社会适应方面的现状。

2. 将调研收集到的数据进行分析，对不同大学生的社会适应能力做差异性检验，了解他们在社会适应总分及不同维度上的异同。

3. 了解后疫情时代对大学生接受现在的社会生活方式、遵循社会道德规范和行为准则的过程的影响，关注现阶段大学生的社会适应有哪些具体的表现，基本了解后疫情时代下大学生的适应情况。

4. 准确定位大学生社会适应的培养目标和改善方案，继而制定《后疫情时代大学生心理调适指南》来减轻新冠肺炎疫情对当代大学生心理状态的干扰和可能造成的伤害。

(五)技术路线

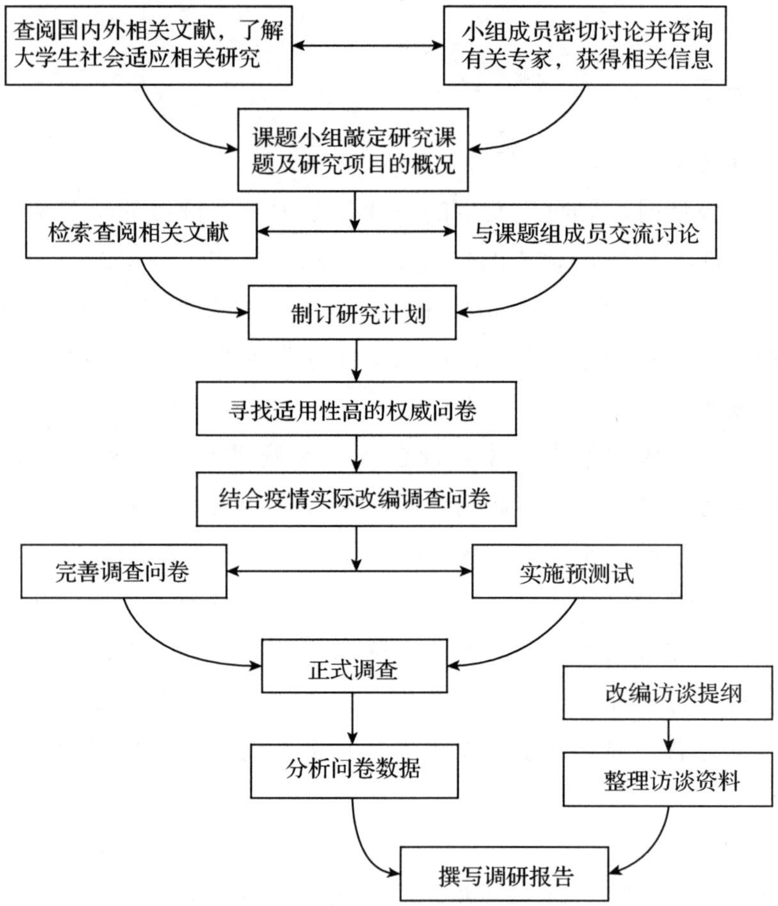

图 1　本调研项目的技术路线图

（六）拟解决的关键问题

1. 了解后疫情时代大学生的社会适应情况。

2. 分析大学生社会适应情况的数据及材料。

3. 制定心理调适指南和心理建设办法。

二、调研方法

（一）被试

本项目的被试群体有两类，第一类是接受问卷调查群体。调查采取随机抽样法，随机选取全国274名在校大学生为研究对象，采用问卷星对其进行问卷调查。有效被试中，男生68人，女生206人。调查共收到问卷296份，其中22份因错填、误填等原因为无效问卷。第二类是接受访谈的群体，访谈对象共3人，分别专科在读、本科在读、硕博在读。

（二）研究工具

1. 后疫情时代社会适应问卷

我们结合疫情后大学生的生活及现状，以方从慧（2008）编制的"社会适应量表"作为参考，在保证原维度相同及原题目主题大意不变的情况下，改编成了后疫情时代的大学生社会适应问卷。

2. 大学生社会适应能力访谈提纲

根据疫情后大学生的生活及现状，在参考"社会适应量表"的维度划分状况及各类适应能力访谈提纲的基础上编制了大学生社会适应能力访谈提纲，并对3位大学生（专科在读、本科在读、硕博在读）进行线上语音访谈，通过访谈进一步了解了大学生社会适应能力存在的主要问题。

（三）研究程序

本次项目在征得学校领导、学生家长及学生本人的知情同意后，于2020年7月至8月分两个阶段进行调研。

第一阶段为问卷调查阶段。首先，问卷编制小组在方从慧编制的"社会适应量表"的基础上，对社会适应维度设置的合理性进行了验证，并结合疫情发生后大学生的社会生活现状及学习状况编制了问卷初稿，接着随机选取30名大学生进行了预测验，以验证问卷的合理性。根据预测验的反馈结果，我们对量表的表述进行了更明确和精准的修改，并交给测量学专家学者进行最后的审核。确认问卷后，通过问卷星在专科在读、本科在读、硕博在读大学生群体中进行发放。所有主试均为心理学在读研究生，正式施测前对问卷指导语、施测内容和目的以及注意事项等方面进行了集体讨论。

第二阶段为访谈阶段。根据自编的大学生社会适应能力访谈提纲对3位大学生进行线上语音访谈，通过访谈内容进一步了解大学生社会适应能力存在的主要问题。

(四)数据处理与分析

采用问卷星对数据进行收集和录入，采用SPSS 21.0整理数据并进行差异检验。

三、结果与讨论

(一)问卷结果

1. 不同性别的大学生在各适应领域的差异没有统计学意义，表明男女大学生在后疫情时代适应能力差异并不明显。

2. 独生与非独生大学生在不同适应领域差异的显著性不同。具体而言，在学习适应、心理适应及社会适应总分上，独生与非独生大学生的差异具有统计学意义，且独生者适应能力显著优于非独生者，而在其他适应领域均无显著差异。

3. 近期居住于城镇和乡村的学生在不同领域社会适应差异显著性不同。具体而言，在学习适应、未来适应、心理适应及社会适应总分上，城镇学生适应能力显著优于乡村学生。

4. 担任学生干部和未担任学生干部的大学生在学习适应、未来适应、心理适应、人际关系适应、环境适应，以及社会适应总分各维度上均无明显差异。

5. 复学和未复学的大学生在未来适应、心理适应上存在显著差异，复学的大学生比未复学的大学生表现更好。

6. 所在地区近期有确诊病例和无确诊病例的大学生在学习适应上各个维度上均不存在差异。

7. 不同政治面貌的学生在不同适应领域的差异显著性不同。具体而言，党员大学生的学习适应、未来适应及社会适应总分显著优于非党员大学生。

8. 不同身体状况的大学生在各适应领域的差异具有统计学意义。具体而言，在学习适应、未来适应、心理适应领域，身体健康学生的适应能力显著优于身体良好学生，身体良好学生显著优于身体一般学生；在人际关系适应领域，身体健康学生的适应能力显著优于身体良好及一般学生，身体良好与身体一般学生不存在显著差异；在环境适应领域，身体健康学生的适应能力显著优于身体一般学生，其余不存在显著差异。

9. 不同学历的大学生在心理适应领域的差异具有统计学意义，其中本科生心理适应能力优于硕博生，其他适应领域均无显著差异。

10. 不同学科的大学生在各适应领域差异的显著性不同。具体而言，文史类学生在心理适应、人际关系适应及社会适应总分方面优于理工类学生，且差异具有统计学意义，其他适应领域均无显著差异。

(二)访谈整理与分析

1. 后疫情时代大学生关于学习方面和未来方面的感受

谈到学习方面，受访者都表示自己在家的学习氛围不行，跟不上老师的教学进度。研究生的学习内容可能比本科生和专科生的更多，并且更主动去学习课堂之外的知识，也会更经常向老师请教不懂的问题，或者和同学探讨。处于后疫情时代，受访者均表示对当前的就业形势感到担忧，会关注社会的未来发展趋势，尤其是与自己专业相关的行业，并会了解就业或实习的相关内容。

2. 后疫情时代大学生关于环境和人际关系的感受

关于要长时间待在家里或是近期居住地(学校)，待在家里的受访者表示很适应家里的天气、吃住条件等，已返校的受访者表示刚返校一个月，还没从家里的“独居环境”过渡为“社交环境”中适应过来，返校后需要与同学、老师进行社会交往，通常会感到不自在。关于“戴口罩出门”，受访者均表示能够理解并且能迅速适应。

3. 后疫情时代大学生心理方面的感受

疫情发生后，受访者均表示刚开始会感到焦虑、不舒服，一般通过打游戏或看剧来调节。在北京的受访者表示需要一个礼拜左右才能调整好自己的心态。当疫情得到控制后，步入后疫情时代，受访者均表示几乎不会出现焦虑、抑郁的情绪，也不会由于“返校通知”反复不定造成心理上的焦虑。

四、总结

(一)后疫情时代大学生心理调适指南

根据问卷结果和访谈资料整理，以及相关文献的查阅，我们制定了“后疫情时代大学生心理调适指南”来减轻新冠肺炎疫情对当代大学生心理状态的干扰和可能造成的伤害。

后疫情时代常见的心理健康问题有以下几种：

1. 睡眠问题。
2. 紧张、焦虑。
3. 消极悲观的情绪。
4. 社交退缩。
5. 躯体症状。

针对这些问题，我们也找到了一些调节方法：

1. 转移自己的注意力。
2. 远离让人焦虑的信息。
3. 通过网络增加社交。
4. 调整睡眠、合理作息。
5. 监督打卡学习。

(二)研究创新

1. 本研究采用问卷和访谈相结合的方式，更加全面客观地调查，分析了后疫情时代大学生社会适应的现状。

2. 本研究主要针对后疫情时代大学生的适应问题，因为后疫情时代高校大学生群体容易出现不同程度的社会适应不良问题，且持续时间较长。根据所得出的调查结果，本研究提供了一些改善大学生心理和行为表现的办法，可以为社会关注大学生社会适应工作提供一定依据。

(三)研究不足与改进

1. 本研究的被试量较少且取样时未考虑各类别被试人数的均等，导致某些类别的被试数量较少，不能很好地代表总体特征。

2. 由于大部分大学生处于未复学的居家状态，家庭经济状况、父母受教育程度会影响大学生在后疫情时代的社会适应，然而本研究未将这两个变量纳入调查和分析。

3. 在将大学生被试按照学历划分时，划分标准不够细致。以往关于本科大学生社会适应的研究发现，不同年级的本科大学生的社会适应情况存在差异，因此在已有分类的基础上，再进行年级的划分，可能会获得更详细、具体的信息。

(四)未来研究方向

1. 本研究探讨了后疫情时代大学生社会适应的现状，由于新冠疫情的影响，正常的学习、生活规律会有一定的改变，未来可以针对完全复学后大学生们的社会适应进行更全面、深入的研究，再结合以往研究结果进行对比，探讨疫情对于大学生社会适应的影响。

2. 可以在本研究基础上进行纵向研究，考察大学生在疫情后社会适应状况及其变化特点，总结分析，提出相应的应对策略，提高大学生群体应对重大公共卫生事件的能力和水平。

五、结论

本研究采用问卷和访谈相结合的方式，对后疫情时代大学生的社会适应能力进行调查，得出以下结论：

1. 在社会适应总分上，独生者适应能力显著优于非独生者；城镇学生适应能力显著优于乡村学生；党员大学生的适应能力显著优于非党员大学生；身体健康学生适应能力显著优于身体良好学生，身体良好学生显著优于身体一般学生；文史类学生的适应能力显著优于理工类学生。

2. 在学习适应维度中，独生者适应能力显著优于非独生者；城镇学生适应能力显著优于乡村学生；党员大学生的适应能力显著优于非党员大学生；身体健康学生适应能力显著优于身体良好学生，身体良好学生显著优于身体一般学生。

3. 在未来适应维度中，城镇学生适应能力显著优于乡村学生；复学大学生适应能力显著优于未复学大学生；党员大学生的适应能力显著优于非党员大学生；身体健康学生适应能力显著优于身体良好学生，身体良好学生显著优于身体一般学生。

4. 在心理适应维度中，独生者适应能力显著优于非独生者；城镇学生适应能力显著优于乡村学生；复学大学生适应能力显著优于未复学大学生；身体健康学生适应能力显著优于身体良好学生，身体良好学生显著优于身体一般学生；本科生心理适应优于硕博生；文史类学生的适应能力显著优于理工类学生。

5. 在人际关系适应维度中，身体健康学生适应能力显著优于身体良好及一般学生；文史类学生的适应能力显著优于理工类学生。

6. 在环境适应维度中，身体健康学生适应能力显著优于身体一般学生；文史类学生的适应能力显著优于理工类学生。

社区治理中基层党建引领作用研究

——以西宁市城西区文汇路街道所辖四个社区为例

马克思主义学院　袁有君　王　珊

社区是社会的基本单元，是国家治理的基础，是党巩固执政基础的基石。中国社区的发展，随着改革开放，尤其是国家治理体系和治理能力现代化的推进，以及执政党建设的加强而不断发展。进入新时代，社会主要矛盾发生变化，这样的矛盾变化体现在社区中，对基层党组织建设提出了更高要求。新时代社区治理中基层党建引领作用研究正基于这样的时代背景，具有一定的理论与现实意义。

一、社区治理

1979—2012年，“社区管理”的字眼牢牢占据我国社区研究学者的著作及政府部门文件。受此影响，当党的十八大正式提出社区治理后，学者依旧习惯性地将社区管理与社区治理做比较，以此来理解社区治理的内涵。社区管理和社区治理一样，都是内涵相当丰富、外延相当复杂的范畴，但是两者有着显著的不同。在主体上，管理的主体是政府，而治理的主体则强调多元；在权力行使方式上，管理是自上而下的政府指令，而治理权力格局多元、平等，一般讲究合作协商，政府以服务型职能存在。两者在出现时间上的先后性，也使得它们之间有着某种内在的传承，“社区治理”概念是在“社区管理”基础之上发展起来的更加全面、更加符合现代化特征的新概念。

二、基层党建

中国特色社会主义制度最本质的特征是中国共产党的领导。办好中国的事情，关键在党。“欲筑室者，先治其基。”基层党组织是党执政大厦的地基，地基固则大厦坚，地基松则大厦倾。我们党始终高度重视基层党组织建设。只有党的基层组织强起来，党员队伍、党的工作才能强起来，才能够为实现党的第二个百年奋斗目标、实现中华民族伟大复兴中国梦提供坚强的组织保证。

(一)含义

《中国共产党党章》第五章规定，企业、农村、机关、学校、科研院所、街道社区、社会组织、人民解放军连队和其他基层单位，凡是有正式党员三人以上的，都应当成立党的基层组织。党的基层组织是党在社会基层组织中的战斗堡垒，是党的全部工作和战斗力的基础。

(二)发挥基层党组织的战斗堡垒作用

2018年7月3日至4日，习近平总书记在全国组织工作会议上发表重要讲话，他指出：“党的基层组织是党的肌体的‘神经末梢’，要发挥好战斗堡垒作用。落地才能生根，根深才能叶茂。加强党的基层组织建设，关键是从严抓好落实。”

三、党建引领作用

上文已经提到，新时代社会主要矛盾发生了变化，社区居民要求社区党组织以一种区别于传统行政管理的方式介入社区治理进程。这种介入，就是党建引领。以党建引领的方式在社区治理中发挥作用，缓和社区矛盾，维系社区稳定，即为党建引领作用。

四、社区党建与社区治理的耦合性关系

党建引领之所以能在社区治理中发挥作用，根本原因在于社区党建与社区治理之间存在着耦合性关系。两者的耦合性关系，是我们研究新时代社区治理中党建引领作用的前提，更是我们探究、强化新时代社区治理中党建引领作用路径的重要基础。社区作为人们集中生活的场域，本身就是一个复杂的社会缩影。在这里聚集着不同生活习惯、教育背景、社会地位

的居住者，摩擦与冲突在所难免，影响社区居民的生活幸福感，也耗费社区党组织的诸多精力。随着新时代的发展，社区出现了很多新矛盾，大量“两新”组织建立，社区居民自主意识觉醒，开始要求掌握社区事务管理的话语权，以确保社区安全，优化居住环境，打造社区文化氛围等。

五、党建引领社区治理的实践典型与党建引领作用发挥的经验

（一）实践地介绍

在党建引领社区治理的实践中，西宁市城西区文汇路街道具有代表性。2021 年 6 月习近平总书记前往青海考察，对文汇路街道文亭巷社区进行了实地走访，充分肯定了社区党建引领社区治理的先进做法。文亭巷社区探索的“党建＋网格”模式是党建引领社区治理的典型。这种模式的建立为文亭巷社区党组织带来了中共中央“全国先进基层党组织”“全国文明单位”等荣誉称号，产生了极大的社会影响力。该模式中凸显的促进党建引领作用方面的经验，能够为探究新时代社区治理中党建引领作用的优化路径提供借鉴。

（二）典型案例

文汇路街道位于青海省西宁市城西区海晏路 88 号，文汇路街道现下辖 4 个社区：文亭巷社区、文博路社区、海湖广场社区、科普路社区，都是新型城市社区，驻有学校与科研机构以及众多的商圈，在拥有丰富教育资源的同时，人口流动频繁，科普路社区更是“候鸟”型社区。

针对各社区的不同问题，文汇路街道树立“大党建”理念，在“两个结合”上下功夫。一是结合区域化党建抓好驻区单位。以区域化“五级联动”党建联盟工作为统领，推进完善 1368 党建联盟体系建设，持续提升文汇路地区区域化“五级联动”党建联盟“成员轮值＋”品牌效应。成员单位由成立之初的 16 家发展壮大到 38 家，街道与驻区单位的共建互补，有效凝聚了党建合力、强化了党组织的政治功能。二是结合“四方联动”抓好“小区党支部”。以“四方联动”工作为契机，按照覆盖率 100％的目标，在辖区的 25 个小区内成立 17 个小区党支部，通过打造“党群驿站”、探索“毗邻党建”等

形式，搭建“周六联席会”“驿站课堂”“睦邻文化日”等载体，形成了“四方联动”融合共治的城市党群“同心圆”。

因为社区多民族的特点，我们也与街道工作人员交流社区民族团结工作。街道党工委坚持把党的领导作为民族团结创建工作的“最初一公里”，并注重挖掘少数民族先进典型事例，通过培育民族团结政策“宣讲员”、培养社区双语工作人、设立“民族事务服务窗口”等不断打通为民服务绿色通道。文亭巷社区党委以玉树小区“石榴籽”党支部为抓手，以“主题党日”“我们的节日”等为契机指导并协助党支部以“我是一颗石榴籽”为主题开展了“藏历新年锅庄舞大赛”“文亭名人堂”等系列活动，达到了与少数民族文化“联姻”、节日“结对”的目的。

六、存在问题及改进措施

在社区治理中还存在一些问题，比如在与文博路社区党委书记交谈中，我们了解到以下问题。首先，在小区党支部及党员管理方面力度不够。目前社区有4个小区党支部，且党支部成员对开展活动缺乏积极主动性，党支部工作过度依赖社区党委，自主开展的活动很少。管理的党员主要是离退休人员、失业人员、毕业生及退伍军人，其中大部分退休党员及退伍军人往往将组织关系转入社区后，便去外地居住(工作)，造成“组织关系与居住(工作)关系两分离”，出现了“去向掌握难、教育管理难、作用发挥难”的“三难”问题。部分党员对自己扮演什么样的角色、起到什么样的作用缺乏清醒正确的认识，组织纪律涣散，给社区党建工作造成了很大的阻碍。社区党委在对这部分党员的管理中，缺少有力的方法和措施。居住在西宁的部分党员自觉遵守制度和参与活动的积极性较低，长期以工作忙、带孩子为借口，对组织学习和活动有推诿现象，主动性和参与度不够。其次，辖区“两新”党组织开展活动缺乏有力抓手。“两新”党组织人员流动快，出差多，分散性强，工作时间又相对不固定，党组织开展活动难，活动效果不尽如人意，形式单一。部分“两新”党组织阵地建设不全，思想认识不到位，缺乏党务工作知识，没有严格执行“三会一课”制度，党建资料不健全。针对上述问题，科普路社区党委书记这样说：要加强教育管理，充分发挥党员先锋模范作用。一是做好离退休党员、流动党员和无业党员的教育管理工作。退休党员、流动党员和无业党员是社区党员队伍的主要组成部分，是开展社区建设各项工作的重要力量，要结合他们的特点，加强教育，做好思想工作，以大力发挥他们的模范作用。二是加强对在职党员的教育管理工作。把发挥在职党员作用与其自身的职业特点、专业特长结合起来，设置在职党员参与社区活动的岗位，为他们发挥作用搭建平台。提档升级“红色物业联盟”，构建“党组织＋业委会＋物业公司＋业主”服务模式以及“物业建驿站、小区建支部、楼宇建小组”的党建格局，形成以党组织为领导核心，小区业委会、物业公司和全体业主共同参与的共建、共治、共享小区治理新模式。

七、经验总结

要以加强党建来发挥党组织的堡垒作用。党组织自身建设是党建引领作用发挥的前提。在思想政治建设上，文汇路街道党工委一直高举党的旗帜，注重党的理论的学习，特别强调对习近平总书记相关讲话精神的学习与领会，以党的理论学习强化社区治理的思想政治教育。借助社区组织“一网情深”巡回宣讲，基于网格让党旗飘扬在每一位社区党员、居民的耳边、脑中、心间，让新思想“飞入寻常百姓家”，让党的声音“一传到底”，真正传承红色基因，为社区治理提供坚强的政治领导和思想引领。在组织建设上，健全组织体系，借助网格化将党的组织建立在党员存在的地方，将党组织的祝福温暖输送到每位驻区人的身边。在纪律和作风建设上，文汇路街道党工委一直都在强调基层党组织和党员干部队伍建设工作，以“盯得紧”督导队强化考核监督，以考核、监督、激励党员干部积极奋斗、主动担当，实现党组织在社区治理工作中“一网揽尽”，强化纪律与作风引领。在制度建设上，文汇路根据网格化特点，建立网格党建联席会议制度，实现了制度保障。党组织自身建设的完善夯实了发挥堡垒作用的基础，成为党建引领作用发挥的前提。

八、强化新时代党建引领社区治理的实现路径

以严肃党内政治生活为重点继续优化政治建设。要以严肃党内政治生活为重点，为党建引领社区治理坚定政治领导。严肃党内政治生活是全面从严治党的基础，基层党组织要按照《关于新形势下党内政治生活的若干准则》的要求，规范政治生活的开展。注重聘请编外人员参与、指导社区政治建设工作，为社区党组织建设提供改进意见。在专项专人上下功夫，强化政治建设，才能使党组织自身的建设站得住脚，在推进党建引领社区治理的时候，展现出马克思主义政党最本质的特征。

以理想信念教育为核心进一步优化思想建设。思想建设要以理想信念教育为核心，为党建引领社区治理补足精神之“钙”。新时代思想建设的重点内容是马克思列宁主义、毛泽东思想和其他中国化的马克思主义理论成果，这些是永恒的学习内容。

以行践知　笃行致远

恰同学少年，风华正茂。一代代青年学子激扬学术，强健精神，砥砺人格，而后整装远行，奔赴四方。从城市、乡野到大漠、边疆，一支支社会实践队走出校园，用脚步丈量祖国大地，用双手记录社会民生，用实践感受国家发展的强劲脉搏，学以致用，建言献策，将青年学子的知识与热情凝聚成推送社会发展的强大力量。他们在实践中书写灿烂人生，谱写首都师大人的使命担当。

芒市支教行　绽放青春花

政法学院　杨晓旺

青年的西部支教，是青春之花的闪耀绽放。我之所以选择支教，是因为我不甘做温室中的花朵，我要做的是饱经风雨、历经寒霜，依然能够绽放的寒梅。因为我知道，那才是生命该有的高傲，那才是生命该有的色彩。我喜欢追逐生命崇高的价值，我也喜欢在社会中贡献我的价值，我想知道我的青春之花在寒风中到底能开放出怎样的色彩。

一年前，满怀对一年支教时光的期待，我们来到了没有寒冬的芒市轩岗中学，在芒市我体会到了独具特色的民族风韵，我感受到了四季无寒的别样气候。身为研究生支教团团员，我们带着支教扶贫的光荣使命而来；抱着用一年不长的时间，做一件终生难忘的事情的决心去干。刚刚踏上德宏的热土，我满怀信心，因为在此我的身份即将由学生转变为老师，我即将迈上毕业后的第一个工作岗位。这对于我来说具有重要的意义，这将会是我人生一个新的起点。这一年工作的好坏可能影响我日后对工作的态度，更重要的是，我的支教工作最直接影响的是我所教授的孩子们的未来。因此，当飞机落地，透过飞机舷窗远眺“德宏”二字时，我就下定决心，在一年的时光中，一定要交出一份自己满意的答卷。

我教的是初中生物，日常工作是教授 5 个班的生物课，每周课时量平均达到 25 节次。由于我是非师范专业毕业，并且所教科目与我大学所学专业有所偏差，刚走上教学岗位时，我感觉比较吃力。为了不耽误学生的学习，我也只能课下多花时间去备课，课上扯着嗓子喊，希望学生能够全面地掌握好知识点。但是这样下来，我的嗓子几乎每周都是嘶哑的。在学校老师的建议下，我开始将情感融入课堂，便发现学生也会随着我的情感而不断地变化，从此我感受到了教学的魅力，同时，也开启了我的教学之路的大门。其实对于初中教学来说，需要的是形式的创新，因为对于我支教的孩子们来说，初中阶段的他们对于学习还缺少一定的积极性，因此我们只有通过各种方式来吸引他们的学习兴趣。教学并不是简单的教和学，它是通过师与生之间不断交互而达到的一个最佳状态，所以我在教学工作中从多个方面寻找突破点。比如课下备课时，我通过做大量的试卷及时地掌握知识重点与难点。课堂上，我通过举大量的生活实例和使用丰富的肢体表演勾起学生对于学习的兴趣，同时也加深了学生对于知识点的记忆，这样也为学生节省了课后再学习的时间，让他们有更多的时间去攻克自己的短板科目。让我印象最深刻的就是一场“赌约”，我跟161班一名成绩排名在末尾的学生约定，如果期中考试达到50分我就给他一些奖励。没想到那名学生竟然争气地考了71分，并且在后来的学习中将生物成绩保持在了及格线上。在秋季学期结束时，芒市轩岗中学的生物平均分上升到全市第5名，在《芒市2020年秋季学期期末教学质量监测生物学分析报告》中写到，“芒市轩岗中学本学期各指标都在提升”，这是对我工作最大的肯定。同时，春季学期，芒市轩岗中学七年级生物成绩再创历史新高，平均分达到60分以上。

支教开始，我即担任七年级160班的副班主任，协助班主任管理班级事务，也深入地了解了本班学生的学习、生活情况。由于160班班主任请病假，在2021年5月我代任了160班班主任。在担任班主任期间，我深刻感受到了班主任的艰辛。全班50个孩子在学校生活的方方面面，班主任都是第一责任人，每天会有各种会议，无数的通知，以及学生违纪、课堂管理等方面的问题需要班主任去解决。第一个星期下来我就倍感压力，但是让我代任班主任，是学校对我的信任，我工作的好坏也关系到班级学生学习环境的好坏，这方面丝毫马虎不得。因此，我在建设班级制度、约束班级学生行为、促进班级凝聚力等方面下功夫，争取在班级中形成一定的班级文化。在我代任班主任期间，160班在轩岗中学篮球迎面接力中夺得第一名的好成绩，在轩岗中学篮球运球接力中取得第二名的成绩，在轩岗中学“五四篮球赛”女篮比赛中取得第四名的成绩。与此同时，我还利用我作为运动员的特长优势，积极投身于体育训练工作，担任轩岗中学田径队副教练。

我积极参加学校各类活动，例如“庆祝建党100周年”合唱活动、“我的信仰”主题演讲比赛和轩岗中学教师青课赛等，这些都让我快速地融入这个集体，让我尽快地适应当地的生活，也让我有机会为轩岗中学这一集体做出贡献。在教学之余，我还积极深入村寨进行家访，了解家长和学生对于学习的看法，重新树立起学生对于学习的信心，引导学生摒弃放纵的快乐，让他们拥有享受高级快乐的能力。与此同时，我也积极帮助学生解决在学校生活中遇到的困难，例如教室由于没有饮水机，导致接水时水总是洒出来，一是造成不必要的浪费，二是潮湿的环境容易滋生细菌和蚊虫。因此，我积极寻求社会帮助，为学校每个班级募集到一台饮水机。再例如中考体育改革，但是教学资源欠缺，每个班只有两个排球，这就导致学生无法很好地练习排球技术。我积极与社会联系后，长沙市定向协会向芒市轩岗中学捐赠了100个排球。

一年之期如约来临，天下没有不散的筵席。在一年的支教时光中，我和学生之间有矛盾、有欢乐，但是当我要离别的时候，他们的不舍我看在眼中。非常舍不得离开芒市，舍不得我所教的两百多个孩子，望着来送我的孩子们，我的眼泪不自觉地涌了出来。我的内心一定会记挂着芒市轩岗中学——我奋斗了一年的地方，我也会尽自己最大的能力给予孩子们帮助，我还记得他们教室的灯还不够亮、球场还很泥泞、太阳会透过窗户晃眼。其实离开后让我最放心不下的还是我教的孩子们，通过一年的学习，他们已经习惯了我的教授方式，我特别担心他们会因为别的老师教法不同而对生物学失去信心，尤其那几个在我走了以后给我发信息说“觉得生物不难，这次应该能及格”的后进生，我希望他们能够把这份对学习的热爱一直保持下去。

宝剑锋从磨砺出，梅花香自苦寒来。我对于青春的定义是磨难，我对于青春之花的选择是迎寒而开。一年的支教时光，让我终生难忘，一年期满，并不代表支教的结束，在日后，我也将始终保持着这一份初心，在志愿服务的道路上奋力奔跑。

晨曦之光照亮红土地

教师教育学院 郭慧盈

从2020年7月30日出征到2021年7月31日圆满完成支教任务，365天的时光里，我初为人师，实现了从刚刚走出大学的师范生到独当一面的教师的身份转变，承担了120多名高一学生的英语教学工作，用一年不长的时间，做一件终生难忘的事。“第一次”异地过年，不仅感知“他乡亦故乡”的年味儿与民风民情，还“假期不停学”，线上义务辅导学生；践行着“用脚丈量东川”的计划，用双脚走遍红土地，用双眼感知祖国西部大地脱贫攻坚、乡村振兴的真实图景；坚守师范院校青年志愿者的初心和使命，秉承新时代志愿者精神，教育扶贫身体力行，在支教服务中彰显青春正能量，在矢志奋斗中谱写新时代青春之歌。

一、扶贫扶智扶志，播撒信仰火种

心有所信，方能行远。扶贫扶智扶志，播撒信仰的火种，方能脚下有路，眼前有光。

初来云南，我们最早接触到的是“快乐小屋”暑期课堂的孩子们。报名的孩子们均住在附近的移民新区，都是易地搬迁家庭的子女。他们的父母多在周边的商铺打工，一天到晚忙于生计，鲜有时间陪伴他们。这些孩子多数不会讲普通话，在签协议的时候，我们更发现他们不识字、不会写字。孩子们缺乏亲子互动，更多的是终日与手机游戏为伴。通过与孩子们的接触，我慢慢了解到这里的孩子更需要的是开阔的眼界和丰富的精神世界，而这些责任都落在我们肩上，我们作为支教教师应该为孩子们带来全新的视角和崭新的生活体验。

在与孩子们分别时，他们依依不舍地拉着我们的手，抱着我们不撒手，送给我们手工制作的玫瑰花和卡通画，让我们以后到了支教学校忙碌起来也不要忘记他们，要常来看看他们。那一刻，我被孩子们最直击内心又不加修饰的感情所感动。那时我便下定决心，这一年的支教，我一定要竭尽所能帮助他们取得进步，激励他们获得成长，陪伴他们走过一生中只有一次的青葱时光。2020年的小升初摇号时，我们作为工作人员参与，惊喜地在队伍中发现了东川“快乐小屋”孩子们的身影，孩子们见到我们也是眼前一亮。虽然大半年未见，但是那段在“快乐小屋”共度的美好时光却一直留存心间，成为我对东川初印象的永恒纪念。

二、教书育人，点亮生命火光

为一方讲台停留，为一双双求知的眼睛倾尽温热。

真正成为一名教师，教书育人，感化人心，点亮生命之火光。在每堂课的实践中，我重塑了对教育本身的理解，坚定了作为教师应该在学生成长、成才的道路上注入何种力量和动能的信念。教育是生命影响生命的过程，交织了教师的情感，充盈的能量在其中流动。叶澜教授指出，教师在学生面前呈现的不只是“专业”，更是其全部的人格。教师的教育会成为一种力量，滋润学生干涸的情感土壤，引导学生前进向上，焕发爱的活性与能量。每逢考试前后，常有学生与我谈心，也常有羞于表达的孩子悄悄在我办公桌上留下一封手写信。孩子们会向我倾吐他们的家庭关系、与父母的沟通问题、情绪的断裂与崩塌。他们的父母多在外省打工，一年鲜有见面，长久的隔阂使得孩子们不知如何与父母开启话匣子，也让他们慢慢压抑和封存思念，渴望得到爱的表达却保持缄默。那时候，我更加深刻地认识到，我们需要带给学生的，不仅仅是专业知识的传递，更是情感的抚慰，是精神世界的引导和关怀。每位学生都像一本书，封皮有时只是呈现给外界的自我保护，是学生想要包装给外界看的自我伪装，我们要真正走进学生的世界，读懂学生的故事，走进学生的内心深处，解读专属于每位学生的独特的符号。尽管新手教师会遇到困难、困惑，但我始终相信，在与学生的双向互动中，我们的心会越来越贴近。我希望能够陪伴并见证学生的成长与发展。

回想起来，每天与学生朝霞换星光的相处都弥足珍贵。东川的冬天很短暂，没有暖气的南方寒冬也不亚于北方的凛冬。冬天来上早读，6:40左右天黑漆漆的时候出发，一路上橙黄色的路灯伴着孩子们上学时的电动车队，早读时天空逐渐浮现淡紫色，随后慢慢明亮起来。当地的老师们都笑称，东川只有两个季节，冬天和夏天。的确，冬天过后，二月份的东川已经转暖，气温逐渐升高，火热的太阳，澄澈明朗的天空，地表可以达到40摄氏度高温的正午，教室里电风扇吹出的暖风，孩子们上完体育课红扑扑的脸，都是闪耀青春之光的支教难以磨灭的点滴。

难忘的23岁生日，一场精心策划的生日会，每位孩子都对我讲了一句一直想说的话："小郭老师，你是我的光。""感谢你选择了东川，我们才有机会在这里相遇。"有一位由于重度抑郁症不得不休学、喜欢二次元的女孩，也是让我第一次为了一个学生的经历而落泪的她，曾经写给我："小郭老师一直陪伴着我，教会我很多事，告诉我很多道理，迄今为止每当我打开你写给我的信，我都会流眼泪。虽然只有一年的陪伴，但是我已经把你视作重要的人啦!"

在距离北京2500多公里的云南东川，有这样一群有情有义、渴望知识与爱的孩子们为了自己灿烂的未来而努力学习着，为成为未来中国有用之才而在探寻最好自我的道路上奋力奔跑着。和这样一群孩子在不同的空间，却又在相同的时间点燃生命的火光，是一件多么幸福的事情。

教师和学生也在互相成就，互促成长。教师引导学生走上正确的人生之路，以过来人的经验剖析每位学生的脾气秉性，找到其最适切的发展路线；学生也作用于老师，激励老师更加坚定教育理想和育人信念。孩子们周末会邀请我去洗尾嘎村自家的桃园摘桃子，给我发来他们在田间挖洋芋的照片，与我分享他们生活的点点滴滴。真正走进孩子们的生活角落，触碰到孩子们内心最柔软脆弱的部分，使我更加了解他们每个人的性格秉性、兴趣特长、学习风格，也让我更好地把握他们学习上的薄弱点，提供更适切的教学和引导。

三、潜心教学，奉献青春热血

一切为了学生，这一信念激励着我不断打磨课程，将真才实学化作至诚行动。我所教授的高一平行班学生多来自乡镇地区，英语基础相对薄弱，英语学习方法欠缺，对英语学习信心不足。基于此，在高一上学期的教学中，为了帮助学生平顺地度过初高中衔接，我教授学生使用“康奈尔笔记法”进行周总结，把所学新知系统化、结构化。并且，我在组织阅读教学时创新采用了“拼图教学”“阅读圈”等教学方法，旨在帮助学生们在合作学习下快速找回英语语感，激发用英语学习其他交叉学科知识的热情，深化学生的英语学习动机。为了促进学生的口语表达，我开发了“演讲者养成计划”，让学生自由选题，完成限时个人演讲，激发了学生的表达欲，使学生树立了英语口语表达的信心。在上学期的教学中，学生们对英语学科拥有强烈的兴趣，一定程度上获得了成绩的提升。在下学期的教学中，我根据当地学情适时调整了教学方法，使其“本土化”。随着教学工作的日趋熟练，我发现学生在应对思维型问题时的能力较薄弱。为促进区域性教育发展，为教学注入新鲜理念，为英语阅读教学提质增效，我同东川明月中学高一英语组 6 名有经验的教师共同组建了中国英语阅读教育研究院课题研究组，我独立主持课题项目，通过教学研究解决现实困境。课题的研究内容瞄准教育欠发达地区学生英语学习的薄弱点，有助于东川区教师重塑学生的英语思维，提升学生的学习能力，在全面脱贫攻坚取得全胜之际，实质性提升区域教学质量，提升学科育人价值。为提升学生的思想引领，落实立德树人，我曾在吃苦班、火箭班分享了感恩吃苦主题的演讲，为学生讲述出国留学、潜心学术、努力深造的成长之旅，激励学生成长、成才。

一年的实践教学使我真正成为一名独当一面的教师，也孕育了我心中的教师之梦。我的英语课代表曾送给我一枚首都师范大学校徽制成的勋章。她在小卡片中写道：“希望未来当您走向工作岗位，如愿成为一名教师后，在您的第一堂课上，能够别上这枚胸针。我觉得这是仪式感的一部分。”收到她的胸针，我更加坚定自己的教师信念，时刻将宝贵的支教时光和师生情谊铭记心间，激励我自己在未来两年的研究生学习中要不断求索，夯实自己的专业知识，建构自己的专业理想。

四、支教支心，延续希望之光

晨曦微茫，朝霞换星光的365天，都将镶嵌进我的生命。一年四季流转变换，我教授的班级也升了一个楼层，拥有了可以仰望和俯视的天台。东川夏天傍晚的晚霞总是准时出现在第一节晚自习后，文三班教室在一层离半月广场平台最近的位置，课间休息时，大家会坐在台阶上看晚霞。短暂的休息后，是与孩子们共同度过的晚自习学习时光。我在最美的时光，在最好的地方遇到了心灵纯粹、情感真挚的孩子们，匠心育人，播撒希望。

教育扶贫，是众多人身体力行的一项伟业。2020年脱贫攻坚取得全面胜利，教育扶贫需要越来越多的教师像满天星一样扎根中国大地，播撒希望的火种，需要将更好的教育资源投射到更需要的地区，实现教育公平。祖国需要处即是我故乡，我的支教地——云南东川将是我一生的第二故乡。在这里，我激荡了我最美的青春，也在最美的青春里遇到了红土地上有着炙热、淳朴、美好心灵的孩子。

责任与成长

教师教育学院　袁朝阳

一年时间转瞬即逝，回首这一年赴河北平山古月中学的支教工作，仿佛就在昨天，一年的时间令我认识了许多单纯可爱的孩子，也让我自己成长蜕变。

在这一年里我每周课时为 23 节，所教学生为 178 名。面对一个班将近 60 名学生，一周连续 6 天上课，每天将近 4 节课的教学工作，我深刻感受到教学任务的压力。与此同时，面对将近 180 名学生，如何与学生相处是我最开始面临的一个严峻考验。

新教师对于课堂的掌控是一切教学的基础，结合之前实习的经验，在刚步入课堂时，我选择了与学生保持一定的师生交往距离，同时制定相关的课堂守则，明确自己的底线，与学生一起制定相应奖惩措施，希望能够帮助学生端正学习态度，不会因为是新老师就轻视某一门课程。在一年离别之际，我给每一位学生都写了一份明信片，学生们也悄悄写了很多封信给我。一位学生悄悄地跟我说，最开始上政治课还会紧张，后来才发现老师原来也没想象中的那么严厉。

由于是艺术类高中，同学们的基础都有些薄弱，在与学生之间的默契培养起来后，彼此都适应了课堂节奏，课堂氛围融洽。每天在上课前我都会进行课堂小测，针对学生薄弱的地方进行重点提问。充分利用大课间 20 分钟和晚自习时间，针对学生的学习问题逐一进行分析沟通，再次检查知识背诵。同时督促学生充分利用改错本、笔记本，每天进行改错以及笔记的背诵检查，培养学生预习、记笔记、每日复习背诵的良好学习习惯。

教师不仅需要通过传统授课进行言传身教，更需要在课堂之外的方方面面，通过各种渠道进行“传道受业解惑”。教师要想得到学生的尊重，首先一定要充实自己，才能更好地丰富学生，所以在这一年中我不断进行学科知识上的学习以及教学教法上的补充，并且尝试着和学生交“朋友”。教师不光是课堂上的师者，也是学生生活中的长辈。面对学生学习之外的各种问题，我会在和学生保持一定距离的情况下，尽可能帮助学生解决问题。我也遇到过无法解决的棘手问题，比如学生的抑郁倾向求助等，我尝试向班主任、年级主任等老教师请教经验，尽可能地处理好。同时在这一年中，我遇到过学生晕倒、打架等紧急情况，妥善处理的背后，是一次又一次的成长。

这所学校是寄宿制，对于学生的课外书籍、电子设备的管理非常严格。学生一个月才休息一次，学校也没有相关的综合活动来帮助他们涉猎新闻以及其他课外知识。在新课改下，对于学生综合素质的要求越来越高，仅仅局限于课堂内的学习是无法支撑学生走入高考考场的。所以我尽可能地在课堂上利用有限的时间帮助孩子们获得更多的知识，不光是政治学科新闻类的补充，更多的是对学生独立思考能力、自我筛选信息能力、辩证思维能力的培养。“授人以鱼不如授人以渔”，我希望可以以自身微薄的力量，尽可能地帮助这些孩子们学习先进的科学文化知识，接触新鲜的教育方式和教育理念，开阔同学们的视野，为祖国的花朵开启一扇认识祖国、认识世界的知识之窗。

学校每个月都会有阶段性测验来帮助学生查漏补缺，在每次月考后，我都会主动帮助178个学生逐个分析成绩，总结薄弱方向，制订专门的学习计划，并制定奖惩措施来督促学生实现自我提升，有位学生的政治成绩因此从倒数第二飞跃到班级前10，这让我感到非常欣慰。

离别的时候，我给学生上了一节“为什么要学习政治课”的班会，希望学生能够以此为起点，爱上学习，爱上政治课。学生也告诉我会努力考上北京的大学，圆自己的大学梦。我和学生之间的关系既是师生，也是朋友。

支教结束前夕，在支教团团长李玉颖同学的带领下，我们共同创作了原创歌曲《TA说》，全部成员作词，李玉颖同学作曲，我们三名支教团员和学生代表一起共同演唱。在最后与同学们告别之际，我给同学们播放了这个 MV，希望以歌曲及 MV 的方式总结、回顾一年的支教时光，也希望同学们能够理解晨曦研究生支教团，理解西部志愿活动，记住曾经有这么一群人与大家一起走过。

自 2020 年 8 月底至 2021 年 7 月中旬，首都师范大学河北平山分团 2020—2021 年度教育帮扶工作圆满完成。用一年不长的时间做一件终生难忘的事，希望星星之火可以燎原，道阻且长，但光明依然在前方。

一段支教行　一生支教情

心理学院　徐燕宁

一、支教情况

支教时间：2020 年 9 月至 2021 年 7 月

支教地点：阜平职业教育技术中心职普部、现代服务部

所任科目：语文、英语

覆盖学生：高一年级 560 人

参与协助校活动：2020 秋季军训、2021 春季军训；2020 级新生开学典礼；大专部新生心理健康讲座；2020 元旦晚会文字工作；现代服务部红歌赛

组织特色教学活动：通信小天使；班级图书角；学习方法课后辅导；配合首都师大心理学院开展“5·25”心理嘉年华活动及心理健康讲座

心得：

教学中，我创新教育理念，积极利用网络为学生提供优质教学资源。注重学生学习方法的培养，让班里学生对“元学习”及知识本身产生新的认识及实践。课堂中，我组织开展小组竞赛、诗歌朗诵等活动调动学生积极性，加强知识点背诵，提高他们的学科素养。

生活中，我发挥专业所长，时常倾听学生们的心理困扰并进行疏导。联合心理学院开展“小天使”书信交流、“5·25”心理嘉年华系列活动。开办班级图书角丰富同学们的课余生活。帮助班里家庭经济困难的学生解决早饭问题。利用个人休息时间对基础薄弱但积极学习的学生做针对性的学业辅导。

思想上，我认为学生们除了学习外，首先要成长为一名积极、健康、有理想的人。因此在完成教学工作的基础上，我延展深化主题，对诸如理

想信念、身心健康、职业探索、党政时事等方面进行多种形式的辅导学习。希望他们将来成长为共产主义事业的接班人。

二、支教感悟

支教对于我来说是非常宝贵的经历，我在这其中跳脱出了学生的身份，观察到了更广阔的生活，不过还没有形成很系统的认识，都是偏主观的一些思考，比较零散，下面以我感知到的几方面主题进行叙述。

(一)身份的转化

自己这一年最大的心态改变，是从学生变成老师。从学生的听话、顺从、做好自己转变为老师的自主、担起责任、顾全大局。后来我和有同样支教经历的学长交流，他提到“支教是放大自己性格的过程”，我也深表认同。对比以前，我自己的性格变得更加随和，为人处事变得更加宽厚包容了，这是很宝贵的自我成长。

(二)教师工作

此次支教让我对教师这一工作有了真实的体验。在这之前，我对工作这一概念的认识是单一的，我以为工作就是干活挣钱，但是现在我认为工作不只是劳动与价值的交换，更是一种人们所需要的社会归属感的重要实现路径。在支教过程中，我不只参与上课这一项工作，还参与了很多大大小小的校园活动工作。比如校园的迎新工作、新生军训、开学典礼、元旦、红歌会等，丰富的活动让我成长了很多。其中学校组织的很多活动让离开家乡的我感到非常温暖。比如号召为生病的员工捐款，分发当地的时令水果，端午、立冬食堂的手工粽子、饺子等。在此过程中，我渐渐地找到了归属感，得到了自我价值的展现，取得了综合的进步与提高。

(三)对不同学生的观察

在工作中接触最多的就是所在班级的学生们了。他们其实和我年纪相差不多，和传统的师生关系相比，我感觉自己也对他们多了些朋友般的尊重与支持。每一个班级的人数都很多，和他们相处会发现他们每个人不同的个性，这对于学心理学的我来说是非常棒的体验。可以说，我在他们每个人身上都能看到闪闪发光的地方。他们大多是善良的、知足的。他们热爱生活，热爱这个国家，有正义感和朋友间的义气。看电视剧《觉醒年代》时，我觉得辜鸿铭的“温良”一词可以很好地描述他们。我祝福每个学生都有好的发展。

(四)教学创新实践

教学是我作为支教老师最主要的任务，这也是我动了很多脑筋想要帮到学生们的地方。在教学中我将自己专业学习过的学习心理学、发展心理学、认知心理学、动机心理学等知识进行实践，筛选出优质的课程资源，在课堂上还原如何听讲、做笔记、抓重点、简要记笔记等。这对学生们来说是非常新颖的课程体验，而且班里很大一部分学生的学习变得更加高效，这令我非常有成就感。在做题上我也是把“元学习”的概念分享给大家，教学生如何更好地利用作业和考试。学习的本质是模仿，是“善假于物也”，因此我注重培养学生高效模仿的意识，控制写作业的时间，控制管理自己的精力。总之，这些相对新颖的对于学习本身的把握让学生们的思维认知更加高效，我相信这些对他们的帮助是持久有效的。

(五)开展心理帮助

作为一名心理学专业的大学生，不可避免地会被身边的人咨询各类心理相关问题。在学校时，我为入学大专新生开展过以“积极心理点燃热情”为主题的开学讲座。在班会课等场合，我对学生们集中进行心理成长方面的主题教育，如戒烟、体育锻炼、恋爱、学习、同伴关系等。在日常教学环境里，学生们也非常信赖我，愿意和我交流很多他们自己的想法，这其中涉及学习、家庭、成长、情感等。想出一些恰当的方式解决这些问题也是非常锻炼人的经历。

(六)和研究生支部的合作

在这支教的一年中，我一个人的力量有限，非常感谢我们心理学院的老师和同学们的帮助。上半学年我们和党支部开展了“小天使通信”的活动。在这个活动中，当地学生和支部大哥哥、大姐姐们通过书信沟通交流。下半学年学院的张林瀛、杨艳艳、程南华、刘梦孜、亢慧斌老师带队，研究生同学们来支教中心开展“5·25”心理嘉年华活动，学院的岳晓东教授也特意过来开展“积极心理学”主题讲座，并且建立了活动基地。这次活动特别好地帮助了高二学生疏解压力，帮助高一学生树立信心。非常开心自己能够作为两校合作的见证者和亲历者，我也会在研究生期间将我的支教经历分享出去，让我们学院的社会价值得到更好的发挥，支教中心的学生得到更好的社会支持，同学们的专业能力得到更好的锻炼！

（七）课后指导与图书角的开展

我所接触的学生们小时候教学资源都非常紧张。他们小学一个班有100名学生，却只有一个老师上课。因为身处偏僻山区，所以他们没有什么课外读物可以阅读。虽然学生们学习也很认真，但他们的成绩很难提高，很大原因是他们在学习具体知识前缺少有针对性的学习能力的指导。在发现这一问题后，我利用自己晚自习的休息时间，对需要帮助的学生开展学习指导。在和年级组与图书馆沟通、协商后，我挑选了适合他们阅读的书籍，分批次放在开辟出的阅读图书角中，其中包括认知类、学习方法类、文学历史哲学类、素材积累类、专业发展类图书，以及趣味性的科技杂谈等。这些书较好地开阔了他们的视野，提升了综合文化素养。而且令我高兴的是，学校现在也逐步开放图书馆给学生们阅览了，希望学生们能更好地利用资源，提升自我。

（八）美丽乡村形成中

我在支教的时候也很积极地和当地老乡们交流。乡村振兴是继全面脱贫后的又一伟大事业，因此我也迈开腿走进美丽乡村的生活中。我们小区附近的很多小区都是易地拆迁的安置小区，之前交通很不方便的山村里的村民被整体迁移到了新小区里。每人分25平方米，房屋都已经简单装修好，住户只需要买家电就行，这整体看来还是非常不错的。离开前，当地年轻的村干部为我们送别。我们的支教告一段落了，希望还在岗位上的他们、承接我们的下一批研支团成员、特岗教师、“三扶一支”岗位上的同志们，不忘初心，牢记使命，推进乡村更好地改变与发展。

（九）老区与红色价值观

阜平县的基本情况可用“太行深山区、革命老区、贫困地区”来概括。

它位于太行山深处，西临山西，交通主要依赖山路、公路，较为不便。地理位置等诸多原因使之多年贫困。2012年习近平总书记来到阜平慰问老区困难群众。在党和政府的大力扶持下，2020年阜平县退出贫困县序列，实现脱贫摘帽目标。观察阜平的老百姓，我总是能感受到他们的“知足”。确实，七年内脱贫的巨大转变让老乡们的生活水平上升了很大一个层次，总书记的“让乡亲们过上好日子”的嘱托正在变为现实。阜平县如今的基础设施建设得非常好，旅游业和养殖业也是红红火火，在未来高铁修建好后整体经济形势将更加光明。在硬件设施改善的情况下，阜平的软实力也在提升。阜平正处在建设阶段，现在出现的问题，我认为在发展起来后都会解决。这种信心背后是我感受到的当地作为革命老区一直传承下来的党性。我们阜平分团去阜平的城南庄革命根据地参观时发现，当地的街道两旁都是宣传我们党经典著作如《毛泽东选集》《资本论》等的宣传栏。和当地学校的领导们接触后，我感到他们都是愿意积极做事情，愿意把校园建设好的。而学生们从小唱红歌，经常被安排参加各种红色学习，最重要的是，他们在自己的成长经历中切切实实感受到了党在为人民服务。

一段支教行，一生支教情。河北保定阜平这座小小的县城从此是我生命中最有温度的一笔。“到祖国需要的地方去”，这一句号召开启了我生命中的神奇经历。还记得经历学校一层层选拔时的激动和忐忑，还记得出征仪式上的兴奋和期待，还记得初到学校时的新鲜与努力适应。如今回望过往，更觉得无悔、幸运与期待。无悔自己将青春之花绽放在祖国需要的大地上，无悔自己的努力与辛劳浇灌在祖国的花朵上；幸运这段经历让我实现自己的价值，发光发热，幸运自己此行遇到了如此可爱的、敬爱的人们，经历了如此丰富多彩的生活；期待是告别后最美好的祝愿，愿我们、愿支教中心、愿祖国大地的角角落落，都在中国伟大复兴的宏伟蓝图下，蓬勃发展，创造出美好的未来！

青海省西宁市“五育”融合育人模式建设调研报告

马克思主义学院　黄恩浩
文学院　果　昊

西部地区尤其是高原地区的教育事业长期以来受到党中央的重视和社会各界的关注。近年来，在各级党委领导下，青海省和西宁市教育系统深入学习贯彻习近平总书记关于教育的重要论述，积极落实上级文件精神，持续探索推进教育教学改革和大、中、小、幼“五育”融合工作，取得了许多值得推广、借鉴的成果，但同时也存在一些短板。首都师范大学“团旗飘扬”实践团本着相互尊重、相互理解、平等互助、积极配合、携手共进的原则，在共青团西宁市委、西宁市教委同志的联络帮助下，于2021年7月22日至7月26日前往青海省西宁市，走进青海师范大学、西宁市第七中学、西宁市虎台小学和同心家园幼儿园深入开展调研、座谈交流、举办活动，总结了西宁市大、中、小、幼“五育”融合工作的亮点与难点，结合首都师范大学相关工作的特点和优势，积极探索推进两地共建模式与具体措施。

一、调研背景

2018年9月，习近平总书记在全国教育大会上旗帜鲜明地提出“努力构建德智体美劳全面发展的教育体系”，成为“五育”并举育人要求提出的标志。此后，总书记又多次强调：“我国社会主义教育就是要培养德智体美劳全面发展的社会主义建设者和接班人。”2019年2月，中共中央、国务院印发《中国教育现代化2035》，将“更加注重学生全面发展，大力发展素质教育，促进德育、智育、体育、美育和劳动教育的有机融合”定位为我国教育现代化的基本育人理念。

首都师范大学“团旗飘扬”实践团在教育改革发展总体规划和上级关于推进“五育”并举工作文件精神的指导下，与青海师范大学、西宁市第七中学、西宁市虎台小学和同心家园幼儿园开展形式多样的交流活动，具体实践内容与成果如下。

二、西宁市“五育”融合情况及问题分析

(一)西宁市高校“五育”融合情况——以青海师范大学为例

1. 调研概况

青海师范大学始建于1956年，是一所具有教师教育、民族教育和高原地域特色的文理工管法多学科协调发展的综合性省属重点大学，建有青海民族教育发展研究中心、青海省学生心理健康教育咨询培训中心、青藏高原文化研究所等6个省级人文社科研究中心，在青海省高校“五育”融合工作方面具有代表性。首都师范大学实践团师生此次通过参观青海师范大学学生活动中心、与青海师大团委书记带领的学校团干部开展交流座谈，充分了解了青海师范大学共青团工作发展历程以及学校在思想政治教育、文化活动、美育工作、社团管理、志愿服务等方面的特色做法和工作成效。

2. 青海师范大学“五育”融合工作亮点

通过实地调研和交流座谈不难发现，青海师范大学“五育”融合工作开展得卓有成效且富有特色。

第一，“五育”融合，以德为先。青海师范大学充分利用红色资源，以“两弹一星”烈士郭永怀为原型，创编党史学习教育话剧《永怀之歌》，立足青海、体现特色、传承精神、赓续血脉，3年间已在包括北京在内的多地展演53场，社会影响力突出。

第二，学校“五育”融合有关组织模块建设完备。在党委领导和校团委的指导下，学校成立学生会、社团联合会、志愿者协会、红十字会、大学生艺术团、美育中心等组织，开展丰富多彩的文化科研、艺术实践、体育竞技和社会实践活动，全方位引领青年；积极建设专业化、高水平、保障完备的第二课堂平台，服务青年学生成长成才。

第三，在民族教育和青藏高原文化传承等方面有独特的优势。一是在民族教育方面，青海师范大学特别设立民族师范学院，实施藏汉双语语言教学与藏汉双语学科教学，培养、培训藏汉双语教师，传授科学文化知识，传承中华民族优秀文化。二是在青藏高原文化传承方面，学校成立青藏高原文化研究所，以促进传统文化与现代社会的有机融合为学术旨趣。这对学生增强民族文化认同感，成为更加有志气、有骨气、有底气的中国人具有非凡的意义。

3. 青海师范大学“五育”融合工作难点

一方面，青海师范大学的美育建设尚未形成一个完整的育人体系，在艺术学分制度建设方面遇到瓶颈，主要原因是青海师范大学推进“五育”融合工作所需的人才不足，主要负责该项工作的学校团委只有3名核心教师，不利于“五育”融合具体工作细化和特色工作创新。

另一方面，青海师范大学舞蹈团、话剧团发展优势明显，在全国第六届大学生艺术展演中取得优异成绩，但同时，学生基础薄弱、缺乏资金和师资等原因限制了青海师范大学培养高水准管乐团、合唱团的可能性，需要扬长补短。

4. 共建设想

首都师范大学与青海师范大学作为综合性师范大学兄弟单位，共青团工作有着许多共通之处，首都师范大学与青海师范大学的共建工作应从共通之处交流特色做法、从痛点难点寻求优势互补这两个方面着手推进。实践团与青海师范大学团委达成共识，两校应在加强社团、艺术团管理建设经验交流的基础上，进一步打开共建思路、搭建共建平台。首都师大选派优秀学生采用线上慕课、线下夏令营等形式，一是利用青海丰富的生态资源开展艺术实践、社会实践，二是为民族学生开设美育、体育课程，提供专业化帮助和指导，同时组织青海师范大学学子到北京开展文艺演出、竞赛等活动，开阔学生视野，展现民族文化、促进民族融合。

(二)西宁市中学初等教育“五育”融合情况——以西宁市第七中学为例

1. 调研概况

西宁七中1968年建校，是一所多元发展的学校，其办学理念是“尊重差异、全纳包容、各美共美、平等自由、务实创新、流淌幸福”，该校始终把学生德智体美劳全面发展作为办学根基。学校“五育”融合工作开展的具体抓手是“教育文化建设”，通过营造“五育”文化氛围，利用文化润物无声、相互交融的特点，潜移默化地提高学生德智体美劳各方面的发展水平。

2. 西宁市第七中学“五育”融合工作亮点

第一，积极探索学生智育新模式。一是学校智育理念借鉴吸收了加德纳的多元智能理论，开展丰富多彩的社团实践活动，鼓励学生在完成基本课业任务的基础上，能根据自身兴趣和擅长领域，选择个性化的、更具成效的智力发展道路；二是学校与西宁市科技馆开展馆校合作，把馆内设备仪器“搬进”学校，提高中学生科普工作实效；三是突出模型教育特色工作，注重在模型制作、调试过程中培养学生科学严谨的态度、锐意进取的精神、创新与独立思维的能力和操作技能。

第二，学校“五育”融合以特色品牌工作引领，有的放矢，形成党建引领德育、“世界顶尖科学教育联盟实验基地校”引领智育、“一年一主题，一校多品”运动会引领体育、蒋燮斌音乐工作室引领美育、学生田间劳动引领劳育的齐头并进的发展模式。

第三，学校“五育”工作秉持学校、教师、学生一起进步、共同成长的理念，如把建设环境优美的校园与评选美教师、美少年、美家庭结合起来，为学生美育发展营造高尚的审美氛围，选树典型榜样。这些工作做法值得发扬和推广。

3. 西宁市第七中学“五育”融合工作难点

第一，育人理论不够先进，导致工作面虽广但深度不够，如德育方面虽提出思政课程与课程思政相结合，但具体如何在理科教学中融入思想政治教育尚不明确。

第二，规章制度建设相对滞后，如对于美育、劳育的成绩如何评价，成果如何认定转换等问题还处于探索阶段。

第三，教育资源相对不足，美育基础较为薄弱。

4. 共建设想

实践团与西宁七中领导老师们通过座谈就上述问题、双方合作基础、两地优势等进行充分交流，构想“五育”融合共建模式。一是教育理念和资源交流，利用首都师范大学在音乐学、美术学、教育学、马克思主义原理研究与思想政治教育等方面的优势，帮助西宁七中“五育”融合更加深入。二是管理制度建设指导，特别是帮助西宁七中建设社团管理体系、艺术教育和社会实践管理制度。三是教育管理培训，首都师范大学作为首都基础教育教师的摇篮，乐于为西宁七中青年教师开展教育、管理培训工作，提升青年教师的政治意识、专业水准。四是理论课题共建，首都师范大学将西宁七中作为探索科学育人理论试验田，理论与实践相结合，共同促进两地教育事业发展。五是社会实践资源共享，两地两校建立社会实践基地，加强线下互访交流。

(三)西宁市小学初等教育“五育”融合情况——以西宁市虎台小学为例

1. 西宁市虎台小学“五育”融合工作的亮点

实践团在西宁七中的座谈会上还与西宁市城西区虎台小学大队辅导员老师展开交流。虎台小学1986年建校，是青海省重点小学，其升学率和教育理念走在全省前列。德育方面，学校少先队坚持每学期围绕护卫国旗、航天精神、节约粮食、卫生防疫等时下热点主题开展“开学第一课”活动，从娃娃抓起，培养“家事国事天下事事事关心”的红色“小虎娃”。美育和体育方面，小学生们有着很大的热情。学校投资建设了舞美室、音乐室、绿茵场、塑胶跑道、篮球场等现代化硬件设施，组织开展了文艺表演、合唱比赛、运动会等各式各样的艺体活动，为学生全面发展创造了良好的条件。

2. 西宁市虎台小学“五育”融合工作的难点

由于学校美育教师资源匮乏，学生接受的教育停留在普及层面，有天赋的孩子缺乏专业的指导，兴趣难以转换为特长，从而错过了为将来美育专长发展打好基础的最佳时机。

3. 共建设想

针对这一困难，实践团提出在教师教育、学生艺术实践和社会实践等方面开展合作共建，加强交流协作，培养小学生的艺术兴趣、发现学生潜能，让学生获得全面的提升。

(四)西宁市学前教育“五育”融合情况——以西宁同心家园幼儿园为例

1. 西宁同心家园幼儿园开展“首青心相系　共筑中国梦”主题教育游园会

首都师范大学“团旗飘扬”实践团对接西宁同心家园幼儿园开展“首青心相系　共筑中国梦”主题教育游园会活动。本次活动共设立“北京站”“冬奥站”“环保站”“青海站”“美丽家园站”五个站点，通过“游戏、学习、打卡”相结合的方式，为幼儿园近40位学生和家长开展集爱党爱国教育、冬奥知识普及教育、环境保护教育、生态文明教育于一体的游戏教育课程。这是实践团了解西宁市幼儿“五育”融合教育的一种方式，也是实践首都师范大学育人理念的一次尝试。

在“北京站”站点，实践团成员带领小朋友们和家长们学习《童心向党》手指谣，让“永远跟党走”的时代精神在孩子们的心中早早生根发芽；通过观看视频故事、手绘等活动，让孩子们了解北京市地标建筑的历史记忆，拉近了北京、青海两地的文化距离。在“冬奥站”站点，实践团通过冬奥运动造型模仿和桌上冰球两项活动，让幼儿和家长了解冬奥冰雪运动知识，加入到全民迎冬奥的队列之中。

2. 活动总结与共建设想

这次游园活动以思想政治教育为引领，激发幼儿智能，让幼儿快乐地投入到体育活动、艺术创作和劳动创造中去，有效增进了亲子感情、开阔了幼儿视野，进一步培育了学生的爱党爱国情感和生态环境保护意识。

在座谈交流过程中，园方坦言，以往幼儿园在开设课程和开展活动时按部就班，缺乏对活动目的和活动意义的思考，很难将德智体美劳教育融合在一起，换言之，“五育”融合工作缺乏理论指导。本次游园会活动是学前教育“五育”融合的一次很好的实践，为同心幼儿园“五育”融合教育模式构建提供了宝贵经验。

实践团与园方达成共识，希望以本次活动的成功开展为起点，建立长效的育人合作机制。实践团邀请同心家园幼儿园的幼儿教师来首都师大学前教育学院开展参观交流活动，实现高校理论优势与幼儿园实践优势的互补，共同致力于幼儿教材研发、精品课程研究、儿童益智助学游戏设计，共同推动学前教育事业的发展。

三、“五育”融合共建帮扶——“五育”融合示范基地建设构想

此行，首都师范大学“团旗飘扬”实践团通过走访青海师范大学、西宁市第七中学、西宁虎台小学和同心家园幼儿园，全面了解了西宁市大、中、小、幼学校“五育”融合情况，并从西宁市各教育阶段“五育”融合的难点、痛点、堵点出发，依托本校学科优势与“五育”融合育人成果，设计了“1＋2＋1”全方位、多层次推进工作模式，以“一块试验田、两个青培计划、一个教育平台”为抓手和工作媒介，构建集育人体系研究、青年教师培养、学生帮扶于一体的教育生态系统。期望在学校、教师、学生三者相互作用、相互影响的循环动力推动下，在共建双方的共同努力下，实现人才培养、教育研究双方面的互惠互盈和成果共享，助力推进西宁市“五育”融合工作向远、向深发展。具体方案如下：

(一)先进学术科研成果引领教育实践

助力“青葵试验田”工程建设，促进先进教育思想在西部地区“安家落户”。首都师范大学作为新中国成立后创办较早的一所综合性的师范大学，拥有学前教育、初等教育、教育学等专业教育研究学院和众多师范专业学科。实践团拟依托首都师范大学团委与西宁市团委共建平台，在西宁市基础教育及幼儿园对接共建单位建立示范试验田，让共建中小学、幼儿园成为我校本、硕、博学生西部教育研究的数据支持单位，助力我校教育研究成果权威化产出、定点化输出。

(二)成熟社团建设体系推动全面发展

助力“青葵筑梦计划”平稳运行，促进西部地区青少年个性化发展。在

学校党委的领导下和学校团委的指导下，首都师范大学已建立了成熟的社团体系，形成了科学高效的社团管理模式，逐步发展出了学生覆盖率高、多样性广、生命力强的学生社团活动特点。实践团拟在学校团委的支持下促成西宁市大、中、小、幼基地校与我校的共建合作，将共建基地校作为我校社团、艺术团宣传推广的有效阵地和校外实践活动的承接单位。通过交流座谈、参观学习等方式分享我校社团、艺术团管理建设经验，以线上线下相结合的授课形式支援西宁共建校学生社团的建设。在条件允许的情况下，推动名师大家进西宁，开展名师慕课、名家宣讲等活动，开阔共建校学生视野，满足学生成长需求，给予学生专业化指导，助力西部美育、体育、劳动教育科学化、系统化建设。

(三)特色师范学科优势助力教师培养

助力“守护青葵计划”实效发展，促进西部青年教师专业化、体系化培养。首都师范大学“团旗飘扬”实践团拟在学校团委的帮助下，依托共建项目，为西宁市青年教师搭建起一个交流、学习、提高的平台，拟通过青年干部轮训、青年教师学习小组、“一帮一”携手同行、校长大讲堂等教育互助、教育帮扶活动，就青年教师政治教育、共青团工作、家庭教育、大思政课等问题进行探讨，关注、促进两地青年教师的职业发展，进而推动西部地区教育事业的蓬勃建设，达成“首青共建，协同发展”的美好愿景。

(四)品牌实践育人机制深化合作共建

助力“青葵小课堂”平台搭建，促进西部地区学生第一、第二课堂双发展。首都师范大学“团旗飘扬”实践团拟在校团委的支持下，依托我校优势学科，通过“青葵小课堂”教育平台的搭建，形成线上线下相结合的共建模式，向基地校提供学生心理辅导、第二课堂活动课程、精品慕课等教育资源。首都师范大学“团旗飘扬”实践团希望通过建构“1＋2＋1”的共建模式，助力西宁市基地校的教育发展，完善我校师范育人实践体系，在砥砺深耕中提升我校与基地校育人成效，促进青年教师的职业发展，共同为我国的教育事业探索出一条可复制、可推广的科学有效的育人路径。

伴晨曦微光 映明月初心

管理学院 袁 晨

2020年7月30日至2021年7月30日，我从学长、学姐的手中接过了志愿服务的接力棒，踏上征程，来到了有着“彩云之南”美誉的西南边陲——云南。我在这里进行了为期一年的支教，将青春与热爱播撒在了这片广阔的红土地上。

一、适应水土，入乡随俗

我们的支教地是位于云贵高原北部边缘的东川区，隶属于云南省昆明市，距离昆明市区150千米，总面积为1858.79平方千米。曾经的东川矿产资源丰富，为中国六大产铜基地之一，素有“天南铜都”之称。但再丰富的资源也抵不过人们的肆意开采。2009年东川区被认定为资源枯竭城市，成为贫困县。

刚到东川，我对这里的第一个印象就是气候干燥、炎热。我们所处的地理位置有着“低海拔、低纬度”的特点，加上这里的建筑高度普遍偏低，少了对阳光的遮挡，东川一年四季都暴露在阳光下，气候十分炎热、干燥，最热的时候气温能够达到42摄氏度，和北京的“温和半湿润”气候形成了鲜明的对比。我对这里的第二个印象就是饮食口味重、辣。东川属于滇东北菜系，口味偏重，人们喜欢吃辣，尤其喜欢吃小米辣。我每次吃完饭后那种火辣的感觉就会沿着食道一直扩散到胃里，需要喝很多水才能缓解。我对这里的第三个印象就是东川人的性格豪迈、直爽。“意气精魄坚如铁，东川儿女就是烈”形象地概括了东川人民的性格特点，东川人助人为乐的品质也成为东川一道靓丽的风景线。初到东川虽然有诸多的不习惯，但我也努力进行着转变，通过改变生活作息、主动尝试一些新鲜事物等方式让自己更快地适应当地的生活节奏。当地老师也非常热情地带我们去吃东川菜，为我们讲解东川当地的饮食习惯、风土人情，在生活上给予了我们很多帮助。把东川作为第二故乡，融入当地，融入居民身边，才能更好地掌握当地的特点，深入地了解当地人的需求，才能充分发挥一名支教老师的“扶智”作用，为支教服务打下牢固的基础。

二、潜精研思，孜孜不倦

我所支教的学校是东川明月中学，我负责初一年级两个班级共112名学生的信息技术教学工作。在他们当中有许多来自乡镇的学生，占学生总数的40%。他们的计算机水平十分薄弱，很多人连鼠标和键盘都不会使用。比如教他们鼠标“双击”的操作，有的人会把左键和右键依次敲击一下，有的人会用尽“浑身解数”奋力地敲击鼠标十几下。在最初的教学过程中，学生之间计算机基础的差距给我带来了许多困扰。如果课程太困难，很多基础薄弱的同学根本无法掌握；如果知识点太简单，基础较强的同学在一节课上又学习不到什么知识。带着这些困惑和疑虑，我向其他老师请教，通过聆听其他老师的课程，学习他们的教学方式，不断地学习、研究、反思各种教学方法，寻找教学的突破口。经过不断学习，我转变了教学思路：根据学生的情况，以教学大纲为基础，调整每堂课的难易程度，把握计算机课程的教学特点——以学生为主体，让学生能够有充足的上机时间。我根据班级的整体情况，进行了教学计划的调整，首先把重点放在最基础的计算机知识和计算机硬件的使用上，例如如何使用鼠标，如何使用键盘打字等。在教学的过程中关注学生的接受情况，回家再对课件的内容进行调整、打磨。结合当地学生的特点，使自己更好地融入东川明月中学的教育教学中。通过我一点一滴的教学，经过一段时间，班级内的所有同学都已经可以完成计算机的基本操作，甚至可以进行一些Word文档的常用编辑操作，这对于孩子们来说是一个巨大的突破。我也逐渐形成了自己的教学理念：在教学的过程中，坚持用最直观、最易理解的方式为学生传授知识。

我希望他们不仅能通过计算机学业水平考试，更能真正地掌握一门技术。在现如今的信息化社会，学会使用 Word、PPT 和 Excel 是最基本的本领。我希望通过我的教学，能够在带给他们信息技术知识的同时，帮助他们真正掌握一门适应当今社会的技术，这对孩子们今后成长的道路有着更加深远的意义。

三、躬身笃行，甘当路石

在完成信息技术教学任务的同时，我还负责学校录播课教室的管理。录播课是明月中学每个学期都要进行的重要的教师教研活动，是明月中学推动校园数字化建设和课堂改革、紧跟现代教育技术发展步伐的重要一环。在明月中学，每个学期都会固定进行课程录播，涉及学校全体教师及全体学生。本学年，录播课累计参与教师共有 560 人，累计课堂数共 560 余堂，参与学生达 2.8 万余人，学科涉及广泛。每位老师的录播课我都会亲力亲为参与其中，在技术层面为他们保驾护航。我非常愿意去尽我所能完成这项任务，因为录播课对于学校而言有着重要的意义：老师们不仅可以学习其他老师的优秀教学方法，还可以通过回看录播视频看到自己的教学行为，了解课堂上的每个教学环节，更好地审视自己，发现不足，便于课后揣摩、反思教学，这能帮助每一位教师快速成长。录播平台会把优质的教学资源储备起来，通过直播或点播的方式实现共享，完成知识传承或进行校际课程交流，在更大范围内提高学校的教学水准和人才培养质量。与此同时，我也可以亲身聆听每一位老师的课堂，学习他们的优点。作为一名新老师，在学校我既是一名老师，也是一名学生，在传授学生们知识的同时，我自己也在不断学习，不断钻研，在教中学，在学中教，努力去做学生成长、成才之路上的“铺路石”，努力去当好学生学习知识的引路人。

四、至精至诚，方能动人

我总是跟我的学生们说，一定要努力学习，增强自己的本领，将来走出大山，到祖国各地去看看，到世界各地去看看。作为来自大山里的孩子，他们除了缺少知识和技能，更加缺少的是开阔的视野和眼界。在完成课堂任务的同时，我会给孩子们看一些世界各地的照片，给他们讲一些我在北京的见闻，希望能够尽可能地拓宽他们的视野。“头顶青天，脚踏云海；胸怀祖国，放眼世界”，这是我来到东川后记忆最深的一句话，描绘的是东川精神，这是东川祖祖辈辈的期望，希望后代能够走出大山，走向世界。我也希望通过我一点一滴的教学，在他们心中种下一颗希望的种子，引导他们走得更远。

在教学过程中，我努力让自己的课堂变得更加丰富有趣。例如做Word的练习时，我会找一些他们喜爱的卡通人物作为练习的图片，让他们对课堂的内容有所兴趣。在一些涉及背诵的知识点上，我会找一些谐音把每个知识点串联成一句好记有趣的话，避免死记硬背。对于每节课所布置的课堂作业，我会让学生们自由发挥，并留给他们自我展示的机会，通过寓教于乐的方式，让学生在快乐中学习，学有所得。

在生活中，我会在课余时间和班里的男孩子一起打打篮球，和学生们一起踏青春游，给他们剪辑春游视频，在课堂上播放给大家看。如果想让学生们能够听进你的话，就先要去努力地走近他们，了解他们，将心比心，方能动人。

一支粉笔，两袖清风，三尺讲台，四方教室。回顾在东川的这一年，我从大学生转变成教师，从稚嫩走向成熟，从开始的不适应到逐渐成为一个“东川本地人”，在支教的过程中感受快乐，分享感动，收获成长。

支教他人，亦是教自己。习总书记曾寄语广大青年：“新时代的中国青年要以实现中华民族伟大复兴为己任，增强做中国人的志气、骨气、底气，不负时代，不负韶华，不负党和人民的殷切期望!”作为新时代新青年，我会牢记习总书记的嘱托，在学思践悟中坚定理想信念，在拼搏奋斗中践行初心使命，以青春之我，担时代之责。

新疆支教行

数学科学学院　史芳洲

39 个小时、3300 多公里的漫漫长路和这 365 个日夜，远赴新疆似是一场梦悄然滑过，但它却又在我的心头留下了再也抹不去的印记。

一、支教学校概况

一提到新疆，大家就会想到戈壁、沙漠和危险，而我对此十分有话说。大家所说的已经是过去式了，现在的新疆绝对是焕然一新。在共产党的领导下，除了克拉玛依市，每一个地区和内地都有一对一的帮扶共建项目，硬件设施是不错的。我们支教的学校原本真是一片茫茫戈壁，但是在援建后，学校设施良好，风格统一的教学楼、实验楼、艺术楼、体育馆、运动场，一应俱全。学校也尝试教育改革，推进翻转课堂、希沃白板等教学手段，努力赶上其他地区的教学水平。然而学校学生人数众多，生源质量较差，学生情况复杂，教师资源却是十分匮乏，身兼多职是我们必须要面临的困境，甚至在一个只有月假的寄宿制学校里，周末也是工作日。在断网、随时停水的宿舍、办公室间奔走也是常态。

二、教学基本情况

到学校的第一天就是新学期教师大会，第二天就迎来高一学生的军训，军训结束，正式工作全面袭来，我们积极投身教学工作。在经历了岗位调整等一番波折后，我开始教授高一数学。我积极参与学校组织的公开课、说课、同课异构、翻转课堂等教研、教学工作，比赛活动中我所教班级成绩均处于同年级前列。我与学生一起参与徒步、种菜、植树、扫雪等义务劳动，在劳动中收获自身的成长，在劳动中与学生增进情谊，在劳动中行为示范。因学校寄宿制的关系，为丰富学生的课余生活，提高学生的综合素质，我们积极开办各类特色社团；本着“爱上读书，读上好书”的原则，为学生量身打造读书节，开展主题讲座；配合学校积极组织筹办了校内的大型活动，如春节联欢晚会、金胡杨艺术节、社团文化月展示等十余项大型活动，在活动期间，我们主动承担策划、主持、素材收集、新闻稿撰写等工作，收获了领导、老师、学生们的一致好评。

除了这些教学工作以外，我们还有一份定期的特殊工作，就是维稳，每个老师都轮流在校门口值班、安检、对来访人员登记检查等，一键报警按钮可以保证警察在三分钟之内到达现场。这也是保障校园内师生的安全措施。

三、对教育的思考和理解

总有人问我，用一年的时间做这些值得吗？又或者问我会后悔吗？我觉得当然值得，我绝不后悔。中石先生为我们写下的“青年服务国家”是我内心坚定的信仰。要在这里教书育人，实现自己的教育理想。记得最后一天送学生们离开学校，我心里想到的是：还会再有这样的一年让我能在青春年少时在大西北奉献吗？

教育的根本任务是立德树人。习近平总书记在全国教育大会上指出“培养什么人”是教育的首要问题。不是每个孩子都能成绩优异，成绩不能成为评价孩子的唯一标准。更重要的是要通过正面的教育引导学生、激励学生，坚持德育为先，要把孩子培育成具有健康人格、美好心灵的人，让孩子拥有终身学习和成长所需要的知识和能力，能树立自己的理想，能担当时代赋予的使命和责任。

教育是需要有奉献精神的。青年的梦想不应该是自私的，我的人生要有专门奉献自身力量的时段。教师，确实不是轰轰烈烈的职业，但是它可以培养出一代代开创轰轰烈烈事业的人才。教师是一个细致、讲求润物细无声的职业。陪伴孩子度过人生成长的关键期，为他们扣好人生的“第一粒扣子”，需要坚定的奉献精神。

教育是需要爱的。教育是以真心换真心的过程，只有从内心深处发出的爱，才能真正打动人、感染人。一件小事就能让学生记忆深刻，能对他有极大的触动。爱具有包容性，对学困生的帮助和鼓励可以让他对学习充满希望，那么能力的提升将会是自然发生的事情。

教育是要有扎实的专业技能的。一方面应当完善自身的知识结构，把虚心学习放在首位，要做到与时俱进，学习先进的教学方法和教学理念。另一方面更应当注重实际情况，做到深学、真懂、会用，将自身储备的知识转化成教学工作中的“生产力”，用学生更乐于接受的方式教学。同时，作为青年教师要主动、积极地向各位教职前辈学习知识、积累经验，努力养成理论联系实际的良好工作习惯。

四、总结

百年大计，教育为先。教育是需要长时间的努力才能见到成效的，我们教书和育人的工作需要耐心和恒心。一年的时间是短暂的，单靠一己之力短期改变一个地区的现状并不现实，但是，通过一个老师改变一个班级，带动一所学校，依靠一批又一批教师接力，久而久之，整体教育会发生质的变化。

解决困难的能力增强了。不论是教学工作，还是开展各项工作的能力和技能都是可以通过学习提高的。新时代对学生的综合素质要求提高，那我们也要能对自己提出更高的要求，不断进步，解决各种困难。

提高自己专业能力的想法更清晰了。不论是学习还是生活，如果我能拥有更专业的水平，就能更好地帮助学生解决困难，帮助他们找到学习的乐趣和动力，为他们的未来发展提供更多的可能。要对自己提高要求，不仅思考讲什么内容，还要想到如何讲才能更好地被学生理解和接受。

党的十九届五中全会提出到2035年建成教育强国的目标，坚持立德树人，加强师德师风建设，培养德智体美劳全面发展的社会主义建设者和接班人。今天的学生就是未来实现中华民族伟大复兴中国梦的主力军，广大教师就是打造这支中华民族“梦之队”的筑梦人。我会珍惜这份光荣，爱惜这份职业，严格要求自己，不断完善自己。执着于教书育人，有热爱教育的定力，有淡泊名利的坚守，撸起袖子加油干，为做一个“四有好老师”努力奋斗！

倡导科学文明生活理念，助力复工复产

——科普实践团调研报告

生命科学学院　马茹鑫　林永晴　高　玥

在世界疫情严峻，环境污染、食品安全问题加重的宏观环境中，绿色健康的生活方式成为保护人民健康的最佳方法。倡导科学文明的生活理念、助力复工复产，有利于妥善解决党和政府在提高人民健康水平过程中遇到的困难和问题，有利于维护社会稳定、促进经济发展、改善民生，是新时代背景下党和政府以人民为中心发展的必然选择。这也是当前人民群众对美好生活最基本、最直接、最现实、最迫切的需要。

一、选题依据和意义

（一）选题依据

党的十九大报告指出，“人民健康是民族昌盛和国家富强的重要标志”，提出将“健康中国战略”作为一项国家战略，提高到优先发展的地位。健康是促进人的全面发展的必然要求，是经济社会发展的基础条件。在社会经济发展的今天，我国的民生需求快速提升，健康成为国家最关注的民生问题。近年来，国家的经济不断发展，食品安全战略的实施和百姓健康保障能力的提高，使我国公共卫生安全总体呈现出“逐渐转好，总体稳定”的发展趋势。然而，国际新冠肺炎疫情的暴发，一方面对社会经济发展产生了极大的不良影响，另一方面对广大人民生命安全造成极大的威胁。想要妥善解决百姓健康问题，就要关注并完善百姓健康体系。在此过程中，国家、社会、个人都扮演着重要的角色。

(二)理论意义

疫情期间，公共卫生引起全国人民的广泛重视，2020年政府工作报告中也提出要加强公共卫生体系建设，坚持生命至上，深入开展爱国卫生运动，守护人民健康。党和国家都十分关注疫情之下的人民身体和心理健康，进行良好的生态文明建设也是我国当下发展的重要目标。习近平总书记的系列讲话中也曾提出要满足居民群众的健康需求，坚持以居民为中心的重要发展思想。同样，习近平总书记也多次强调了要坚持开展爱国卫生运动，“要深入开展爱国卫生运动，推进城乡环境整治，完善公共卫生设施，提倡文明健康、绿色环保的生活方式”。

最近关于百姓科学健康生活方式的探索已然成为热议话题，我国食品安全问题层出不穷，对我国居民健康产生的冲击不小。近年来，我国已经将百姓健康问题提升到战略高度，为的是尽快改善我国居民的健康生活环境，进而提升人民的生活质量。目前为止，我国对于提升百姓科学健康生活意识的实践研究不多，其中大多停留在理论层面。但实际上，提升百姓的健康生活意识并不是那么简单，它涉及各级政府、社区、居民等层面多个主体的全力配合。

(三)实践背景

首都师范大学生命科学学院每年都会举办富含专业特色的活动，例如开展“爱鸟周”活动来呼吁广大市民保护鸟类、重视生态建设；通过生命科学文化节活动，在校内向广大师生展示微生物、动物、植物、生物化学等基础专业知识。学院有着丰富的科普资源，实践队队员也有着丰富的科普经验。

团队希望以疫情防控为契机，将“疫”时讲究卫生的行为常态化，贯彻落实爱国卫生运动的重要意义，号召基层民众广泛参与。将爱国卫生运动开展的重点更多地放在饮食习惯、社会心理健康、公共卫生设施等多个方面，提倡文明健康、绿色环保的生活方式。

团队依托自身专业特点以及丰富的科普经验，围绕防疫知识、健康生活知识等，开展具体的实践活动来向广大的市民和社区居民进行宣讲和科普，传播卫生知识，提高公众生态环保意识，倡导科学、健康、文明的生活理念和生活方式，促进全民健康。

二、团队调研准备

团队查阅、梳理了有关公共卫生科普方面的研究文献，对其在普通民众生活中产生的影响进行了研究，得知现有文献材料大多集中于宏观层面，科普活动多通过主流媒体开展，而小范围的、有针对性的科普活动开展得不是很充分。团队希望以生命科学知识为主要理论依据，提出切实可行的提升居民科学健康生活意识的建议、意见，开展具体的实践活动。

在本实践活动开展的前期，团队通过走访调研北京市民，以及查看网络资料和新闻报道，发现民众对于疫情防控方面的科学知识、疫情期间复工复产方面的知识和疫情过后的健康生活方式知识等了解不足，获得这些方面信息的机会少。

在调研过程中，大多数民众表示对有关公共卫生方面的科普活动很感兴趣，并且期待活动的举办。对于活动的形式，部分民众表示希望可以采用疫情期间较多采用的线上科普宣传的形式，也有部分民众表示可以视疫情发展情况，采取部分线下科普活动，亲身参与活动才能更好地了解这方面的知识。对于科普内容的展示，居民希望能通过我们的活动了解到核酸检测的流程、原理等科学知识，也希望学习到在疫情期间被反复提及的有关野生动物的知识，如为什么蝙蝠携带多种病毒、如何保护野生动物等。

通过调研，团队基本确定了本次实践活动的开展方向、实践形式和内容等。希望通过线上线下相结合的方式来开展公共卫生科普活动，宣传科学文明的生活理念，倡导健康的生活方式。

团队在请学院的专业教师对科普资料进行了审查和判断，确保科普内容的准确性后，才进行后续的实践活动。团队也采访了国家疾控中心职业卫生与中毒控制所的专业老师，获得了疫情防控中复工复产方面的科普知识，结合全国复工复产大数据资源和现实问题，接受了科普宣传的相关建议，为实践科普项目增加了专业性。

三、实践过程及结果

(一)打造特色宣传产品，传递健康科普文化

1. 制作宣传展板

展板分为五块，内容为与居民生活息息相关的个人卫生、食品卫生、科学烹调三方面的知识。“个人卫生”方面主要向居民介绍了六步洗手法；“食品卫生”主要介绍了食品的挑选及生食加工方面的知识；“科学烹调”主要介绍了保留食物营养成分最优的烹调方式。科普效果显著，居民普遍表示通过宣传展板的展示，收获颇丰。

在队员的讲解过程中，居民不断与队员进行互动，回答队员提出的问题，并在队员的带领下，实操了正确的洗手方式等。此次活动有助于让居民养成良好的日常生活习惯，改善生活方式。

2. 制作宣传折页

宣传折页的制作内容主要分为四个部分，包括野生动物保护、食品安全、公共卫生以及疫情防控。野生动物保护篇主要向大家介绍了何为野生动物、保护野生动物具体应该做什么、为什么我们要拒绝食用野味。食品安全篇主要介绍了日常的饮食安全问题。食品安全是健康安全的重中之重，向大众科普相关问题，进一步增强了百姓对于健康生活的认知。公共卫生篇主要介绍了常见的传染病以及《首都市民健康公约》的主要内容。疫情防控篇主要介绍了复工复产过程中需要注意的事项，以及一些可以提供核酸检测的机构。新冠疫情是近期发生的公共卫生事件，通过本次的线下科普，大众对于新冠疫情检测与防护有了更深入的认识，也因此了解了如何更好地保护自己和他人。

(二)开展线上微课堂，增强科普趣味性

1. 录制科普微课

以“生科微课堂”的形式分别介绍了公共卫生的定义、需要注意的卫生常识、核酸检测的要求、在公共场所的注意事项以及使用公筷的好处等。视频深入浅出地将百姓日常生活中需要注意的公共卫生事项向大众进行科

普宣传。

2. H5电子刊

电子刊以适用于手机显示的动画形式进行科普知识的宣传。在宣传折页的基础上，加入有趣的垃圾分类小游戏，响应了北京市的垃圾分类的号召，让居民能够利用碎片化时间，以有趣的游戏与交互方式学习健康生活小技巧，提升科学文化素养。

3. 微博宣传科普知识

微博中以小短文的方式重点宣传了食品安全、野生动物保护、卫生保健、疫情防控的举措等方面的知识，增强了团队科普成果在青年群体中的宣传力度。微博总浏览量达上千次，进一步加强了网络宣传效力，逐步形成了科普宣传长效常态化的效果。

(1)食品安全方面

宣传了质量安全标识和绿色食品安全标识，倡导群众少用食品添加剂，学会分辨食品添加剂的成分和可能给人体造成的伤害。并且向群众宣传能保留食材最大营养成分的做菜方式。

(2)野生保护方面

向群众宣传野生动物保护的知识及濒危动物保护的方式方法。

(3)卫生保健方面

宣传正确的洗手方式，并向群众科普公筷使用的好处。

(4)疫情防控角度

向群众介绍了核酸检测的步骤以及预防感染的基本方法。

四、实践成果效果调研

(一)线下活动广泛开展，频频获居民良好反馈

1. 和义街道团队科普宣传活动

本次对社区居民进行健康知识宣讲的线下科普活动形式多样，有发放宣传册、展板讲解和互动游戏等，活动开展了两个小时，共有约300名社区居民参与本次活动，发放宣传手册500余册。居民在活动中通过不同的

形式学习到了很多科普知识，进一步提高了健康素养，提升了健康饮食意识，促进了良好健康习惯的养成。

这次活动对于居民养成个人良好生活卫生习惯、树立生态文明建设理念、健康生活均有极大的促进作用，同时响应了国家开展爱国卫生运动的号召。多家媒体对本次实践活动进行了报道，实践成果得到了广泛认可。

2. 实践队员个人宣传活动

队员在自己的社区也进行了宣传折页的发放和讲解，实践地点分别为：北京市朝阳区碧水园社区、北京市丰台区造甲村社区、北京市丰台区东南街社区和北京市通州区高楼金第社区。发放宣传册100余册，拓展了实践地点，把科普知识宣传给了更多的居民。

(二)联动科普宣传活动，大力增强宣传效果

中山公园的科技周将我们的展板进行了展览宣传，展览时间达一周之久，共有约500人次参观展览。展板分为野生动物保护、食品安全、公共卫生以及疫情防控四个部分，市民在游览公园时便可以在展板中了解到相关科普知识，众多的市民在本次的科普活动中受益。

在各种形式的实践活动开展之后，我们对实践成果的宣传效果进行了调研，参与团队实践活动的民众均表示在科普活动中受益匪浅。线下活动的社区居民表示，在活动中通过不同的形式学习到了更多的科普知识，在游戏中学习了许多健康知识，提升了健康饮食意识，这有助于在此后的生活中养成良好的健康生活习惯。民众表示线上“生科微课堂”介绍的公共卫生的定义、卫生常识、核酸检测的科学知识等，将百姓日常生活中需要注意的公共卫生事项以小视频的形式，深入浅出地进行了讲解，达到了很好的科普效果。

通过调研，团队了解到，本次实践活动的开展对于居民养成个人良好生活卫生习惯、树立生态文明建设理念，以及健康生活均有极大的帮助，极大地丰富了民众的公共卫生科普方面的知识，改变了在基层群众中的宣传力度不足的现状。

凝心聚力齐护绿水青山　力学笃行推进乡村振兴

生命科学学院　李天轩

在巩固脱贫攻坚成果的关键之年，生命科学学院实践队针对延庆区山南沟村的实际情况，结合自身专业学科的理论知识，在经济建设、生态建设、社会建设等各个方面开展实地宣传和实践活动，实践方案设计紧紧围绕山南沟村民众福祉，对山南沟村的建设情况和振兴过程进行跟进和帮扶，尽最大努力满足当地人民群众的需求和期盼。

一、选题背景及意义

（一）选题背景

历经八年时间，我国脱贫攻坚战于2020年取得决定性胜利。身处“两个一百年”历史交汇点，为巩固拓展好脱贫攻坚成果，我们要健全防止返贫监测帮扶机制，对脱贫县、脱贫村、脱贫人口开展监测，对脱贫不稳定户和边缘易致贫户及时发现、及时帮扶，激励和引导脱贫群众靠自己努力过上更好生活。

我校积极响应国家政策，在2017年与北京市延庆区山南沟村签订了帮扶共建协议，多次选派骨干人员到山南沟村任职第一书记。作为首都师范大学对口支援单位，山南沟村位于延庆区东部，是一个典型的纯农业低收入小山村。该村85户，184人，其中党员35人，村干部5人，低收入户67户，涉及人口137人。青壮年基本上都外出打工，村内留守的都是老人、妇女和儿童。在首都师范大学与该村建立帮扶关系前，村集体收入较低。

山南沟村隶属延庆县刘斌堡乡，南侧是延琉路，北侧有山东沟村，东侧是双髻山。近年来该村大力发展花卉产业，围绕“科学发展促和谐，花香枣甜山南沟”的活动主题，做好“富民、便民、安民、乐民”四篇文章，推动学习实践活动深入开展，切实让村民得到实惠。

(二)选题意义

习近平总书记强调，“脱贫攻坚取得胜利后，要全面推进乡村振兴”。现在最艰巨、最繁重的任务仍在农村，因此以农村地区为实践地点，更有利于增强我们对于脱贫攻坚的认识与理解。作为当代青年，心怀“国之大者”，当敢于担当，善于作为，为服务国家富强、民族复兴、人民幸福贡献力量。

生命科学学院心系山南沟村。2019 年 10 月 28 日，在学院领导的带领下，宏观第一党支部和行政党支部党员一同前往该村进行了为期一天的现场调研活动。对当地的经济发展和可持续建设提出了相关建议，以促进山南沟村的扶贫建设蓬勃发展。

二、调研目的

为积极贯彻巩固脱贫攻坚战的胜利成果，我院学生秉持“绿水青山就是金山银山”的助力乡村振兴的核心理念，积极结合自身生物专业理论知识以及师范生身份，联系山南沟村实际状况，发挥专业特色优势，将所学的知识付诸实际行动，提出基础建设等经济建设方案，并围绕山村生态现有环境塑造乡村文化，从生态条件推进整体经济发展和基础设施配置。同时在调研期间为该地区中小学生开展相关的主题实践活动，提升当地学校的教育水平与质量，宣传爱党爱国精神，以推进乡村全面振兴和绿色可持续发展。

三、调研方法

(一)乡村经济建设

回顾曾经的经济建设方案，逐步考察实地建设情况和建设困难，通过调查走访的方式，收集并了解村民对于扶贫建设的理解，实践队结合专家给出的相关建议，联系山南沟村的负责人给出完善的、适合当地的、适合民众的发展规划。

（二）乡村生态建设

立足新发展阶段、贯彻新发展理念、构建新发展格局，积极结合生命科学学院的学科特点，发挥学科实践能力，结合当地自然环境和生态环境情况，给出适合当地发展，同时可促进乡村经济建设的种植或养殖可行性建议，如，在乡村生态建设上开新局，创建生态环保示范扶贫村。

（三）乡村社会建设

作为师范生，在教育学专业知识的基础上，实践队将为该地区中小学生开展相关的主题实践活动，帮助提升当地的教育水平与质量；也为孩子们提供丰富的课余活动，开阔他们的视野；在课程教学中融入爱党、爱国教育，坚定学生的理想信念，培养学生的爱国情怀，为山南沟村今后在生态、教育等方面的可持续发展起到一定的积极作用。

（四）乡村文化建设

依托山南沟村“百米墙绘”等特色文化优势，结合重点植被培养，塑造山南沟村的文化特点，从根本上推进山南沟村的文化产业发展，提升村民的素质。

四、实际线下调研内容

（一）聚焦山村实际情况，大力发挥专业优势

积极进行线下考察和采访，依托山村现有发展状况和生产力水平，提出基础建设等经济建设方案，围绕山村生态现有环境塑造乡村文化——“百米墙绘”、“净隐南山”民宿以及青山园的“羊”文化，从生态条件推进整体经济发展和基础设施配置，利用好新型种植培育技术与控温技术，在山南沟村建设控温大棚、优良花卉品种培育区等。此次调研一方面是要考察前期建设性意见的落实情况，另一方面是要调研落实过程中出现的困难点以及环境因素的变化对乡村振兴的影响等，以进一步做好后期实验跟进并提出切实可行的建设性意见。在促进当地特色产业蓬勃发展的同时，努力解决

村民就业与生活水平问题。

(二)寓教于乐知识科普，合作共建线上平台

实践队将在暑假期间为该地区中小学生开展相关的主题实践活动，提升当地学校的教育水平与质量，促进稳步落实经济、生态、文化、教育等多方面的发展规划，更在庆祝建党100周年之际大力宣传爱党爱国精神，推进乡村全面振兴和绿色可持续发展。我队采取线上线下相结合的方式对山南沟村的科普教育进行长期服务，预计在下半年，将结合生命科学学院特有的标本与资料，借助“首都师大生科之声”“北京青山园”等不同的线上平台，录制、制作并发布老少皆宜的相关生活科普视频、微课以及推送文章，并在各大实践基地进行放映和展出，从各方面将教育氛围融入民众的日常生活，推进乡村的教育振兴。

(三)完善意见反馈机制，持续助力乡村振兴

在未来的下半年中，实践队将继续与山南沟村村干部、各产业负责人进行紧密联系，积极收集发展意见，如乡村进一步建设中草药种植园的规划，可在时间允许的情况下采集当地的土壤、植被、地理位置等样本信息，拟在学院教师与当地卫健委的指导下进行测定和研讨，利用好生命科学学院实验资源，从专业角度扶持乡村的农业现代化，力争以实际行动助力山南沟村中草药园的建设。同时也可以对山南沟村智能温室的继续改造利用、植被种植等方面进行进一步调研，促进山南沟村农业、工业、旅游业等各项发展，从“贫困村”逐渐转型为“富裕村”，再到带动周边经济发展的“动力村”。

五、调研结果

(一)走入乡村，深入调研

在出发之前，实践队的老师和同学们都预先了解了山南沟村曾经的样子，因此到达之后对山南沟村几年的巨大变化感到震惊。在整个调研期间，实践队采访了延庆区刘斌堡乡山南沟村驻村第一书记张连军，山南沟村党支部书记兼村主任、北京青山园创始人赵青山，北京青山园负责人赵佳劼，

“大隐于世·净隐南山”老板黄强，各大生产线工作人员以及村民。从北京青山园创始人赵青山处我们了解到：山南沟村曾经是一大片荒滩，在政府植树造林，促进林业发展的同时，为山南沟村换了一身“新衣服”。如今的山南沟村已经焕然一新：绿茵满地、鲜花无垠、游人如织。之后的几天内，调研小组分别前往“大隐于世·净隐南山”民宿、“青山依旧”民宿、温室蔬菜大棚、花卉培育大棚、北京青山园社会实践基地进行了详细的考察和采访，不少民宿已经在社交媒体上成了火爆的“网红”打卡地，其他的一些种植企业也在不断推动着山南沟村的经济发展。

(二)结合实际，践研相济

根据北京青山园负责人赵佳劼提出的资源配置和果园管理的问题，以及山南沟村第一书记对于建设中药种植园“百草园”的建设想法，调研组的同学们针对当前的地理、生态、气候等多方面客观要素进行了分析和记录，并对当地的土壤环境进行了取样和相应的测定与分析，积极结合植物学专业李学东教授的意见与想法和北京市中药资源普查结果，最终确定中药种植园可以选择桔梗、丹参、黄芩、黄精、玉竹、知母、苍术、柴胡、防风、穿龙薯蓣、乌头、苦参等12种中药材，它们都适合在北京低山区仿野生种植。还有适合药膳的费菜(景天三七)、党参、沙参、枸杞、黄花菜、菘蓝(板蓝根)等，也都适合在山区种植。

(三)悦览家乡，领略自然

在本次“凝心聚力齐护绿水青山　力学笃行推进乡村振兴”暑期社会实践中，实践队的同学们还依据自己所学的专业知识以及师范生资源，在北京市延庆区刘斌堡乡山南沟村开展了“悦览家乡　领略自然”主题夏令营活动，帮助当地的中小学生了解和学习身边基础的生物学知识，加深对大自然的认识与理解。植物标本书签制作的活动非常成功，通过绘图、贴画、粘贴植物标本等，小朋友们发挥想象力，制作出了各种各样好看的标本书签。该制作活动内容丰富有趣，过程简单易懂，参与性强，从小学生到家长都可参与其中，深受小朋友和家长的喜爱。我们也收获了不少，从中增长了才干，加强了团队意识，提升了创新观念，了解了自身的不足。当然我们的活动也存在问题，植物标本书签制作虽大获成功，但植物讲解和立体纸花制作不尽如人意。原因一方面是小朋友更愿意动手制作，而不是听知识讲解；另一方面是纸花制作方法相对而言更难，纸花对小朋友的吸引力不如书签。以此，我们吸取经验和教训，将来如果还有机会，会设计更适合和更受小朋友喜爱的活动。

尽管前期通过查找网络资料和线上调研初步确定了需要讲解的鸟类和动物种类，但当我们小组完成对青山园的实地考察后，发现我们准备的鸟类及动物讲解种类稍有不足，通过及时查找资料与更改人员分配，我们终于在第二天正式讲解之前顺利完成准备。在讲解的过程中，我们小组同时兼顾讲解的专业性和娱乐性，希望能在确保讲解专业性的同时，通过趣味的讲解方式和语言吸引更多的参观人员参与我们的科普讲座。在讲解的过程中，我们始终保持高昂的热情，全心全意为过往的游客进行讲解，时不时运用提前准备好的小问题与小朋友们进行互动，答对问题的小朋友能够得到一份精美的小礼品。在这个过程中，他们了解到更多的鸟类及动物知识，我们也认识到，在与小朋友交流时，应该更加注重趣味性与娱乐性，这样才能更好地吸引小朋友的注意力。

(四)生逢其时，知史爱国

2021 年是中国共产党建党 100 周年，我们在科普过程中融入爱党、爱国教育，从党史讲起，让孩子们从小就认识到祖国进步的不易。历史是最好的教科书，它用铁一般的事实让孩子们和村民们认识到最为真实的历史，激励广大人民承前启后、继往开来。同时培养孩子们的爱国情怀，提高大众科学素养，增强守初心、担使命的思想觉悟和行动自觉，为我国乡村振兴的教育事业助力献智。

(五)远程帮扶，持续助力

在山南沟村几天的实践结束之后，我们开启了远程帮扶的一系列活动：结合生命科学学院特有的标本与资料，借助“首都师大生科之声”“北京青山园”等不同的线上平台，录制、制作并发布老少皆宜的生活科普视频、微课以及推送文章，如北京常见鸟类科普、生活小知识、防疫必备技能等，同时在实践基地进行放映和展出；另外利用生命科学学院实验室资源，将山南沟村的各类样本进行检测和确认，为山南沟村的百草园建设确立一个便捷有效的方案，共同促进山南沟村经济建设和生态文明建设的持续发展。

（六）科普专栏，细节智育

乡村智育不仅要利用好现代化的技术，更要由浅入深地深入科普。因此，在本次实践活动中，我们结合村民们最感兴趣的一些生活方面进行科普，共制作6个板块的生活小知识，即公共卫生篇、经济作物知识篇、食品安全篇、疫情防控篇、水果知识篇、野生动物保护篇6个板块。在做成易拉宝后，在北京青山园进行长期展示，帮助前往北京青山园进行社会实践的小朋友们学到一些利用性高、简单易懂的小知识，从细节融入教育，从身边进行科普。

六、结论

疫情的到来是对全球经济的一次重大考验。我们迎难而上，继续巩固脱贫攻坚取得的成果，没有让之前的努力白费。实践队14名同学，更在这个关键之年真正下乡，真正贴近贫困村的日常生活。无论是走访调查，还是活动实践，都在不断的实践中找到了未来要走的路。“凝心聚力齐护绿水青山　力学笃行推进乡村振兴”，虽然在学期中我们无法经常前往山南沟村进行扶贫跟进，但是我们团队会积极秉承线上线下多维度扶持的原则，结合当下的发展趋势和生产条件，不断地帮助巩固山南沟村的脱贫成果，为山南沟村的未来建设献计献策。我们也相信，在持续帮扶的作用下，利用好地区优势和技术优势，就一定能扎实推进乡村共同富裕，促进乡村的全面发展和社会的协同进步。

（指导教师：生命科学学院　唐文杰）

学习在东川红土地上

资源环境与旅游学院　张鼎宸

2021年是中国共产党成立100周年。这100年间，我们的党艰苦创业，团结带领全国各族人民不懈奋斗，开辟了中国特色社会主义道路，推动我国经济实力、科技实力、国防实力、综合国力进入世界前列，推动我国国际地位实现前所未有的提升。

我有幸在这一年作为首都师范大学第十九届晨曦研究生支教团成员，在云南省昆明市东川区东川明月中学担任地理教师，更有幸在祖国西南边陲的这片红土地上，上了最生动的党课。

一、长征是宣言书，长征是宣传队，长征是播种机

1935年5月3日至9日，中央红军在昆明禄劝皎平渡当地37名船工的帮助下，凭借6条木船，经过七天七夜的抢渡，3万多人全部渡过了金沙江，摆脱了数十万敌军的围追堵截，取得了长征以来具有决定性意义的胜利。与此同时，红九军团方面，云南籍的军团长罗炳辉和政委何长工率领红九军团承担了掩护中央红军的任务，于5月4日至6日，从东川树桔渡口渡过了金沙江。红军沿途向群众宣传党的政策、宗旨、革命道理和军队的性质，在墙壁上写下了“打倒国民党”“打倒日本帝国主义”“工人农民联合起来实行土地革命”等标语，让东川人民认识了共产党，懂得了革命，知道了在中国这块土地上还有劳苦民众自己的军队。红军不怕牺牲、不怕困难，敢于胜利、乐观向上的英雄气概和革命精神，激励着东川人民。此时播下的火种终燃起熊熊烈火，指引东川人民、云南人民，为争取自由、民主和解放，勇敢地投身到革命和建立人民政府的时代洪流中。

二、如火如荼的峥嵘岁月，艰苦奋斗的矿山精神

在新中国成立初期，东川是全国最大的铜矿基地，也是国家“一五”期间的重点建设项目。为了新中国的经济发展和社会建设，数万名有志青年从天南海北向东川涌来。不管是科学家、工程师还是矿洞工人，抑或是知识青年，他们大多放弃了原先更为优越的生活条件，选择了一头扎进海拔超过3000米的大山深处。他们有着一个共同的目标：建设好矿山，用亲手开采的铜矿为祖国的发展做贡献。在交通不便、生活条件差、野兽经常出没的汤丹矿山，老一辈矿山建设者在党和当地政府的领导下，以“自力更生、艰苦奋斗”的革命精神，不畏艰难，开始了惊天动地的矿山建设；以“头顶青天，脚踏云海；胸怀祖国，放眼世界”的东川精神，战胜险阻，书写了矿山建设的壮丽篇章。

三、绿水青山就是金山银山

长江的上游金沙江的一级支流小江，是东川的母亲河，东川区就坐落在小江河谷之中。然而，东川境内山高谷深、地势陡峻，干热的河谷气候多旱少雨，加上几千年长期开采矿产、伐薪炼铜导致山体植被覆盖率极低，泥石流和滑坡等地质灾害频发，小江流域生态环境持续恶化。为了保护脆弱的生态环境，东川坚定地选择了走绿色发展之路：环保不达标的矿企全部关停，全区开采矿坑从千余个减至不足百个。同时，近些年来，东川区投入大量人力、物力、财力治理泥石流和滑坡等自然灾害，通过植树造林（草）、退耕还林（草）、封山育林（草）等林业行动固土稳坡，以筑坝拦蓄泥沙和修建排导槽等措施减少灾害损失。历经多年奋斗，从沙砾密布到青山绿岭，绿色发展的理念逐渐深入人心，泥石流治理和生态修复的成果愈发显著，一江清水，两岸青山，美好家园正在变成现实。

四、在全面脱贫的道路上，一个也不能掉队

由于自然和历史的原因，东川贫困问题较为严重，一度属于国家级贫

困县(区)。要脱贫，就要大力发展产业。近年来东川通过政府助力、电商销售，让李子沟开花洋芋、东川面条、花生、核桃、枇杷等大山里的优质土特产卖到全国各地，其中东川面条作为国家地理标志产品声名远播，开花洋芋更是出现在了盒马鲜生的货架上。除了农业，泥石流越野赛车也成了东川的重要发展名片，自2004年至今，中国东川泥石流国际汽车越野赛发展为一项国际赛事，并荣获“中国体育旅游精品赛事”的称号。2019年4月，东川区宣告脱贫摘帽。全区28655户104344名贫困人口全部实现脱贫，贫困发生率从建档时的52.88%下降到0。东川人民走出了一条实现脱贫的可持续发展之路，实现了深度贫困县脱贫摘帽目标，全体贫困人口走出贫困，过上了幸福美好的生活。

五、不忘支教扶贫初心，牢记铸魂育人使命

我成为研究生支教团的一员、成为一名支教老师的初心，就是要在我国“胡焕庸线”以西、以北的欠发达地区，投身教育事业，培养人才，改变其落后现状，实现教育扶智、教育扶志、教育扶贫，为国家的“精准扶贫战略”“乡村振兴战略”贡献自己的青春力量，用一年不长的时间，做一件终生难忘的事、一件意义非凡的事、一件服务社会的事、一件奉献祖国的事。

有人说：“我们给孩子留下什么样的世界，取决于我们给世界留下什么样的孩子。”这一年站上三尺讲台，面对山区的学生，我们既教书，也育人。我们引领学生树立正确的世界观、人生观、价值观，开阔学生的视野，为学生立志、造梦，引导他们走出大山看世界，传授学生知识，答疑解惑，让学生会学习、能学习、有思维、有方法，让学生在做人做事、学习生活、本领技能方面都有全方位的收获。

这一年的支教经历让我收获了基层教育教学的方式方法，更让我坚定了为祖国的教育事业奋斗终生的目标。如果有人问起我，未来想做什么，我一定会坚定地回答：我想做一名人民教师。为了成为一名人民教师，我会更加追求进步、积极学习，努力靠拢习近平总书记所提出的“四有好老师”：有理想信念、有道德情操、有扎实学识、有仁爱之心；做到“四个引

路人”：做学生锤炼品格的引路人、做学生学习知识的引路人、做学生创新思维的引路人、做学生奉献祖国的引路人；“四个相统一”：坚持教书育人相统一、坚持言传和身教相统一、坚持潜心问道和关注社会相统一、坚持学术自由和学术规范相统一。

六、奋进新时代，建功新时代

习近平总书记说：“一代人有一代人的长征，一代人有一代人的担当。建成社会主义现代化强国，实现中华民族伟大复兴，是一场接力跑。我们有决心为青年跑出一个好成绩，也期待现在的青年一代将来跑出更好的成绩。衷心希望新时代中国青年积极拥抱新时代、奋进新时代，让青春在为祖国、为人民、为民族、为人类的奉献中焕发出更加绚丽的光彩。”

今天，我们新时代青年面临着难得的建功立业的人生际遇，也面临着“天将降大任于是人”的时代使命：为实现“两个一百年”中“第二个一百年”的奋斗目标、实现中华民族伟大复兴的中国梦而奋斗。作为新时代的青年学生，我曾经亲身参与过两次国庆盛典，见证了祖国日新月异的发展，如今我们正当年，我们要不断学习知识、掌握本领、磨炼自己、提升自己，全心全意地服务祖国和人民，不遗余力地投身于全面建设社会主义现代化强国的伟大事业中。在新时代的征程上，必然会有艰巨繁重的任务，必然会有艰难险阻，甚至充满惊涛骇浪。我们会鼓足勇气，脚踏实地，胸怀远大，坚定守护爱党、爱国、爱民的理想航标，赓续奋斗、砥砺前行，让青春之花绽放在祖国最需要我们的地方。

薪火相传永不忘　疆爱无限奉青春

初等教育学院　刘启航

作为首都师范大学研究生支教团的一名成员来到祖国边陲——新疆，进行为期一年的支教工作，我十分感慨与激动。时间飞逝，我们的服务已经接近尾声，在这一年的教学工作与生活中，无论是在教学能力、班级管理还是与同事和孩子们的情谊方面，我都收获了很多。接下来我将分为三点进行总结，一是为了自我反思，二是为了能够从中找到缺点与不足，争取在未来服务于首都基础教育的岗位上呈现更好的课堂。

一、常规教学工作

本学期我主要负责高一年级五班、六班、八班的英语教学任务。我的本科与研究生专业都与英语专业无关，但作为一名爱好英语的文科生，我还是欣然接受了校领导分配的重任。由于北京卷和全国卷的考试重难点不尽相同，我就向组内的老教师们“现学现卖”。经过一段时间的看课、考试、做题、研讨，我逐渐摸索出了一条适合我的教学路线与风格。早读我会提前到班中组织，每天的限时自习我几乎都会陪伴在孩子身边，每节课之前一定是带着批改好的作业进班，进行有目的的讲授。这几个班的英语水平在我接手后的几个月内，均有了稳步的提升。当然，这与孩子们自己的努力以及班主任老师和家长的密切配合是密不可分的。

每周我们组会有定期的教研活动，我都是按时参加并积极思考。在组内教师的帮助下，我独立完成了将近两个单元的备课任务。每周的“青年教师大练兵”活动我也按时参加，从最开始的不适应考题、分数低，到后来的适应与得心应手。这些点滴的进步都离不开校领导的鞭策、组内教师的帮助以及我自身的一点点努力。相信，在今后的教学生活中，我依旧会初心不改，砥砺前行。

二、其他工作

在顺利完成教学工作的同时，我们作为教师也应该多多为学生们服务。2019 年新冠疫情突如其来，虽然我们可以在校内正常面授课程，但在平时，疫情防控与消杀工作也十分必要。我积极完成年级组分配的疫情期间值班、消杀工作。在深夜目送每一位孩子平安回到宿舍，认真消杀完教室后，这一天的工作才算结束，作为教师的我也才能够安心休息。

从小爱好京剧的我，曾接受过 8 年的专业训练。当学校有演出任务时，总是少不了我的身影。我的演出给了教师和学生们一个深入了解京剧的机会。在学校开设的社团课中，我担任了京剧教师，每天利用晚饭、休息时间给个别十分热爱京剧的同学单独辅导。虽然不是专业演员，但我十分热爱舞台，我也希望将我的自信与舞台经验传授给这里的孩子们，让他们在属于他们自己的人生舞台上发光、发热。

作为一名青年党员，我深知跟随组织与不断学习理论知识的重要性。虽然我的党组织关系不在学校，但学校的每次主题党日活动我都积极参加。聆听一线党员教师的分享，是我不断汲取知识与提升自我的一个良好渠道。同时也希望学校能够多举办更加别开生面的主题党日活动，从而将我们党的先进思想带入课堂，更好地培养优秀的社会主义接班人。

三、学期感受

总之，在胡杨河市第一中学支教的这一年让我在各个方面都有了一定程度的提升。最重要的是收获了那些甚至是我一生中都十分难得的真挚的感情。

首先，是珍贵的同窗情谊。从北京到新疆，数千公里，我们七位首都师范大学的志愿者相互扶持，互相依靠，让我有了与家人在一起的亲切感。其次，是与组内教师、搭班任课老师的同事情谊。他们在教学方法与专业知识方面都给予了我很多无私的指导。最后，是与孩子们的情谊。我在课堂上是教师，但是在课下我更愿意与他们成为朋友，成为他们的知心姐姐，我也确实是这么做的。可能跨专业教学的我在英语上不一定能够给予他们太多的帮助，但作为教师，我希望他们能够懂得学习的重要性。

最后，我希望在未来能够用这一年的支教经历鞭策自己，为首都基础教育贡献出自己的一份力量。

“归陇候鸟”实践团暑假社会实践报告

燕都学院 张向阳
历史学院 李心竹

一、背景概论

习近平总书记在中共中央政治局第二十次集体学习时指出：“要根据时代变化和实践发展，不断深化认识，不断总结经验，不断实现理论创新和实践创新的良性互动。”随着经济全球化的不断深入，国与国之间的联系愈加紧密，我国进一步打开国门，加强对外交流与合作。在这样一个高度开放、融合的时代背景下，需要不断培养新型高素质人才，提高社会活跃度与积极性。作为大学生的我们，有责任参与到社会实践中去，将课本中学到的理论知识与实际情况相结合，从生活中发现伟大祖国的巨大变迁，感受家乡蒸蒸日上的幸福生活，为社会主义事业发展添砖加瓦。

归陇候鸟队的小组成员都来自甘肃省天水市，经由国家贫困地区专项计划录取至首都师范大学。在选择课题前，我们结合自身实际情况以及疫情防控需求，认真分析各个专项行动的可实施性，最终选择以甘肃省天水市为例，通过城乡发展变化来见证祖国翻天覆地的巨大变化。

二、聚焦经济发展

2015 年中共中央、国务院颁布了《中共中央、国务院关于打赢脱贫攻坚战的决定》，为我国“现行标准下农村贫困人口实现脱贫、贫困县全部摘帽、解决区域性整体贫困”，提出了一整套精准扶贫、精准脱贫的计划和解决方案。天水市政府在党中央大方针的指导下，结合本市部分边远乡镇劳动力流失、基础设施不完备、自然环境恶劣等问题，组织相关部门政府官员，积极调动驻村干部，从实际小事出发，逐件解决。有些空巢老人的房屋早已破败不堪却无人修补，一到下雨天屋内就会严重渗雨。于是，村中对破旧房屋进行了统一翻修，并进行了异地搬迁工作，使家家户户都住上了砖瓦房，从漆黑的小单间变成了宽敞明亮的新房子。在我们实地走访的过程中，发现村子的道路两旁放置了大量垃圾桶，原来是村委会为了保证村民能有一个更加干净卫生的环境，把村民的生产、生活垃圾全部扔在垃圾桶里，由专人定时清理运走。而在此之前，村里的垃圾大多都扔在山崖下、陡坡上，不仅造成了白色污染，还降低了土壤肥力，也是对土地的浪费。现在，有了垃圾桶，村子的整体环境变得更加整洁卫生。政府还出资在村内修建特色农产品加工厂，减少了壮年劳动力外出打工的人数，使得留守儿童和孤寡老人的数量明显减少，村民的生活幸福感明显提高。在政府的调度和支持下，银行向信誉良好的村民提供低息贷款，鼓励创业，带动就业。

为了让已脱贫地区不再返贫，相关部门通过各种方式建设特色村庄，以旅游带动经济持续增长。位于麦积区的甘江村，曾经只是一个普通的边郊贫困小村，全村有近一半的人口只能通过国家低保勉强维持生活。麦积区文旅局紧紧围绕“绿水青山就是金山银山”的建设原则，依托甘江村原汁原味的农村原生态，保留一排排错落有致的青砖瓷瓦，发展农业旅游。在农户日常生活的墙垣、围栏上作画，既有动漫卡通，也有古风国画，各式各样的墙绘艺术将甘江村装饰成了世外桃源。该村以整村的彩绘艺术为特点，进一步完善集农家乐美食体验、水果采摘、农业观光、花苑拍摄等功能于一体的乡村旅游综合体。甘江村的副主任安东称，甘江村工作日每日游客接待量就可达3000余人，周末每日游客接待量甚至高达1万人。该村成功地从众多普通乡村中脱颖而出，成为天水市群众新的“网红打卡地”。甘江村特色旅游的发展，大大提高了村民收入，外出务工的劳动力也纷纷返回家乡，为甘江村的可持续发展注入了更多年轻的活力，实现了真正意义上的脱贫。

为了更加深入地了解家乡近年来的经济变化，归陇候鸟队的成员在当地各大综合超市进行了采访，了解时蔬价格、超市促销等活动，并收到市民对物价满意度的反馈。通过调研，我们发现菜价普遍持平，超市员工称所有菜品均当天从农户处进货，并经过员工统一清洗，新鲜与卫生均可保证。同时我们在商场进行调研活动时，市民薛女士称，最近经过政府大力整改，超市等一些私有企业的营业质量提高了许多。菜价一直保持在合理范围之内，并且新鲜了许多，超市足秤，老百姓们买得放心。

三、生态文明建设成就

甘肃省天水市麦积区的成功脱贫，让过去的“风沙窝”变成了现在的“金银铺”。曾经“刮风一身灰，雨天一脚泥”，村中到处乱堆乱放、污水横流，在短短几年时间内，各村都完成了网络全面覆盖，道路条条翻修，厕所户户改造，数千户居室实现了“零危房”的壮举。我们想，发生巨变的一定不仅仅是麦积区，全国各地一定也正在发生着令人震惊的变化。走进现在的中国农村，映入眼帘的是干净的乡村街道、美观的太阳能路灯、层层处理后的干净水资源，以及一排排具有当地特色的两三层小楼。进入一户户家中，干净整洁的小院，绿茵茵的瓜果树木，漂亮的家具家电……无不展示着农民们的美好生活。高速公路的修建，道路硬化的实施，不仅方便了村民出行，更有利于外来工厂和公司的驻扎，为当地百姓提供了大量就业机会，提高了村民收入。有条件的村子更是大力进行产业扶贫，发展林果业，利用“互联网＋”推动当地经济发展，实现产业脱贫。

不仅仅是乡村地区，城市市民的生活也有了十分明显的改善。天水市市区内曾经存在道路硬化、排水系统老化等问题，一到下雨等恶劣天气，路面上就会出现大量积水，严重影响车辆通行，经常造成道路堵塞，给市民出行带来不便。政府有计划地重新排布、安装新的排水系统，加宽路面，划分公交车专门车道，大大减少了曾经“一下雨就堵车”的现象。为了切实提高人民的幸福感，政府又进一步加强了对老旧小区的改造，规划停车区以及安装户外电梯，为居民生活带来了便利。政府利用行政手段对市场进行调控，尤其是与居民日常生活密切相关的瓜果粮食市场，以避免出现恶意竞争、哄抬市价的现象。还在许多超市设立农村扶贫专区，产品价格实惠，品质有保证。既带动了农村贫困地区的农产品外销，又保障了城市居民的食品安全，可谓是一举多得。

四、民政部门建设

麦积区曾经的政务审批落在各个不同的政府单位，一件事务的审批甚至要跑四五个审批点，群众费时费力不说，还加大了政府办公人员的负担。为了解决这一问题，麦积区政府特意设立了麦积区政务大厅，加大转变政府职能和简政放权力度，将所有政务审批都集中在一起，实现了“一站式”办理、“一条龙”服务，提高了政务审批效率，也节省了群众时间。同时还开通网上办理服务，让办理人足不出户也能完成一系列审批，耗时少、成本低。优质、高效、便捷的服务给群众带来了实实在在的便利。

秦州区与麦积区之间距离较远，为了增进两区之间的联系，方便人民办事，特意修建了轻轨，提高了通勤速度，降低了成本。除此之外，政府越来越重视人民的日常文化活动，修建了马跑泉公园、人民公园，以及渭河风情线等公共休闲健身场所，定时开启音乐喷泉，供市民驻足观看。还定期举办全国性的龙舟大赛和越野自行车赛，大大提高了城市知名度。

五、教育发展情况

作为从家乡走出的大学生，我们十分关心家乡教育的发展。全球新冠疫情仍处在十分严峻的阶段，国家防控措施依旧严格。在疫情影响下的学生，尤其是在备战高考的高三学子，无论是生活还是学习都会受到一定程度的影响。我们通过线上采访和网络问卷的方式调查了母校天水市一中的高三学生，从中获得了一些信息。在疫情防控的大背景下，学校采取了严格的防疫措施，但在此基础之上，依旧尽量优先保障高三学生的复习时间与效率，获得了学生和家长的一致好评。学校为每位学生配发口罩和消毒用品，每天放学在教室内喷洒消毒剂，并且实行高三优先就餐的原则，减少学生彼此之间的接触，节省时间。接受调查的一位同学表示，尽管疫情形势反复不定，复习期间压力又过大，难免会产生忧虑、焦躁的情绪，但校领导和老师能及时发现问题，为大家疏难解困。看着周围的人一直为高三学生提供便捷，自己内心也是暖暖的，就更加有了斗志，对高考就更加有了信心。除了高三学生之外，我们还采访到了一位高三班主任。这位老师表示，学校以及备考组已经完成了2022届考生的复习大纲，无论是日常生活还是学习，都做好了充分的考虑与应对措施。除了复习方案外，学校还组织专人对学生开展了有关情绪排解的讲座，在鼓励学生备战高考的同时，更密切关注其心理健康的变化。他说，在疫情当下经历高考，或许会更加困难，但这无疑也是人生中一次独特的经历，是对自身成长的一次磨炼。

归陇候鸟队成员也利用假期，为中小学生进行了志愿课外辅导。我们先后为小学四年级的学生和准高三生进行辅导。对小学生，主要教他们新学年的知识，并复习旧知识，对数学、英语和作文都进行了系统的巩固。从上一学年的各次考试入手，分析他们的薄弱点，对课内重难点进行了逐一突破。对准高三生，主要是心理辅导，以及重难点勾画。我们组织了一些优秀的高中同学，结合自己高考前的经验，从主科和文理选修科方面，为母校高三学生做了经验分享。同学们踌躇满志，对一年后的高考十分有信心。但其中不乏因成绩而焦虑的学生及家长，我们对他们进行了心理辅导，列举了很多优秀逆袭案例，给大家吃了一剂定心丸。

六、总结

通过此次的暑假社会实践，我们直观地感受到家乡翻天覆地的变化，从中体味出国家日新月异的发展进程。时代的一粒沙，落到个人头上，便是一座山。每一代人都经历着不同的机遇与挑战，同时也有着不同的使命与担当。作为21世纪的中国新青年，我们早已肩负起了党和人民的殷切期盼。进入首都师范大学，我们更加清晰地认识到，祖国的发展需要每一个人的辛勤付出。现在在课堂上学到的知识，终将化作实践，落实到一个又一个幸福生活的建设中去。我们不再是前辈温暖羽翼下懵懂无知的雏鸟，我们早已做好准备，我们已经跃跃欲试，渴望冲上蓝天，开拓属于我们自己的新世界！

（指导教师：燕都学院　罗瑞长）

调研中国　青春报到

用脚步丈量中国大地，用心聆听时代脉搏，用文字记录人民生活。2020年以来，我校教育硕士研究生以寒暑假为契机，走进基层一线，走入人民群众，依托学科优势和专业特长，开展“调研中国”“青春报到”实践活动。通过与社会的积极互动，进一步增进了对党情、国情、社情、民情的正确认知、认同，进一步明确了扎根中国大地做教育、当教师的人生追求。在一份份调研报告中，我们读到了首都师大青年学子的执着与用心——踏步祖国山河，汇聚青春力量，建功新时代。

关于初中学生对新中国成立初期爱国卫生运动了解情况的调研

——以北京市通州区某中学初一学生为例

教师教育学院　程　璨　李茹芳　韩　蕊

一、选题缘起

自新冠肺炎疫情暴发至今，已过去了两年多的时间。疫情期间社会各界都在围绕疫情与防疫展开一系列的研究。对于中学历史教育而言，如何在历史教学中培养中学生正确看待疫情与防疫的态度，是值得我们思考的问题。

遗憾的是，现行初中历史课程标准与初中历史教科书当中与之相关的内容少之又少，不利于学生了解中国历史上的疫情以及中国人民在抗击疫情中所做出的努力。因此，笔者认为，历史教师可以依据课程标准指定的主干知识，挖掘与疫情和防疫相关的内容，并将其有选择地补充到教学内容当中，以此帮助中学生了解历史上发生的疫情及其所产生的影响，以正确的态度看待疫情与相关防疫措施。由于初中学生认知发展水平的限制，笔者认为，可以从贴近学生生活的新中国成立以来的历史着手。

二、研究问题与思路

本研究的主要问题在于调查初中学生对新中国成立以来疫情与防控活动的了解情况。笔者结合文献研究，一方面了解现阶段历史学术界对新中国成立初期爱国卫生运动的研究，掌握最新的学术动态；另一方面了解现阶段中学历史教育研究中教师已经开展的相关教学活动，分析其优缺点，为之后的调查与分析提供理论上的指导。在对以上问题充分了解的基础上，笔者展开了“初中学生对新中国成立初期爱国卫生运动了解情况”的调查。调查主要以问卷调查的形式进行，通过调查问卷明确初中学生对新中国成立初期爱国卫生运动的了解情况，进而探究了解情况与学生历史学习兴趣、教学活动设计、当下社会背景之间存在怎样的关联，当前的教师指导情况是否还有可以完善之处。最终根据文献资料和调查反馈结果，概括初中学生对新中国成立初期爱国卫生运动的了解情况，就新中国成立初期爱国卫生运动在初中历史教学中如何展开提出思考与建议。

三、爱国卫生运动简介

中国人为什么爱喝热水？这是一个很有意思的问题，它与学生的生活息息相关，能够引发学生的兴趣，激起学生的探究欲望。而想要探索其中的原因，就不得不提到抗美援朝战争时，为粉碎美军细菌战而在全国范围内开展的爱国卫生运动。这一运动规模宏大，在我国历史上是前所未有的。全国各阶层人民都积极地参加到运动中来。在城市、农村、工厂、矿山、交通线、部队、机关、学校等，都普遍深入地进行了清除垃圾、疏通沟渠、填平洼地、改善饮水、合理处理粪便、捕鼠、灭蝇、灭蚊、灭蚤、灭虱、灭臭虫等工作，并取得了很大的成绩。

图 1　居民参与爱国卫生运动照片(一)

图 2　居民参加爱国卫生运动照片(二)

图3　爱国卫生运动宣传画(一)

图4　爱国卫生运动宣传画(二)

经过这场运动，全国人民的卫生水平和健康水平大为提高，乡村和城市到处呈现出清洁卫生的新气象，各地传染病的发病率和死亡率显著降低。在抗美援朝期间，全国教育界开展了反细菌战的宣传教育，各级学校都加强了对防御细菌与防疫工作的常识教育，督促搞好学校的环境卫生和个人卫生工作。“敌人撒下的细菌是可以被扑灭的，它的侵略野心必然会遭受可耻的失败”，群众痛恨美帝国主义，一致提高警惕，并了解防御病菌的常识。

四、学生问卷调查结果与分析

当前初中学生对于爱国卫生运动的了解情况如何？笔者抽取北京市通州区某中学初一年级50名学生进行网上问卷调查，以了解初中学生对新中国成立初期爱国卫生运动的了解情况。

中国人爱喝热水的习惯由来已久。1949年新中国成立后，党和政府出于提高国民卫生健康水平的考虑，加强了“喝热水”的宣传和推广。抗美援朝期间开展的爱国卫生运动更是使“喝热水”深入人心。学生们在被问及中国人爱喝热水的原因时，七成学生表示不知道，另外三成学生给出了自己的答案，其中“健康”一词被提到的频率最高，认为喝热水有助于身体健康。

在爱国卫生运动中广泛开展的“除四害”也是一项十分重要的内容。关于“四害”，超过一半的学生表示完全不知道。近三分之一的学生表示知道

“四害”，但不完全清楚是哪四害，其中被提到最多的是老鼠，其次是蟑螂、蚊子和苍蝇，再次是麻雀，另有少数同学还提到了蝗虫。四分之一的学生表示明确知道“四害”，绝大多数学生回答为苍蝇、蚊子、老鼠和蟑螂，仅有一位同学回答麻雀、老鼠、苍蝇和蚊子。前者为最终确定的“四害”，后者是在新中国成立初期爱国卫生运动中被确定的“四害”。由此看来，部分学生对于“除四害”是比较了解的，但是对于新中国成立初期爱国卫生运动中“除四害”的相关内容并不清楚。

在被问到是否知道爱国卫生运动时，50 名学生中仅有 5 名学生表示知道。部分学生对于上述三项问题有所了解，但是大部分学生并不了解爱国卫生运动的开展与中国人爱喝热水这一习惯养成之间存在的联系。

在被问及是否希望在历史课程中了解爱国卫生运动的相关情况时，92％的学生表示对此很感兴趣，仅有 8％的学生不愿意。很多学生表示对于这段历史很感兴趣，想要知道发生的背景、经过和结果。对于爱国卫生运动的具体内容，仅有 9 个有效回答，从中可以看出学生对于爱国卫生运动的了解比较片面。当被问到了解这一信息的渠道时，38％的学生通过历史教师的讲述了解，60％的学生通过互联网了解，38％的学生通过与长辈的交流了解，10％的学生通过与朋辈的交流了解。由此可以看出，学生更多的是从网络了解到这方面的知识。

在学校中，学生表示，自己的历史老师在历史课堂中(42％)、课下交流中(32％)和学校社团等历史学科相关活动中(16％)提及爱国卫生运动的内容，主要集中在中国近代史新中国成立初期举办的活动。

在被问及是否希望进一步了解爱国卫生运动这一问题时，有 92％的学生表示愿意，仅有 8％的学生不愿意，可见学生对于爱国卫生运动还是很感兴趣的。

此次问卷发放的学校是通州中等水平学校，从问卷结果可推测通州区初中生对于爱国卫生运动的了解情况。综合问卷结果可知，当前学生对于爱国卫生运动的了解不足，但兴趣浓厚，教师在教学当中存在巨大挖掘空间。

五、研究现状与启示

爱国卫生运动作为一项具有中国特色的重大政治和社会事件，一直受到学者们的关注。关于新中国成立初期爱国卫生运动的研究成果十分丰富。目前学术界对新中国成立初期爱国卫生运动的研究，主要集中在以下两个方面。首先，有关爱国卫生运动的整体性研究著述颇丰。学者们对新中国成立初期爱国卫生运动发展的起因、内容及意义等方面进行了多角度的分析与总结。其次，区域性爱国卫生运动研究的成果十分显著。20 世纪 90 年代后，全国各地卫生机构编辑出版了相关的史志类书籍，对本地区开展爱国卫生运动的历程进行了回顾与总结。许多学位论文都是聚焦于某一地区某一时间段的爱国卫生运动开展情况，总结出各地爱国卫生运动的开展过程、经验、不足及其体现出的地方特色等。已有研究大多是从历史学、社会学视角出发，对新中国成立初期爱国卫生运动的开展进行分析，对其重大成绩与经验启示做出总结与提炼。对于在中学历史教学中开展相关教育教学活动的研究，目前鲜有涉及，还有较大的研究空间。

笔者认为，抗美援朝时期中国人民开展反细菌战的爱国卫生运动不仅在当时产生了重要影响，更对当前新冠肺炎疫情防控有着启示作用。在抗击新冠肺炎疫情的伟大斗争中，习近平总书记也多次强调要大力开展爱国卫生运动。可见，爱国卫生运动有着深厚的历史根源，是我国的一项优良传统。因此历史学科应当承担起这样的责任，既要让学生对历史上的疫情防控活动有广泛的了解，增长见识，又要让学生联系当下，引发对防疫活动的深入思考，还能让学生以史为鉴，汲取历史智慧，服务他们的人生。尤其是结合像爱国卫生运动这样能够引起学生学习兴趣的问题，更能够使历史教育事半功倍。

新增新能源公交线路对居民"绿色出行"的影响

——以河北省三河市为例

教师教育学院　李佳兴　曹　晨

一、调研背景

河北省三河市地处京津交界处。燕郊镇又称燕郊经济技术开发区，隶属三河市西市区。三河燕郊作为毗邻北京的开发区，地理位置优越，经济发展迅速。但随着经济的快速发展和外来人口的不断增多，原有的公交线路的数量和运行能力已不能满足市民的正常出行。因居民经济状况的提升和公共交通设施的不完善，私家车出行比例不断提高。随着空气污染治理和新能源的开发，绿色出行受到越来越多的倡导。

自2015年起，市交通运输局在西市区开通并调整了五条公交线路，燕郊市民的出行问题得到一定的缓解，但与市民的期望、与小康社会的目标还有一定差距。针对这一现象，市交通运输局与上级积极沟通，经过专家实地勘查和群众调研的方式，进行了周密的计划安排和完善的准备，于2016年8月开通了303、304、307三条新线路。三条公交线路共投入市区公交90辆，总里程达129公里，站点138个，覆盖了燕郊部分主要街道的繁华地段、企事业单位、学校、超市、生活小区等地。2018年，为进一步方便居民交通出行，贯彻绿色出行理念，市交通局开通了503、505、509三条城乡新公交路线，站点覆盖市区各主要街道的繁华地段、超市、生活小区等人流密集地，形成了"格放射"的公交线网新格局。从2016年到2018年，新开通的公交路线不仅在路线上更便民出行，在车型上也从新能源和清洁能源公交车更新到新型气电混合型公交车。与传统燃油公交车相比，这几种新能源公交车都具有“节能环保，减少污染；节约成本，降低费用；安全性好，乘坐舒适”的明显优点。新型能源车的投入运营缓解了城乡地区交通拥堵状况，减少了机动车尾气污染，改善了空气质量，真正做到了让市民便利出行，绿色出行。

二、调研方法

本次调研旨在通过调查三河市居民乘坐公交车出行状况以及新增加公交线路的乘坐情况，进一步分析新增公交线路对居民绿色出行的影响，深入了解居民对公交乘坐的意见和建议，为三河市公交运行和管理献策。

本次调研采取问卷调查的方式，设计了 11 个问题。问卷问题层层递进，从一般乘坐公交情况到具体乘坐公交线路；从一般出行方式到公交线路覆盖情况下的出行方式；最后是对公交运行的具体建议或意见。问卷设置三种题型：单选题、多选题和填空题。其中，除顺序问题外，对“不经常乘坐公交车”的选项进行追问设置，进一步调查居民不乘坐公交车背后的原因；对“未乘坐过新增公交线路”的选项进行了跳转设置，答题者可跳过相关无法回答的问题，直接对公交车提出意见或建议。问卷调查对象为三河市居民，截至 2021 年 1 月 25 日，共收集问卷 152 份，全部真实有效。

三、数据分析

本次问卷调查共收集问卷 152 份，全部有效填写人为 152 人。

首先，是公交乘坐一般情况的统计。对“两公里内是否有公交站牌”这一问题，有 146 人选择了“是”，6 人选择了“否”。对“经常采取哪种方式出行”这一问题，有 106 人选择乘坐公交车出行，占比最多，达 69.74%，其余选项结果按比例排序分别为：私家车、自行车、出租车、步行。对“是否经常乘坐公交车”这一问题，有 79 人选择“较多”，占比 51.97%；其余 73 人。在未选择“较多”选项的原因问题上，有 34 人选择“耗时久”这一选项，占比最多，达 46.58%。

其次，是关于新增公交线路乘坐情况的调查。在全部调查对象 152 人中，有104人曾经乘坐过307、304、303，或503、505、509路公交车，占比达到68.42%。在乘坐过该线路公交车的104人中，出行目的为购物或休闲娱乐、上班、探亲访友的人较多，其中选择购物或休闲娱乐的多达67人，占比64.42%。乘坐过该公交线路的104人中，有102人认为该公交线路便利了日常出行，占比98.08%。对于公交线路覆盖的同一目的地，有83人选择了乘坐公交车出行。

最后，是对公交车的改进意见和建议。在本项填空题中，收集的意见和建议主要如下：提高司机服务意识和安全意识，提高服务人员素质；按时发车，增加车次；固定到站时间；改善车厢环境，定时消毒；增加车站设置；增加公交支付方式。

四、结果与讨论

根据这次调查结果，我们可以初步得出以下结论：

第一，公共交通是居民生活的重要组成部分，与人们的日常出行息息相关。特别是在我市开通新能源公交车以来，越来越多的人选择乘坐公交车上班、上学与外出。极大程度地缓解了城乡地区交通拥堵的状况，真正做到了让市民便利出行，绿色出行。

第二，居民“绿色出行”意识提高，对公交事业的发展比较关注。在对公共汽车的改进问题上，居民积极提出意见与建议，充分表明人们为公交车的发展状况给予了关注与期望。

第三，尽管过半数的居民会选择公交车出行，但公交车出行依然存在一定的问题需要完善和改进。在问卷调查中，人们不选择公交车出行的原因有公交车路程耗时久、路程长、环境差、司机服务态度不好等等。其中耗时久的原因占比最高。为了满足大部分人的需求，公交车必然会出现绕路、走远路的问题，如何解决这类问题是值得公交部门进行思考的。

五、意见及建议

1. 明确政府职能，强化市场机制

在低碳经济的指挥棒下，政府相关部门应当在城市公共交通方面予以支持，如做好公路建设，提供良好的道路交通设施，对公交企业在财政、税费上给予一定的优惠等。积极推进“公交优先”政策，不仅是公交企业自身的问题，同时也离不开政府提供的多方面的支持。公交事业的发展与人们的生活越来越紧密，它需要政府的宏观调控和统筹安排。总之，政府必须明确职责，宏观上把握未来城市的发展定位，顺应市场运作规律，为公交发展提供良好的外部发展环境。

2. 提高公交服务水平，实施人本交通

在意见征集中，我们可以看到部分居民对公交车司机的服务态度表示不满。尽管城管执法局和公交公司对公交车驾驶员有相应的教育管理，但在实际驾驶过程中，仍有少数驾驶员出现对乘客的询问不耐烦、驾驶行为不安全、随意猛按喇叭等行为。现代化的城市必须构建一个文明交通体系，公交车作为大多数人的出行工具，相关部门应该继续提高公交车驾驶员的素质，驾驶员自身也应该秉承以人为本的思想，做到尊重他人、尊重生命、遵守规则。

3. 优化公交线网，提高运行效率

目前，三河市城市路网框架不断扩大，城区新建道路不断增多，但部分道路尚未开通公交车，存在盲区，线路覆盖不全。公交公司应采纳有关部门和社会各界的合理意见和建议，及时调整、增加公交线路，以满足不同人群的需求，逐步更新已经老化的公交车，有计划地购置新车。根据居民要求，特殊时段可适当增加车次，准点到达车站，减少市民等待时间。

三河市持续推进污染防治，降低污染物排放量，促进生态文明建设。新能源公交车的引进，便利了居民的生活，提高了人们的“绿色出行”意识。针对居民的意见和建议，应适当采纳适合本地区实际情况的科学的思想和方法，进一步提高三河市公交发展水平，以实现交通与城市发展的良性循环。

关于邯郸市非物质文化遗产磁州窑文化的调研

教师教育学院　韩　琛

一、邯郸市及其非物质文化遗产磁州窑的简介

邯郸市位于河北省的最南部，历史悠久，是两千多年前的赵国首都，承载了一定的政治、经济、文化，是中华文明的发祥地之一，并且有“成语之乡”的称号。在国家级非物质文化遗产名录中，邯郸的国家级非物质文化遗产数量居河北省首位。如成安县皮影戏、磁州窑烧制工艺、永年的鼓吹乐和太极拳、涉县的女娲祭奠、武安市的傩戏和平调落子等，非遗种类十分丰富。

非物质文化遗产简称非遗，是文化遗产的一种形式，近年来随着建立文化自信、建设社会主义文化强国的提出，注重保护非物质文化遗产已经成为时代文明的一种趋势，这不仅是国家的责任，更是每一位人民群众的责任。

在赞美陶瓷烧制技艺的句子中有“南有景德，北有彭城”的俗语，其中景德是指江西景德镇的陶瓷，而彭城正是邯郸市磁县彭城镇的磁州窑，磁州窑是明代彭城窑的前身。南北两者不同点在于磁州窑是民窑，而景德镇窑是官窑，因此两者在烧制技艺、装饰、用处等方面存在很大区别。磁州窑作为民窑，以烧制百姓的日常生活用品为主，包括盆、碗、枕、缸、瓶等。装饰纹样也大多以生活常见的花鸟虫鱼、民间传说等为题材。釉色多为白色，如白釉刻划花、白地黑花等。烧制技艺丰富多样，有盘条泥筑、拉胚、印胚、雕塑等技法。磁州窑技艺的特点和工艺美是具有鲜明特色的非遗，表现了邯郸地域的文化精神和审美意识，凝聚着人类的文明和智慧，

体现了中国传统文化的博大精深。

本次问卷调查面向邯郸市群众，共发放了50份问卷，选取具有代表性的人群，分别根据不同年龄、不同职业类型、不同学历水平选取了样本，分别设置了以下四个问题：1. 是否了解磁州窑文化；2. 磁州窑产自中国哪个地区；3. 是否了解磁州窑作品的艺术特点；4. 在邯郸哪里见过磁州窑作品。目的在于调查邯郸人对磁州窑文化的了解程度、对其艺术特点的了解和磁州窑文化传播的途径，分析当前磁州窑文化是否已脱离人们的视野，其传承和创新精神是否得到发扬。

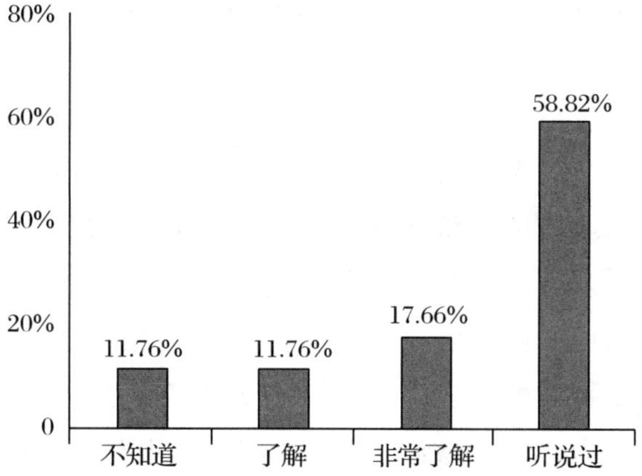

图1　群众对磁州窑文化的了解程度

从调查结果可以看出，大多数邯郸人只是听说过磁州窑，并没有深入的了解，大多不太清楚磁州窑在哪个地区，更有甚者没听说过磁州窑。因此要大力弘扬磁州窑文化，让每个邯郸人都了解磁州窑技艺。

二、邯郸市非物质文化遗产磁州窑的意义

非物质文化遗产是中国传统文化的精髓，磁州窑是邯郸市非遗的代表，是邯郸市文化的瑰宝，对于国家和地区的文化发展具有重大意义，其中可分为文化、社会和教育意义。

（一）文化意义

陶瓷技艺在我国有几千年的历史，早在新石器时代就诞生了陶瓷技艺，马家窑文化和仰韶文化的彩陶为其杰出代表，后来又出现了唐三彩、宋代五大名窑等优秀的陶瓷文化。在过去依靠传统手工业的时代以及信息技术飞速发展的今天，陶瓷技艺都无可替代。陶瓷技艺衍生出的艺术美和文化美使陶瓷具有丰富的文化寓意，它承载着人类文明的智慧和精益求精的工匠精神。

（二）社会意义

党的十九大报告首次提出乡村振兴战略，解决当地三农问题后，发展磁州窑文化对于当地乡村振兴具有重要意义。磁州窑作为非物质文化遗产集经济价值和文化价值于一体。现如今市场的主体是社会企业，因此建立现代企业，促进产业的多样性开发才能使非物质文化遗产产生更大的经济效益。虽然邯郸彭城镇的经济相对落后，但其位于太行山、丘陵、平原的交界处，独特的地理位置使其拥有制作陶瓷工艺的优越自然资源，即高岭土、黏土等天然物质。由陶瓷技艺衍生的相关文化产业为当地带来了经济效益。如磁州窑博物馆的开发，人们能在数码模拟立体绘画瓷器制作中体会磁州窑文化的魅力；开发旅游项目，建设“磁州窑文化创意产业园”，集陶瓷生产、展览、竞拍、艺术创作、文物收藏、生态观光、休闲娱乐、商务会议、住宿餐饮等为一体，创建综合性的文化旅游产业园区；运用磁州窑的特色艺术制作非遗衍生品，让磁州窑非遗走出邯郸，走出中国，走向世界。

（三）教育意义

磁州窑作为邯郸的特色非遗，承载着邯郸的文化历史，然而随着时代的发展，城镇化的进程加快，有些人已经远离了故土，并忘却了家乡的文化。很多邯郸人不了解磁州窑，甚至不了解磁州窑诞生于河北邯郸。非物质文化遗产是优秀传统文化的重要历史见证及标志，作为美术教育专业的师范生，将非物质文化遗产融入学校美术课程中，是保护、传承非物质文化遗产的有效路径。作为邯郸人更有义务将磁州窑文化教授给学生，使学生感受到家乡非遗文化的博大精深，体会到磁州窑的艺术美，以小见大，从而感受到中国传统文化的源远流长，树立文化自信、民族自信，培养家国情怀。

三、关于邯郸市非遗磁州窑传承与创新的建议

目前的民间美术遗产保护与传承存在两种趋势：一种是按照传统的文化模式延续，强调遗产的不变性，保持其"原生态"；另一种是按照消费社会的文化模式延续，强调遗产的可变性，实行"活态性保护"。本研究应对非物质文化遗产磁州窑实行"活态性"保护。一是要契合手工技艺的存在形态和传承特点，遵循非物质文化遗产自身规律。二是要将保护方案融入创造当代社会财富的生产实践，融入现代社会生活，其价值才能真正被延续，才能彰显其在当代生活中的价值与作用。具体体现在以下方面：

第一，提升人们的保护与传承意识。作为教育工作者，应加强学生对非遗的理解，提升学生对于非遗的保护意识。在课堂中运用美术鉴赏的方式使学生感受到磁州窑技艺的博大精深、磁州窑工艺品的艺术特点和文化内涵；在实践课中教授学生陶瓷技艺的泥条盘筑等基本操作，增强学生的动手能力；也可在准备充足的情况下，带领学生走出课堂，走进磁州窑基地，身临其境地感受磁州窑文化，激发学生对于磁州窑技艺的兴趣，树立保护和创新磁州窑技艺的意识和能力。

第二，增加传播渠道。调查显示，没有见过磁州窑陶瓷作品的人数比例最多，导致这种现象的原因有许多，如大众生活中很少接触到此类事物，或者很少去博物馆等地参观等。这就需要增加磁州窑的宣传渠道。随着信息时代的到来，互联网信息传播迅速，抖音、快手等短视频平台受到大众的喜爱，因此可通过录制短视频的形式进行推广。

第三，创新化和市场化。将非遗生活化、市场化，使其成为百姓喜闻乐见的日常用品。在磁州窑传统文化价值的基础上研究磁州窑的特殊价值，建立与大众生活的联系。以磁州窑瓷器艺术特点为风格打造独特的品牌外表，并设立相关的品牌标识、名称、理念等，拉近磁州窑文化与人民大众

的距离，将文化资源转化为文化资本，从而提升市场竞争力。

总体而言，该主题的调研数据在一定程度上反映了大众对于非物质文化遗产磁州窑文化认识上的缺失。新时代对于磁州窑文化的保护与传承，挑战与机遇并存，因此应该积极推动磁州窑文化适应时代进行创新，结合新媒体手段、市场化方式强化磁州窑的文化传播，促进邯郸以磁州窑为代表的非遗活态性保护与传承。

关于不同年龄阶段电子产品使用情况的调查统计及其影响分析

教师教育学院 马小慧 王佳莹 赵梦琪

一、调研背景

随着网络数字技术的迅猛发展，智能手机等电子产品上网常态化，电子产品越来越普及，对我们的学习和生活产生了重要影响。在日常生活中随处可见各类电子产品的使用，例如移动智能手机、智能手表、平板电脑、笔记本电脑、台式电脑等，不仅方便了我们的生活，提高了我们的生活质量，也使我们的生活方式发生了改变，特别是多媒体类电子产品，使信息全球化、即时化，使交流更加便捷。但是随着电子产品的普及，越来越多的人尤其是年轻人有了网瘾，对日常生活和身体健康造成了一定的影响。因此本文对电子产品的使用状况进行调查分析，了解不同年龄段的人群对于电子产品的基本使用情况，以及对于电子产品带来的具体利弊的自我认知，并针对调查结果进行分析，给出一定的对策和建议。

二、研究方法

(一)问卷调查法

制作调查问卷，针对年龄、电子产品使用情况、电子产品对自身影响的自我认知情况等设置不同的问题，通过微信对三位笔者的同学、老师、家人等进行线上发放问卷，收集数据，通过分析得出结论与建议。

(二)访谈法

为了更加贴近实际，深入细致地了解电子产品的使用情况，考虑到疫情，我们分别选择了具有代表性的数名中学生、大学生，以及学生家长进行微信电话线上访谈。

三、结果与讨论

(一)文献分析结果与讨论

通过阅读文献，查阅书籍、报刊，浏览网络，我们发现关于电子产品的研究有很多，研究问题主要集中在有关电子产品的使用对身体的影响、对生活的影响。电子产品的屏幕尺寸不同、使用方式不同都会对颈部肌肉产生一定的影响，不正确的使用将会导致不对称的头颈姿势，进而可能增加患颈部肌肉、骨骼疾病的风险。电子产品的普及，对学生的学习生活也会产生较为深刻的影响，网瘾少年的问题越来越突出。

(二)问卷调查结果与分析

1. 电子产品的拥有及使用

表 1　学生平时经常使用的电子产品数量

选项	人数/人	比例/%
1 个	11	8.94
2 个	59	47.97
3～4 个	43	34.96
4 个以上	10	8.13

表 2　学生每天花在电子产品上的时间

选项	人数/人	比例/%
1 小时以内	2	1.63
1～2 小时	11	8.94
2～4 小时	24	19.51
4 小时以上	86	69.92

根据调查结果，我们可以发现，只有约 9%的人经常使用的电子产品有 1 个，而近 48%的人经常使用的电子产品有 2 个，近 35%的人经常使用的电子产品高达 3 个，甚至约 8%的人经常使用的电子产品高达 4 个，这说明现阶段大部分人至少拥有两个以上电子产品。约 89%的人平均每天使用电子产品都在两个小时以上，且有近 70%的人对于电子产品的使用时间平均每天都在 4 个小时以上，这说明现阶段大家每天使用电子产品的时间都

很长。高达74%的人认为如果一天不玩手机自己会感觉难受，可见大家对电子产品的依赖非常强。37%的人认为自己有网瘾，并在这些有网瘾的人中，45%的人正在努力戒掉网瘾，38%的人想戒但是没有自制力，这说明电子产品的使用在大家的生活中占据了很大的一部分，成了生活中很重要的事情，但是如果使用不恰当将会发展成网瘾，并且如果没有自制力将会很难戒掉。高达41%的人因为电子产品的使用而成绩下降过。高达93%的人经常在家里使用电子产品，64%的人经常在学校使用电子产品，这说明大家在家中休闲时刻经常使用电子产品，在学校需要查阅资料时也经常使用电子产品。93%的人在无聊没事干的时候会使用电子产品，76%的人在需要学习知识和想要查找文献资料的情况下使用电子产品，46%的人在想要玩游戏的时候使用电子产品，可见除了休闲娱乐的时候大家对电子产品的需求较高外，在学习工作时大家对电子产品的使用也较多。

2. 使用电子产品的影响

由调查结果可知，38%的人在父母不同意玩游戏的情况下依然会偷偷玩游戏，40%的人因为电子产品而和亲人有过不愉快，40%的人在使用电子产品时，如果父母让做事情，做事态度会一般般，7%的人甚至会态度很差，这些数据都说明电子产品的使用情况会影响亲子关系。有超过一半的人认为使用电子产品对身体造成了危害，例如75%的人认为长时间上网导致近视，除此之外，还有因为使用电子产品缺乏运动而导致肥胖等。34%的人认为电子产品给自己带来的好处较多，其中33%的人认为可以随时随地与人沟通交流，31%的人认为可以快速查阅学习资料和数据，由此可见，电子产品确实使我们的学习、生活变得便捷。9%的人认为电子产品带来的坏处更多，其中45%的人认为电子产品会导致学习分心，27%的人认为会减少与家人沟通的时间，可见电子产品确实也会影响我们的学习、生活。37%的人认为电子产品的使用好坏各占一半，而20%的人认为电子产品到底是好处多还是坏处多很难说。由此可知，现在由于数字技术的日益发展，电子产品也犹如双刃剑，一方面可以拉近人与人的距离，增加休闲时刻的娱乐方式，使生活中琐碎的事情变得简单便捷，提高了效率，尤其对于学生和上班族来说，可以很方便地查阅资料、浏览新闻等，另一方面，对电子产品的沉迷会影响正常生活和身体健康。

表 3　电子产品的影响调查结果

选项	人数/人	比例/%
好处多	42	34.15
坏处多	11	8.94
各占一半	46	37.40
很难说	24	19.51

(三)访谈结果与分析

我们将访谈人群分为三类，分别为：中学生、大学生以及学生家长。以下是这三类访谈结果的分析和讨论。

访谈结果显示，在电子产品的使用时间方面，从中学生开始慢慢升高，到大学生达到巅峰，而学生家长使用电子产品的时间最短，同时对电子产品的依赖程度也与此相同。

结果显示，中学生开始对电子产品产生浓厚的兴趣，而大多数学生家长因为学业严格把控中学生使用电子产品的时间，这使得中学生对来之不易的玩电子产品的时间更加珍惜，甚至有些学生背着父母偷偷玩电子产品，因为他们觉得平时学业压力很大，又有一堆写不完的作业，玩电子产品可以使他们心情愉悦。这也从一个角度反映了我国中学生学业压力之大，而玩电子产品就成了他们放松压力的一种方式。但是家长却不这样认为，“什么时间段做什么事”。这是访谈时很多家长挂在嘴边的话，他们认为还在学生阶段就应该认真学习，学习累了可以去运动，而不是玩电子产品。两者之间的观点冲突使得很多处于青春期的中学生与家长之间关系恶化。随着学生年龄的增长，学生完成了中学学业考进了大学，对于学生和学生家长而言，潜意识里认为没有了考大学的压力，家长对学生的束缚也小了很多，而学生也从开始的对电子产品的好奇与兴趣转变为无聊时打发时间的消遣。大学生们逐渐意识到自己的理想与抱负，开始主动并有意识地减少玩电子产品的时间。但是由于很多大学生自制力较差，理想抱负并不坚定，所以效果不太明显。也许正如一位家长所说："等他们熬到我们这个年纪就玩不动手机了。"

四、意见与建议

由文献分析、调查问卷与访谈的结果我们可以看到，电子产品确实在我们的生活中占据着越来越重要的地位，但是电子产品是双刃剑，有利也有弊。对于年轻人来说，我们应该正确认识电子产品对我们学习、生活的帮助，也要正确认识电子产品对我们身体健康的影响、对我们与父母关系的影响，恰当地运用电子产品帮助学习，适时地在休闲时刻使用电子产品，并且要注意与父母的有效沟通，在家中长辈需要的时候耐心地帮助长辈使用电子产品。对于年龄较大的人来说，也要根据时代的发展，接受新事物的出现与普及，正确认识电子产品对于生活的帮助，除了自己可以恰当地使用电子产品外，还需要正确认识家中晚辈在学习时对于电子产品的使用，帮助家中晚辈树立正确的理想与目标，使其恰当地运用电子产品，从而走向更好的未来。

研究生闲暇时间利用情况调查

——以首都师范大学教师教育学院研究生为例

教师教育学院 薄一琳 贺 敬

一、研究背景

随着网络的快速发展以及高科技产品的广泛应用，人们拥有越来越多的闲暇时间，闲暇从一种时尚演化为一种必需，成为人类生命的重要组成部分。研究生可以自主规划学习、闲暇时间，因而闲暇时间的利用情况直接关系到研究生自身全面自由发展的程度和综合素质水平。虽说闲暇时间可以进行的活动是多种多样的，但如何有效地利用和管理闲暇时间却显得越来越重要。近年来，闲暇教育成为研究热点之一，有学者认为闲暇教育是通过传授闲暇知识、技能和技巧，帮助人们确立科学的闲暇价值观，有价值地利用闲暇时间，提高闲暇生活质量，促进个性全面发展的终生的、连续的教育活动。换言之，闲暇教育关注闲暇时间利用的质量和个性发展。所以我们对研究生闲暇时间的利用情况进行了简单的调研。

二、调研方法

本研究采用问卷调查法，以问卷调查为手段，以在读研究生为对象，开展研究生对闲暇的理解、方式、需求等方面的实践调研。

三、调研结果

本研究随机选取首都师范大学教师教育学院的研究生作为研究对象，采用网上问卷调查的方式，此次调查共收回问卷 50 份，其中有效问卷

50份。

由表1可知，样本的性别分布和专业分布不平衡，男生比女生少，自然科学类比社会科学类少，这是因为首都师范大学教师教育学院的男女比例和专业比例不平衡，再加上问卷是随机选取学生填写的，样本选取也体现出这一点。

表1 有效样本分布情况表

分布情况	性别分布		专业分布	
	男	女	社会科学类	自然科学类
人数/人	10	40	36	14
百分比/%	20	80	72	28

(一)对“闲暇时间”理解的情况

大多数研究生认为“闲暇时间”是可自己支配的时间，占比86%；62%的研究生认为“闲暇时间”是不劳动(不工作、不学习)的时间；认为“闲暇时间”是心理的放松或旅游、美食、逛街、游戏等时间的学生比例大致相当，分别为56%、52%；认为“闲暇时间”是纯粹的身体休息的人数最少，占比28%。

在心理学中，休闲与非休闲的最大区别就是是否感到自由。由此可知，大部分研究生对闲暇时间的理解都属于心理学上认为的“闲暇时间”。

(二)闲暇时间占有情况

在周一到周五，有14%的同学认为他们的闲暇时间有7小时以上，其中男同学较多于女同学；有22%的同学认为他们的闲暇时间分布在5—7小时这个区间；有42%的同学认为他们的闲暇时间为3—5小时；有22%的同学认为他们的闲暇时间少于3小时。

在周末或者节假日，有24%的同学认为他们的闲暇时间在9小时以上；有44%的同学认为他们的闲暇时间为7—9小时；有24%的同学认为他们的闲暇时间为5—7小时；只有8%的同学认为他们的闲暇时间是5小时以下。

同一学院的学生，有的学生拥有的闲暇时间多，而有的学生拥有的闲暇时间少，我们对学生自身认为闲暇时间的多少做了调查。有46%的学生认为闲暇时间已经足够了；有50%的学生希望再多些闲暇时间；只有4%的学生认为闲暇时间太多(不知道怎么利用)。

大多数学生日常享有的闲暇时间是差不多的，但是却有将近一半的同学认为自己的闲暇时间还不够多，说明部分同学不知道如何合理利用闲暇时间。

(三)闲暇时间的利用情况

在周一到周五，学生们做得最多的四件事依次是上网(聊天、游戏、追剧或其他)、自习、睡觉和体育锻炼，在周末或节假日学生们做得最多的四件事依次是上网(聊天、游戏、追剧或其他)、自习、睡觉和逛街。总的来看，学生们在闲暇时间做得最多的是上网(聊天、游戏、追剧或其他)、自习和睡觉，学生们对闲暇时间的利用比较单调。有70%的学生对闲暇时间的利用有大概的规划，还有26%的学生没有规划，只有4%的学生有详细的规划。

学生对闲暇时间管理情况的满意度，也就是自己对闲暇时间的安排以及闲暇活动是否满足自身的需要。调查结果显示，只有4%的学生表示很满意，有28%的学生表示满意，更多的学生表示一般，占比58%，还有10%的学生表示不满意。学生们在闲暇时间里的感受也是不同的，大多数学生在闲暇时间里是充实、快乐的，占比70%，也有28%的学生感到麻木、没感觉，只有2%的学生感觉悲哀、沮丧，没有人感到疲惫、困倦或是生气、愤怒和焦虑、恐慌。

周一至周五闲暇时间的分配与周末的闲暇时间的分配并无很大差异，上网(聊天、游戏、追剧或其他)、自习和睡觉是最主要的休闲方式，可见研究生闲暇生活的质量偏低，单纯追求消遣娱乐的活动占据了研究生的大部分闲暇时间，无法使他们得到自我提升。导致闲暇活动质量不高的原因是绝大多数学生没有制订详细的规划。并且大部分学生对于自己闲暇时间的管理没有达到满意的程度，因此需要做出改变。

(四)闲暇时间带来的价值情况

在这次调研中，88%的同学都认为闲暇时间能够给自己带来价值，只有6名同学(12%)认为闲暇时间不能给自己带来价值，而在这6个人中有2个人认为闲暇时间不能带来价值的原因是不知道如何度过闲暇时间；另外4个人是因为觉得闲暇时间很空虚无聊，所以无法带来价值。

而在那88%的同学中，68%的同学认为在闲暇时间可以阅读自己感兴趣的书籍，从而扩展各方面知识；61%的同学认为闲暇时间可以让人想干什么就干什么；认为闲暇时间可以参加各种运动，从而锻炼身体，以及可以和同学们玩，从而增进友谊的同学均占总人数的48%；30%的同学认为闲暇时间带来的价值是可以睡懒觉；20%的同学认为闲暇时间的价值是可以参加学校或社会实践，增强就业能力等；9%的同学认为闲暇时间的价值是可以和女/男朋友在一起相处；仅有1名同学(2%)认为闲暇时间的价值是可以泡网吧打游戏；也只有1名同学(2%)认为闲暇时间带来的价值是可以让自己得到放松。

大部分同学都认为闲暇时间能给自己带来价值，且价值的体现呈现多样性特点，感受差异大。但与闲暇时间的实际利用情况不符，也就是说，大家明明知道什么样的活动是有价值的，却并没有落实。因此需要采取一些措施让学生能够在闲暇时间进行有价值的活动。

(五)被调查者理想的闲暇生活

我们对同学们理想的闲暇生活也进行了调查，得到的结果为30%的同学理想的闲暇生活是可以休闲娱乐、放松身心；20%的同学理想的闲暇生活是在闲暇时间可以积累实践经验，丰富人生阅历；理想的闲暇生活是进行深入的学习以及随心所欲，想做什么就做什么的同学各占18%；理想的闲暇生活为锻炼身体以及做自己感兴趣的事情的同学均占4%。

由此结果可以看出，大部分同学理想的闲暇生活都是进行放松娱乐。根据闲暇层次理论，大部分同学对于闲暇的理解处于较低的水平，需要提高对于闲暇时间的理解水平。

(六)被调查者对提高闲暇时间利用的看法

绝大部分同学都认为制订一个大致的计划可以提高对闲暇时间的利用，有的同学认为可以通过和其他同学交流来提高闲暇时间的利用效率和质量，还有极个别同学认为不需要提高闲暇时间的利用效率。

四、对研究生管理闲暇时间的建议

随着社会的进步，研究生的价值取向逐渐多元化。研究生能否形成正确的闲暇认知，能否恰当地利用闲暇时间，变得越来越重要。结合调研结果，我们对研究生管理闲暇时间提出了以下几点建议：

(一)形成正确的闲暇认知

从调研结果可以知道，大部分同学认为闲暇时间就是用来放松、休闲和娱乐的，这种对闲暇的认知是比较片面的。因此需要让研究生们形成正确的闲暇认知，目前最好的方法就是学校进行统一的闲暇教育。但是，通过文献检索与阅读，我们发现目前高校的闲暇教育较为零散，尚未形成体系，研究生的闲暇时间缺乏引导与规划，处于盲目状态。高校应明确闲暇教育目标，引导学生明确闲暇时间的目的与意义，了解闲暇时间的功能与作用，对闲暇行为做出正确的价值判断、内容选择，树立正确的闲暇意识。

(二)明确目标，制订闲暇时间规划

从调研结果可知，有将近一半的同学认为目前拥有的闲暇时间是不够的，希望可以再多一些闲暇时间。虽然大部分人都会给自己的闲暇时间制订一个大概的计划，但是还是觉得闲暇时间不够，也就是说，计划很容易被打破，容易被外界环境所牵引。因此，要想充分地利用闲暇时间，研究生就必须摆脱闲暇中的盲目行动，也就是要对闲暇时间做出合理规划。做出合理规划的前提是对自身、闲暇时间、活动条件等有清晰的认识，需要清楚知道自身的兴趣在哪些方面，可以获得的资源是什么，以此作为闲暇生活规划的依据。也就是说，研究生要明确目标，只有具备清晰的目标，才能克服闲暇生活的空虚感与盲目性。

(三)养成规划闲暇时间的习惯

正是因为没有规划闲暇时间的习惯，所以才会觉得闲暇时间不够和闲暇时间太多以至于不知道要做什么。因此对闲暇生活进行规划应该成为研究生的习惯。使有序性、目的性成为闲暇时间的常态，同时，还要在闲暇

生活的过程中培养管理时间、体育运动、艺术欣赏等好习惯，丰富我们的闲暇生活。

（四）高校应加强研究生闲暇技能培训

闲暇技能是闲暇教育实施的前提条件，指闲暇主体在休闲时间进行闲暇活动的能力。学校应该根据学生的特点以及未来职业需要，制定并开设切实可行的、具有广泛性和针对性的闲暇教育课程，如棋牌类课程、求职指导培训等。

寻访古琴遗韵　传承非遗文化

——以临沂市古琴为例

教师教育学院　杜东燕

一、调研背景与意义

古琴文化底蕴深厚、历史悠久，以其丰富的精神内涵和独特的人文品质，成为古代文人雅士修身养性的必由之径，是中华民族传统文化艺术之林的一颗璀璨的瑰宝，在三千多年的历史发展中，古琴文化对传统文化的形成和发展有着深刻的影响。

古琴，又称瑶琴、玉琴、丝桐和七弦琴，是汉文化中地位最崇高的乐器，亦为文人吟唱时的伴奏乐器。古琴艺术位列中国传统文化四艺“琴、棋、书、画”之首，被文人视为高雅的代表，自古以来一直是许多文人必备的知识和必修的科目。2006 年 5 月 20 日，古琴艺术经国务院批准入选第一批国家级非物质文化遗产名录，划分在“民间音乐”类；2017 年十九大召开，提出了“深入挖掘中华优秀传统文化蕴含的思想观念、人文精神、道德规范，结合时代要求继承创新，让中华文化展现出永久魅力和时代风采”，越来越多的人开始更加重视古琴艺术的学习与传承。对体现中国优秀传统文化的非物质文化遗产进行调研有利于建设精神文明社会，促进人民群众对文化、历史的认同，强化文化在人类社会发展中的地位和作用，促进和谐社会的建设。保护和利用好我国非物质文化遗产，对落实科学发展观，实现经济社会的全面、协调、可持续发展具有重要意义。然而随着主流的大众文化的迅速传播与发展，非物质文化遗产日渐式微，有传承之难题，又有断流之危。

山东省临沂市历史悠久，是中华文明的重要发祥地之一，非物质文化遗产丰富。在这里众多传统文化、民间技艺、音乐艺术等被列入国家级非物质文化遗产。在古琴逐渐没落的过程中，山东一带一度兴起了“古琴热”，给古琴的发展带来了新的曙光。因此，为了深入了解中华民族传统文化艺术，探索古琴文化的传承与发展，笔者对临沂市古琴文化展开了调研，以了解临沂市古琴文化发展现状，分析所面临的机遇与挑战，提出保护建议和具体的措施，以期加深大众对古琴文化的认识与了解，为社会主义精神文明建设奉献一份力量。

二、调研思路与方法

本次调研以临沂市古琴为调研对象，采用问卷调查、访谈、文献分析等多样化的研究方法，从社会大众、古琴爱好者、古琴传承人等多个视角出发，了解古琴现状和发展问题，探究大众意识和非遗文化所面临的挑战，并对古琴以及非遗文化的保护提出建议和具体的措施，保证调研结果的准确、客观、科学、全面。

（一）问卷调查法

采用线上问卷调查的方式，针对普通大众、古琴爱好者等不同人群分别设置调查问卷，对古琴文化了解程度和传承意识展开调研，通过对问卷结果的对比与交叉分析，了解古琴文化在大众中的传播现状。

（二）访谈法

分别对琅琊琴社的创始人马兴民老师、庭韵琴馆的冯老师，以及一些古琴爱好者进行访谈，了解古琴发展与传承的问题。针对不同的被采访者设置特定的采访稿，大致侧重以下几个方面进行采访：(1)学习古琴的机缘与经历，深入了解不同古琴学习者的古琴情缘，探索古琴的魅力。(2)对教授或学习古琴的心得与体会，以及古琴给生活带来的影响。(3)对古琴制作与弘扬方面现状的看法与理解。(4)自己目前的状况与对古琴未来发展的期望。

三、调研结果分析

本次问卷调查共计回收 230 份有效问卷，覆盖了不同年龄、不同学历的人群，真实度较高。以下是对本次问卷结果的分析：

(一)古琴文化了解途径广，文化内涵深度欠缺

由图 1、图 2 可以看出，近 80%的人都了解古琴及相关文化，但对其文化内涵的认识深度欠缺，只有 0.77%的人对古琴十分了解；了解渠道包括电视、网络、琴行、博物馆、学校课堂等，其中，近一半的人是通过网络和电视等媒体了解到古琴的。由此可以得出，若要提升古琴文化的传播与宣传效果，应加大网络和电视方面的传播力度。

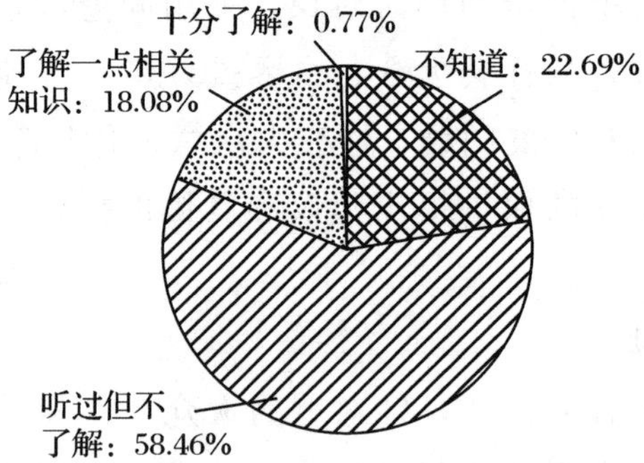

图 1　大众对古琴及相关文化的了解

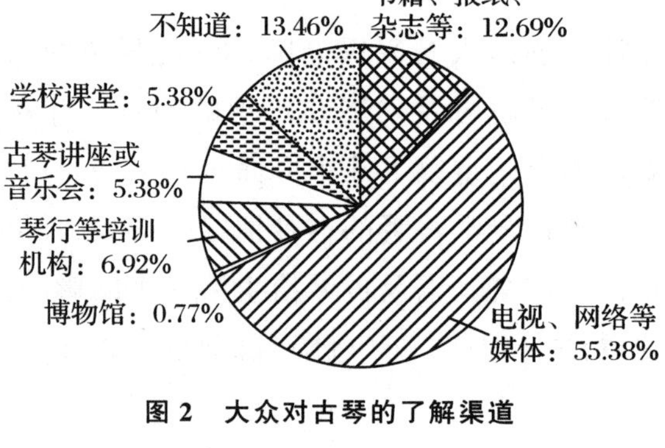

图 2　大众对古琴的了解渠道

（二）古琴文化传承意识强，学习意愿明显

由图 3 可知，92.31%的人认为古琴文化是中国传统文化的一部分，有必要传播古琴文化，并且表示如果有机会愿意学习古琴。

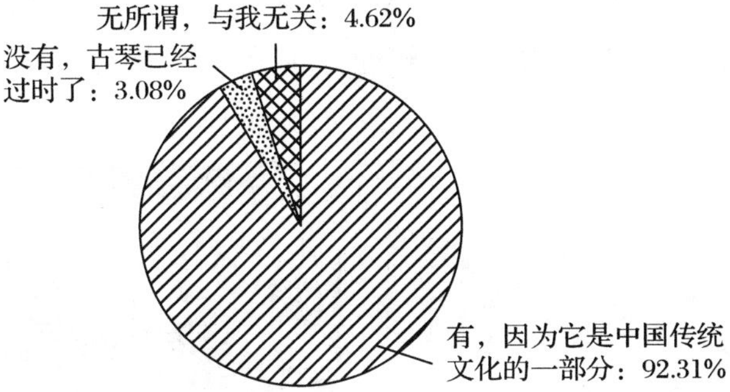

图 3　大众对古琴的传承意识

（三）古琴学习受到开支较大、精力有限等阻碍

大众学习古琴时遇到的阻碍主要有费时费力、学习门槛高、学费昂贵、实用性不强等问题，由图 4 可知，65.77%的人认为学费昂贵，80.77%的人没有足够的时间和精力，35.00%的人认为实用性不强。30.38%的人认为培训机构质量参差不齐，20.77%的人认为考级麻烦。总的来说，开支较大和时间精力不足阻碍了很多人深入学习的脚步。

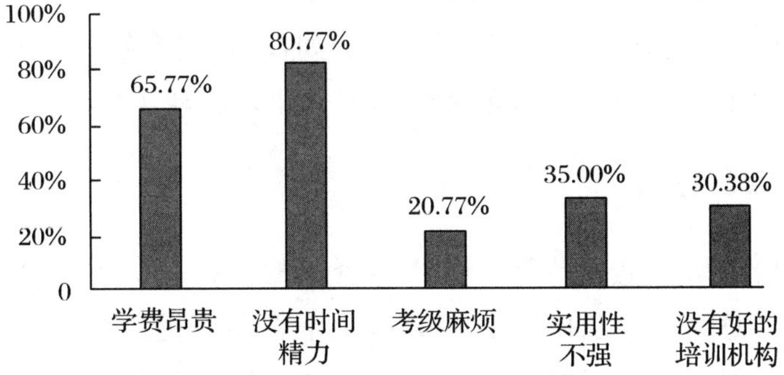

图 4　大众学习古琴的阻碍因素

呼吁大众重视中华民族优秀传统文化、鼓励大众学习中华民族优秀传统文化，有利于促进古琴文化的发扬和古琴技艺的传承。为了进一步了解其文化底蕴与精神内涵，针对古琴传承与目前的“古琴热”现象，本次调研分别对马兴民老师、冯老师以及古琴爱好者进行了采访，他们分别就其从事古琴的机缘、对古琴文化的理解进行了介绍，并对古琴的发展进行了展望。

图 5　古琴爱好者访谈

图 6　琅琊琴社

通过调研发现，大众的古琴文化传承意识较高，但是对其文化内涵了解得不够深入，其学习意愿较强，但是迫于目前古琴文化的相关培训机构较少与实用性不强的限制，以及个人工作繁忙、精力有限等原因，缺乏良好的学习氛围。大部分古琴爱好者学琴源自对古琴文化的理解与爱好，并且在学习过程中被其独特的音色所吸引，享受它所带来的静谧的韵味。但在其传承方面，他们指出了一些困难，例如没有全国统一的规范性教材作为古琴推广的工具，一味追求创新性和现代化，忽视了传统等。

四、问题与建议

根据调研结果，笔者结合一些文献资料的分析，对古琴文化传承所面临的挑战进行总结，并从国家、社会以及个人层面提出相关建议。以期提高大众意识，促进人民群众对文化、历史的认同，强化文化在人类社会发展中的地位和作用，促进精神文明社会的建设与和谐社会的发展。

（一）古琴文化面临的挑战

1. 非物质文化遗产少为人知

家喻户晓的“琴、棋、书、画”中古琴排在首位，而如今毫不客气地讲，在传承问题上，古琴面临的问题最为严重。古琴虽然曾有过辉煌的历史，但是随着时间的流逝，尤其是经过秦始皇焚书坑儒等一系列历史事件的摧残后，现在我们能够借鉴的古琴琴谱已经不多了，而在这不多的作品中，由于文化的不断变革和进化，现代人们能够理解的也只是小部分。

2. 非物质文化遗产失去生存土壤

非物质文化遗产是承载中华民族精神与情感的重要载体，是维系国家统一、民族团结的基础，也是人类智慧的体现。然而，在经济全球化和现代化的冲击下，大批有历史、文化和科学价值的非物质文化遗产失去了生存与繁荣的土壤，遭到不同程度的破坏，甚至由于传承人的逝去而濒于消亡。“古琴热”是古琴传承活动的客观表现，若古琴为大众所知，家喻户晓，兴起的“古琴热”就不会这么热，而会是理所当然。当前非物质文化遗产面临的最大威胁就是逐渐失去文化生态环境。

3. 相关部门人力物力严重不足

大多数人的观念都在发生改观，这些传统的技艺无法吸引他们的兴趣，此外，非遗传承人年纪普遍偏大，传承起来就多了一些困难。非物质文化遗产的保护工作是一项复杂的系统工程，需要投入大量的人力、物力和资金。相关部门没有足够的非物质文化遗产保护经费，难以对濒危、珍贵的民族非物质文化遗产优先进行抢救保护。同时也缺少继承人和具备一定专业素质、吃苦耐劳的人才。

4. 保护非物质文化遗产意识淡薄

思想认识的欠缺，使不少人心中存在着一些错误的观念，他们认为对非物质文化遗产进行保护是没有用的，认为这些是过时的东西。对待非物质文化遗产，相当多的人民群众的态度常常是“无所谓”，缺乏主动保护非物质文化遗产的自觉性。提高非物质文化遗产保护意识，是修复民族的记忆、留住一个民族古老生命记忆和活态文化基因的前提。

(二)古琴文化发展的建议

1. 建立完善的保护体制

只有具备规范、明确的机制，才能真正保障古琴文化的地位，促进文化的传承与发展。首先，应当建立古琴相关的资源数据库与档案，为传统音乐文化延续提供参考。其次，应当保护传世的历代古琴，确立相关的古琴修复与保存的科研课题，并且进行深入的研究。最后，应当对古琴音乐文献进行整理与研究，古代有丰富的琴谱文献和史料文献，这是古琴最珍贵的发展过程的记录，现在整理成集并出版的有《琴曲集成》。同时很多散落在各地的古代的琴乐文献资料也有着可观的研究价值，我们需要对这些资料进行收集与整合，这是研究我国古琴文化的重要的基础性工作之一。

2. 培养非物质文化传承人

非物质文化遗产保护的关键是如何发现和培养优秀的传承人。对古琴音乐的传承与教学，我们应该做到保存本源，求取发展和保留传统音乐的教学。高校需要注重对古琴音乐独特风格与韵味的教授，在教学过程中，吸收传统的古琴音乐文化，并且汲取其他器乐的特点进行创新教学，培养学生的创新能力，因为年轻一代是古琴传承的主力军，要努力培养他们。

3. 普及非物质文化遗产知识

优秀的非物质文化遗产具有深厚的历史积淀，为了大力普及非物质文化遗产知识，推动优秀艺术的发展和民族文化的振兴，政府可以加强对这一方面的宣传，让非物质文化遗产深入民心。高校可以增加与非物质文化遗产相关的课程，让学生能够直观地感受其魅力，让知识展现最辉煌的一面。非物质文化传承人可以大力发挥自身优势，把自身所传承的文化发扬光大。

4. 引导对非遗的适当产业化和利用

通过对临沂古琴的调查可以看出，以古琴为代表的非遗文化已经初具规模，在临沂，传授古琴的琴社多达十几家，学员人数也有几千人，这正是古琴入选非物质文化遗产带来的影响。非遗单靠传承人是不能把文化做大的，因为力量和资源毕竟有限，尤其产业化保护就更是难上加难。这就需要各级政府的帮助和扶持，政府应该在规划、立法、政策、投入等方面加大对非遗这种弱势文化形态的扶持，制定有利于实施非遗项目产业发展的优惠政策，把非遗项目产业作为地方经济的增长点纳入国民经济发展总体规划，努力打造非遗产业化经营的服务平台，使非遗具有产业化和市场化运作，并通过市场的规律运作，达到资源整合、规模相当、规格统一、产生利润的预期目的。

五、结语

本次调研以临沂古琴为主要考察对象，通过对临沂古琴的历史发展、艺术特色、现今状况、未来传承以及文化价值等方面的研究，对古琴文化的传承与发展产生了一定的思考。

古琴需要保护的是“文化”而不仅是“文物”，作为非物质文化遗产的古琴，需要保护的不仅是作为普通乐器的物质遗产，更是蕴含的文化精神内涵。在中国主流文化的舞台上，古琴渐趋边缘化已成定局；而精神文化内涵的缺失和古乐学习群体的变迁，则是古琴传承面临的两大新问题。我们不仅要加大对古琴精神文化内涵的挖掘和宣传，使其被更多的群体认同，同时也要通过有效的宣传和科学的政策引导，加强对雅集活动研习群体的管理。在当代多元文化的大背景下，重新审视古琴传统与现代的冲突根源，深入挖掘古琴的社会文化价值 ，探索一条古琴文化传承与保护的新路。“琴”与“道”的结合，使古琴在多元化的现代文化生活中 ，能够保持传统的精神文化内涵和独特的艺术魅力。

关于父亲在育儿过程中参与情况的调查分析报告

教师教育学院　蔡　方

一、调查背景

当前，随着国家和社会对人才的需求增加，国家相继出台开放二孩、三孩的政策，人们对此反应各异，特别是作为“80后”“90后”的我们，在经历教育不断改革后，重新审视育儿问题，态度相对慎重、认真很多。大家仿佛更加关注自身生活的质量和孩子成长的质量。孩子的成长问题是家庭的首要问题，为了更好地抚养孩子，出现了更多的全职妈妈，父亲在外赚钱养家，母亲在家相夫教子。然而，男女地位平等的社会中，女性已经不再是逆来顺受的默默劳作者，特别是在育儿方面，她们希望得到丈夫们更多的支持和协助，也更加注重家庭教育问题，关注父亲对孩子成长的作用。然而，很多妈妈感受到的父亲的育儿现状却不尽如人意。笔者在各种社交网络及小区社群中经常会看到许多母亲对“猪队友”的各种吐槽，当然也有少见的“别人家的爸爸”，父亲这个角色在家庭教育中貌似有了新的定义。

面对孩子的教育问题，父亲在家庭教育中究竟扮演何种角色，是否能发挥出作用，又有哪些因素影响着父亲的育儿状况？基于以上这些问题，笔者展开了此次问卷调查，目的是了解当前父亲对育儿这项工作的真实参与程度及参与的主要原因、家庭成员对于父亲育儿情况的态度和想法，为之后将要学习到的家庭教育的开展积累素材。

二、调查结果与分析

本次问卷调查一共涉及25个问题，其中24个问题设计成男女通用卷，目的是想从母亲和父亲两个不同角度来了解对父亲育儿情况的认识和感受，第25题为父亲单项设计题。本次调查一共回收有效问卷共198份，问卷调查对象以一线城市家庭为主，主要分布在北京地区。此次问卷问题设计主要包括以下几个方面：孩子的主要抚养者，父亲参与育儿的时间，参与方式和内容，家庭成员对父亲参与育儿的支持度、信任度、满意度，以及当前父亲育儿效果现状等。由这几个方面入手来反映父亲的育儿参与情况。下面我们将对问卷调查结果中反映较为突出的几方面问题进行初步分析。

参与本次问卷答题的男女比例分别为28.00%和72.00%，可见参与问卷答题的男女比例不均衡，个人认为主要原因有以下几点：

1. 样本发放渠道及范围有局限(宝妈群及小区业主群，女性居多)；

2. 男性对调查问卷填写的时间、关注度不如女性；

3. 父亲们对本次调查的主题排斥或不感兴趣。

此次问卷调查对象的年龄范围主要集中在26—45岁，占比约为90%。孩子的抚养者为父母及父母双亲的比例为78.17%，数据表明，育儿问题的关注者与家庭的经济来源者基本重合，一般处于生命周期中的青年期和中年期。既要赚钱养家又要关注孩子成长，这一代父母压力很大。其中，在孩子的主要抚养人中，以父亲为主要抚养者的比例占3.00%。

父母亲育儿理念认同度为60%—90%的占比相对较高，为44.44%，90%以上认同度的占比29.29%，位列第二。值得注意的是，将学历水平与育儿理念认同度进行交叉分析后可以发现：

高中或中专以下学历的父母，育儿认同度在90%以上的以及10%以下的占比均相对较大，90%以上认同度占比40.00%，10%及以下认同度的为10.00%，相对于其他学历人员占比更高。

而研究生以上学历的父母，育儿认同度60%以上的占比最高，占82.00%，且育儿认同度10%以下占比为0。

数据表明，高育儿认同度占比随着学历的提升基本呈上升趋势，而低育儿认同度随着学历的提升呈下降趋势。另外，与其他学历人员相比，高中或中专以下学历的父母在育儿认同度上处于两个极端，要么高度一致，

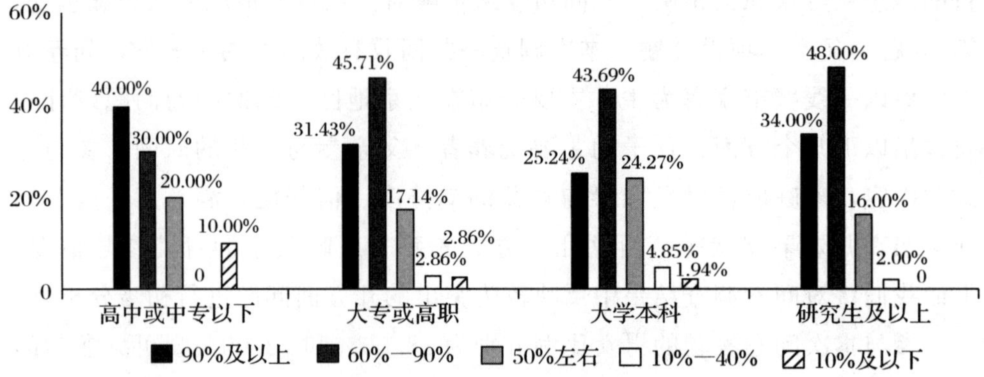

图 1　学历水平与育儿理念认同度分析

要么高度不一致。(也存在样本量较少，分析不精确的情况)

针对父亲在孩子教育中所起的作用方面，80%以上认为非常重要，且父母亲对此问题的态度高度一致。79.80%的父母非常支持并鼓励父亲多陪伴孩子。分析表明，大多数父母均比较关注父亲对孩子的成长影响，且非常肯定父亲的角色影响力。

值得关注的是，父亲陪伴孩子的日平均有效时间在 1 小时之内的占 47.47%，3 小时以上的仅占 9.60%。交叉分析表明，陪伴时间跟职业类别、家庭年收入及孩子性别等因素均有关联。60%以上的父母陪伴孩子的时间达不到期望值，但有意思的是，相对于父亲而言，母亲对父亲陪伴时间的期望值往往以不满意居多。

人们将导致父亲陪伴孩子时间较少的原因主要归结以下三点：工作繁忙没时间(76.26%)、父亲的责任感缺失(61.26%)、父亲的育儿知识及技能不足(58.08%)。

调查发现，父亲与孩子的互动方式主要以打闹游戏(72.20%)、户外活动(70.20%)、亲子阅读(43.43%)为主。而且 71.30%的男性对此内容和方式是满意的。人们认为影响父亲与孩子互动方式的主要因素为：父亲的性格(79.29%)、父亲的爱好(69.70%)、育儿理念的理解与表达(50.51%)。

在亲子关系问题上，74.74％的父母认为孩子与父亲的关系比较亲密甚至非常亲密，而且在孩子和父亲的关系中，朋友（66.16％）、榜样（41.41％）、教练（30.30％）占主导，且当孩子犯错时，59.90％的父亲能做到倾听孩子，听取孩子的想法并寻求解决方法。这说明“80后”“90后”的一代父亲们相对比较开放、民主且懂得尊重孩子的主体思想。而且87.87％的父亲能意识到不仅要关注事业，更要关注孩子，两者一起抓。

但是值得关注的是，父亲的日平均陪伴时间低于2个小时的家庭与孩子的关系容易出现紧张。

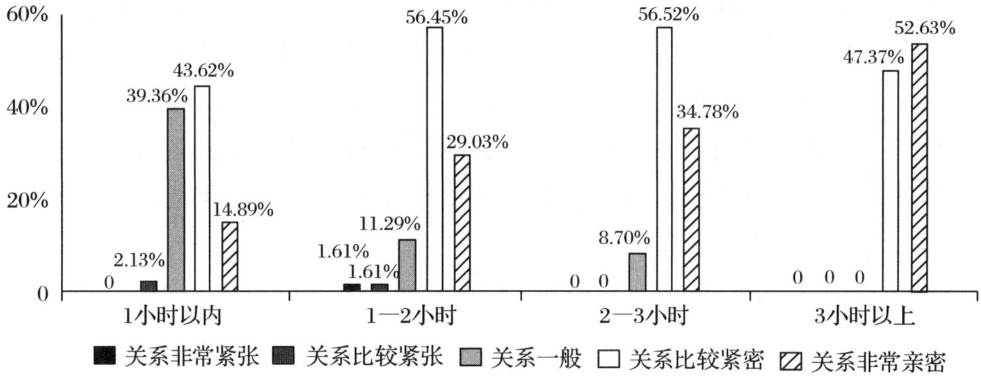

图2　父亲日均陪伴时间与亲子关系之间的关联

令人遗憾的是，调查显示，仅有25.25％的父母了解并有过育儿课程或知识的学习经历，43.43％的父母处于了解过但未参加过学习的状况。这表明，父母有学习育儿知识的意识想法，但是落实较少，有可能是接触到的育儿知识或专业的机构较少，同时也说明，社会组织及教育部门需要增设父母育儿知识方面的专业培训机构，以不同形式来组织丰富的育儿知识普及课程。

最后，问卷显示，影响或阻碍父亲参与育儿的因素中，虽然时间是一个较大的问题，但是缺乏育儿知识技能、夫妻育儿有分歧、父亲自身性格问题（原生家庭的影响）、父亲角色边缘化等因素也同时困扰着父亲们。父亲参与育儿过程其实并不容易，一般比母亲参与育儿的难度更大。这也说明，我们的妈妈们对父亲参与育儿要施以援手，多给予支持和信心，协助父亲加入育儿的队伍中来。

三、结论与建议

都说养育孩子不是一个人的事情，而是整个家庭的责任，父亲确实是不可忽视的一部分。通过此次问卷调查，我们可以了解到，父亲对参与育儿的渴望和无奈，想要参与进来，又受各种因素的干扰和影响，希望妈妈们能看到这些因素，不要一味地抱怨和指责，还需要处理好和丈夫的关系，要知道亲子关系是建立在夫妻关系之上的。同时还需要明白的是，育儿先育己，面对当今日新月异的变化，唯有不断学习，才能更好地理解孩子，实现更优质的育儿。最后，呼吁社会和政府积极支持和提供父母学习育儿知识的机会和固定模式，让更多的爸爸妈妈遇到问题能得到解答。只有更懂孩子，才能爱对孩子，也才能最大限度地发挥出孩子的潜能，为社会输送更多的人才和力量。

江西省乡镇中学家长与学生对于学校暑期托管的意愿与需求研究

——以上饶市玉山县紫湖镇Y中学为例

教师教育学院 张 珊 陆怡玲 王玉丹 罗天予

一、研究背景

随着我国经济社会的发展，家庭结构也发生了很大的变化，目前大部分家庭都是双职工家庭，这就导致子女的暑期照顾问题成了一个困扰父母的难题。针对这种现象，社会上出现了各种各样的暑期托管服务，如学校组织的、社区承接的以及以营利为目的的托管机构等，各类托管班在规模和质量上良莠不齐，学生暑期托管服务至今没有形成一套可以推广的模式。

2021年7月9日，教育部发布《关于支持探索开展暑期托管服务的通知》，引导、支持有条件的地方积极探索开展暑期托管服务工作。文件中要求地方教育部门从本地实际出发，鼓励有条件的学校积极承担学生暑期托管服务工作，通过多种途径、多种形式提供学生暑期托管服务。推动学校承接学生暑期托管服务项目，以便有效帮助双职工家庭解决子女无人看管的问题。

二、研究的目的和意义

(一)研究目的

本研究以江西省上饶市玉山县紫湖镇Y中学的初中学生及其家长为调查对象，调查该校学生暑期托管的现状，分析学生和家长对暑期托管服务的认识和要求，为暑期托管的有效开展提供参考。目的是通过对相关调查的梳理和研究，发现和缓解目前暑期托管项目中存在的问题，为中小学生提供更好的成长和学习环境，为促进中小学阶段教育的健康发展尽一份薄力。

(二)研究意义

本研究通过对本次暑期托管项目的性质分析，并依据相关理论来论述托管服务，调查分析暑期托管服务的现状、问题及成因，最终提出相应的改善对策。一方面，从理论上分析了缓解社会、家庭和学校之间矛盾的方法，有助于进一步解决托管服务问题；另一方面，暑期托管服务问题的研究也丰富了相关的理论，为理论研究提供了可参考的实例。

学生暑期托管服务在很大程度上可以解决暑假期间家长在孩子生活和学习上的后顾之忧，既可以减轻家长工作、生活的压力，又有助于学生平安、有意义地度过暑期。学生暑期托管服务不只关注学生的学习情况，而且利用各种资源开展形式多样的活动，去关心学生整体的发展和成长，促进学生的全面发展。

三、国内外研究现状

(一)国外研究现状

1. 托管服务相关政策法规

欧美等发达国家对儿童托管服务问题的关注比中国要早，儿童托管服务已较为成熟，其中很多国家由政府来负责儿童托管问题，将儿童托管纳入公共服务领域，并出台儿童托管的社会福利政策，用完善的法律法规体系保证托管服务的健康有序开展。如美国的“儿童照顾与发展基金”(The Child Care and Development Fund，CCDF)、《儿童照顾法》等对儿童照顾服务资金来源进行规范；瑞典的《儿童照顾法》保障充分满足儿童成长过程中的多样化需要；法国的《公共卫生法》法案对儿童照顾环境进行规范；加拿大的《国家儿童托管教育质量评估》《儿童托管服务法案》等对托管服务项目的运行过程和评估方面做了详细规定；芬兰实施的《儿童日间照顾法案》

保证儿童享有平等和优质教育的权利；荷兰的《儿童保育法》《儿童托管法》等对工作人员比例、工作人员资质等内容做了具体说明。

2. 托管机构体系

英国的托管服务按是否登记注册分为两种，一种是未经登记注册的非正式的托管服务，另一种则是在英国教育标准局进行了登记注册并受其监管的正式托管服务。何静、严仲连(2015)指出，加拿大的儿童托管服务也被视为一项社会福利，满足了儿童托管以及家长的需要，政府在儿童托管服务中发挥着重要作用，在制度化条件下，儿童托管得以规范操作，对于服务提供者和提供的具体服务内容都有严格的要求；英国的《儿童法案》《八岁以下儿童日间照顾与托幼的国家标准》对儿童照顾服务各环节进行了约束与规范。在法国，儿童在学校之外的所有集体托管形式通常被统称为“未成年人课外集体接待”，并且大多由地方政府(以学校为依托)和各类学会(尤其是青年或大众教育协会或体育协会)提供。在美国有学龄儿童看护(School-age Child Care，SACC)或课后项目(After School Programs，ASPs)。美国儿童福利联盟对SACC的定义是：学龄儿童的父母因工作无法在家照顾儿童，或因家庭贫困、儿童心智障碍等原因，使得儿童每天有一段时间需要托管机构给予适当照管，并培养儿童生理、情绪、智能和社会发展各方面潜能。

(二)国内研究现状

我国的托管于20世纪90年代兴起，起步晚，时间短，发展还不够成熟。近几年，家长对儿童托管的需求增长迅速，儿童托管行业的发展也日益壮大。朱永德、陈雪儿、刘晓(2016)指出，目前的托管服务主要有三种类型，即机构托管、学校托管和社区托管。根据托管服务提供的时间，可分为午间、日间、全天和假期托管，服务内容主要包括课业辅导、课外活动、接送上下学、餐饮等，服务内容多样且全面。

从教育政策和社会发展角度进行历史溯源，我国学校暑期托管服务可分为三个阶段：20世纪80年代至21世纪初是孕育萌芽时期；21世纪初至2021年6月是初步探索时期；2021年7月之后是全面探索时期。

在孕育萌芽时期，暑期托管服务的主要提供者是在市场上运营的各种托管机构，这些机构属于新兴事物，由于经验少，所有权混乱，缺乏有效的监督和监管，所以存在和影响的范围有限。到了初步探索时期，由于社会进步，经济快速发展，家长对暑期托管的需求与日俱增。托管机构开始遍地开花，营利性托管服务质量良莠不齐，存在很多安全隐患，不利于学生的安全和成长，也有许多安全事故发生。在营利性托管服务矛盾日益尖锐的同时，许多地区也开始自发探索公益性暑期托管服务。四川省广安大学生村官开办“留守儿童暑期托管中心”，湖北省武汉市设立社区暑期互助托管班，还有2018年北京市丰台区总工会组织的“丰台区职工子女暑期托管中心”，暑期托管服务呈现区域内点分布特征。从服务对象的角度来看，暑期托管一般适用于需要特殊社会照顾的特定群体，如农村留守儿童、军人子女、医务人员子女、环卫工人子女等。在“三孩”政策出台两个月后，2021年7月后进入全面探索时期，7月9日，教育部办公厅发布《关于支持探索开展暑期托管服务的通知》，这是国家教育行政部门第一次正式发布通知进行推行，鼓励广大中小学主动承担起学生暑期托管服务的责任。7月13日，教育部专门召开新闻通气会，强调了暑期托管服务应遵循学校主动、社会参与、教师志愿、学生自愿、公益普惠等基本要求。随后，广西、浙江、福建、广东等省和自治区的多个地区纷纷印发通知，启动暑期托管服务工作，以政府、学校、社会组织等多元主体多方参与和合作的公共服务暑期托管项目迎来了春天。

四、上饶市紫湖县玉山镇Y中学学生与家长对校内暑期托管意愿与需求现状分析

(一)上饶市紫湖县玉山镇Y中学学生对于暑期托管的意愿与需求分析

笔者对江西省上饶市Y校的18位中学生进行了访谈，根据访谈过程中的简单记录，在访谈过后将访谈内容详细地整理成文字资料，对不同的访谈对象和不同的访谈内容进行分类整理。

1. 学生家庭基本信息调查

根据统计情况可知(见表 1)，学生的假期安排大致分为三类：自己安排、父母安排外出以及上暑假班。从结果可以看出，大部分学生的假期都由自己安排，但是通过学生的叙述来看，学生自己安排假期的目的性并不强，没有计划性，单纯地表示“在家写作业、看电视”“写作业、休息”。父母安排外出的同学占少数，外出的原因大多是由于父母在外务工，希望利用假期与孩子多一些相处的机会。参加暑假班的同学占极少数，仅两位同学，他们的描述是“上暑假班、复习课程”“上画画兴趣班”。基于以上，学生们的假期更倾向于自由安排，即使参加暑假班，也是以复习课程为主，兴趣班也很单一。

表 1　学生以往假期安排

学生假期安排	人数/人	占比/%
自己安排(写作业/看电视/在家玩)	12	66.67
父母安排外出	4	22.22
参加暑假班	2	11.11

2. 对于学生参加暑期托管的意愿调查

大部分学生对于暑期托管并不了解，教师向其解释暑期托管的含义之后，学生们也都表明了自己对于暑期托管的意愿，将学生们对于暑期托管的意愿与父母双方是否在家进行对比分析。

父母双方均不在家且只能自己照顾自己的学生访谈记录：

学生 1：“在家不太自觉，在家就比较懒散，要是来学校的话，我可能就不会那么懒散了。”

学生 4：“在这里比在家里更好玩一点儿，在家里都是一个人的。”

学生 8：“比起在家里玩手机，看电视，还不如在学校里做一些有意义的事情。”

从上述的访谈叙述可以看出，父母双方均不在家，学生自己在家就会觉得“无聊”“懒散”“学校更好玩、更有意义”。这些学生会更倾向于报名参加暑期托管。

父母一方在家的学生人数占总访谈人数的27%，其中60%愿意参加暑期托管，从学生的访谈叙述中可以看出，学生是否愿意参加暑期托管，跟学生自身的学习习惯以及个性有着密切的关系。部分学生觉得“家里太无聊”“家里也没意思”，而有的学生则认为“一个人在家舒服”。

从统计结果来看，如果父母双方均在家，学生参加暑期托管的意愿就不是特别强烈。一方面是家长会给学生报名参加兴趣班或者辅导班；另一方面，因为有家人的陪伴，学生在家也不会无聊，可以自行安排假期时间，觉得在家“更自由”“想自己在家学习”；另外交通以及天气也会成为阻碍学生参加暑期托管的因素，学生会因为天气太热或者路程太远而不愿意参加暑期托管，学生表示“还得走路，夏天的话走得太热，冬天太冷”。

也有部分学生即使父母双方均在家，还是会愿意参加暑期托管，希望能够借此机会“丰富自己的学习生活”，变得“自觉”，希望能够“充分利用时间”。

通过统计结果以及学生的叙述，我们可以清楚地看到，父母双方均不在家的学生非常愿意参加暑期托管，父母双方不在家且只能自己照顾自己的学生100%愿意参加暑期托管。父母双方均在家且愿意参加的学生占比40%，不愿意参加的占比60%。

3. 对于暑期托管的意向分析

笔者对10位愿意参加暑期托管的学生进行进一步访谈，询问其对于暑期托管的意向需求。

学生对于基本托管、素质拓展以及实践教育的需求比较大。还有学生表达了除访谈提纲之外的一些需求。学生表示：“开展集体活动，培养团结精神，在活动的过程中培养自己开朗开放的性格，提高情商。”还有学生表示：“要有活动，让自己放松，去一些没有去过的地方进行参观。”基于以上的统计结果以及学生的叙述可以看出，学生们对于暑期托管的期望是除课程讲授之外开展其他一些活动。对于暑期托管的时长，大家的平均期望值在三周左右。

4. 对本次爱心支教活动的看法

笔者就本次暑期爱心支教活动在学生之间的受欢迎程度进行调查，其中一名学生持中立态度，另一位学生没有发表观点，其余学生都表示喜欢本次的支教活动。

学生7：“增长知识又好玩。之前学校没有科学课的，然后其他每门课都很好玩，美术课也不会像这次活动这样，特别好玩。”

学生8：“科技很有趣，可以培养我的动手能力，让我学到一些知识。音乐让我能学到知识，虽然说以前在合唱队老师也教过一些内容，我觉得多培养自己的唱歌能力还是挺好的，而且感觉这个内容也挺好的。”

学生9：“有意思，比如唱歌，一遍比一遍唱得好，虽然一直重复，但很有成就感。最喜欢科学课，非常有趣。通过自己的手，把心里想的做出来，很有成就感。”

通过上述学生的描述，我们可以看出学生们对于本次活动的评价极高，学生们普遍表示喜欢科技、音乐、美术这些课程，学生们还是比较喜欢自己动手实践的课程，喜欢一些能够通过自己努力看到成果的课程。

(二)上饶市紫湖县玉山镇Y中学家长对于暑期托管的意愿与需求分析

1. 调查对象的基本情况

本次问卷调查共收取114份有效问卷，分别来自114位初中学生家长，其中有53名男性学生的家长和61名女性学生的家长。学生年级的构成较为平均，初一年级44人、初二年级29人、初三年级41人。

暑假期间，58.77%的学生由父母双方看管，19.30%由父母一方看管，15.79%由祖父母看管，4.39%由亲戚朋友看管，0.88%会有小学校舍暑期托管以及0.88%孩子一人在家。可以发现，在暑假期间，大部分学生有家长进行看管，但是仍有少部分学生父母无法进行看管，需要转交给亲戚朋友或学校。

2. 家长对于暑期托管的需求分析

大部分家长(72.81%)选择不需要或不太需要暑期托管，但仍有部分家长(27.19%)选择非常需要或比较需要暑期托管服务。针对不同需求人群，我们进而调查了其中的原因。

在选择非常需要和比较需要的31名家长中，其需要校内暑期托管服务的原因分别为：需要专人来帮助孩子查漏补缺、提升成绩(93.55%)；需要专人来培养孩子的兴趣、发展特长(67.74%)；需要合适的供孩子学习的环境(61.29%)；需要专人来监督孩子完成作业(58.06%)；需要专人来照看孩子生活起居(22.58%)。

家长认为校内托管服务的主要优势体现在：教师团队专业负责(77.42%)；学习环境好(74.19%)；安全性高(64.52%)；有学习伙伴(64.52%)；价格低(35.48%)；离家近(25.81%)。

在校内暑期托管的服务需求调查中，家长认为学校应提供：监督孩子完成作业，复习巩固所学知识(96.77%)；提供操场等体育场所，帮助孩子强健体魄(83.87%)；提供图书馆等阅读场所，提升孩子的学习能力(80.65%)；提供美术、音乐、科学等兴趣课程(70.97%)；提供早中晚餐(51.61%)。

大部分家长们所能接受的提供校内托管服务的人员为：学校在职教师(96.77%)；大学生志愿者(64.52%)；退休教师(29.03%)；社会志愿者(12.90%)；校外承包机构(6.45%)。

可以看出，在家长对于孩子校内暑期托管的需求中，提升成绩、发展兴趣、提供学习环境、监督写作业是比较普遍的出发点。家长们认为，校内暑期托管有负责的教师、学习环境好、孩子有学习伙伴且安全性较高，是一种较好的暑期托管方式。家长认为，校内暑期托管服务应具备监督孩子学习、提供学习和体育活动场所以及一系列兴趣课程等条件。在选择暑假校内托管服务的承担者时，家长更信赖学校的在职老师，其次是大学生志愿者和退休老师。

在选择不太需要或者不需要校内暑期托管服务的83名家长中，他们不需要的原因从高到低分别为：想让孩子自行安排假期(36.14%)；学校离家距离远，接送不便(32.53%)；已对孩子的假期另有安排(25.03%)；这是一笔不必要的开销(6.02%)。

其中家长对于孩子假期的安排主要有：在家放松，调整作息

(20.37%);外出旅游,开阔眼界(18.52%);参加兴趣班,培养特长(16.67%);参加课外辅导班,提升成绩(14.81%);外出探亲访友(12.96%);参加社会实践活动(如志愿活动、夏令营)(11.11%)以及其他安排(5.56%)。

可以发现,除了学校的距离成为家长拒绝校内假期托管的理由之外,对于孩子的暑期生活,家长普遍认为应该有其他的安排,而在这些安排中,休闲娱乐是家长们主要考虑的,其次还有部分家长会给学生报名兴趣班和辅导班。

五、结论与建议

(一)主要结论

通过对该地区家长以及学生的调查,本研究有以下发现:

1. 学生对于假期托管的意愿与是否有人看管有关。当假期家里无人照看时,学生都愿意参加假期托管;若有人照看,学生愿意参加的人数相对较少。当假期父母都不在家时,学生认为假期较为无聊,更愿意参加这些有意义的活动。学生们普遍喜欢科技、音乐、美术等可以自己动手实践的课程。而对于有人可以照看的学生,大部分学生倾向于自己安排假期,同时也可以看到一部分学生不愿意参加是由于交通以及天气情况等客观原因。

2. 大部分家长对于假期托管的需求不强烈,而有需要的家长更希望学校能提供一个良好的学习环境。不太需要假期托管的家长主要是希望孩子能自己安排假期生活,同时也受到一些客观因素的影响,比如接送不方便等。而需要假期托管的家长希望学校的托管能提供负责任的教师以及能对孩子的学习成绩有所帮助。

3. 基于以上现象的背后原因分析。假期托管服务处于公共服务项目的探索阶段,很多家长、孩子对于该服务不是很了解。同时,该地区处于江西省某乡村,大部分父母双方可能都在本地工作,因此假期也有时间陪伴孩子。而假期托管服务更适合于那些假期父母无法照看孩子的情况。

(二)关于假期托管服务的建议

基于本研究的发现,依据教育部有关文件的要求,结合现实情况以及现有结论，本研究提出以下建议：

1. 假期托管服务应从满足家长和学生需求出发

假期托管服务要以基本看护为主，需要提供学习场所，开放图书馆、阅览室，有组织地开展体育活动等。为了减轻学生的负担，假期应该与上学区分开，带孩子们做一些喜欢的事情。同时，应安排丰富的活动来提高假期托管的质量。对于假期托管的学生而言，学校需要履行的主要职责已不再是教学，而是要安排好学生们的假期时光，让这一段时间给学生的成长带来价值。

2. 假期托管服务应实现学校、家庭、社区三方平衡

社区可以开放公共场所，包括图书馆、科技馆、青少年活动中心、体育场馆等，把辖区内的学校资源统筹整合起来，并利用社区志愿者，或者招募专门的志愿者来做管理与服务，组织学生开展更有社会意义的活动。社区可以提供更多场所弥补学校设施中存在的不足。因此，假期托管服务应将学校、家庭、社区三方力量联合起来，帮助学生度过一个有意义的假期。

STEAM 教育理念下小学生创造力的调研报告

——以北京市海淀区某小学为例

教师教育学院　闫　霞　范　静

一、研究背景

如今，全球的经济和科技正迅猛发展，各国间经济和综合国力的竞争实质上是科学技术和人才的竞争。教育作为人才培养的基础，必须适应经济社会的发展变化。在信息化时代背景下，各国的教育改革越来越注重综合素质和创新能力的培养。STEAM 教育作为结合科学(Science)、技术(Technology)、工程(Engineering)、艺术(Art)和数学(Mathematics)的跨学科教学方法，因其跨学科式的课程形式具有培养创新型思维和创造力人才的特点，近年来受到国际教育界的关注。

诸多发达国家如美国、英国、韩国等纷纷将 STEAM 教育作为教育改革的热点，美国新媒体联盟发布的《2017 地平线报告(基础教育版)》指出，STEAM 学习的兴起将成为未来驱动基础教育应用技术的关键要素之一。我国紧跟时代发展趋势，加大了对 STEAM 教育的关注度。2016 年教育部颁布的《教育信息化"十三五"规划》中提出："要积极探索信息技术在'众创空间'、跨学科学习(STEAM 教育)、创客教育等新的教育模式中的应用，着力提升学生的信息素养、创新意识和创新能力。"

《中国教育现代化 2035》提出要加强创新人才，特别是拔尖创新人才的培养，加大应用型、复合型、技术技能型人才培养比重，此文件指明了我国人才培养的方向，即大力培养实践型、创新型、综合型人才，这也是发达国家教育发展的共识和趋势。党的十八大明确提出实施创新驱动发展战略，创新已成为我国经济发展的主要驱动力，而创造力是创新的前提和基础。素质教育是我国教育改革和发展的长远方针，培养学生的创造力是素质教育的核心，作为培养学生创造力的重要路径，STEAM 教育被推向风口浪尖。

北京作为教育改革的重要试行点，近年来也在不断加大 STEAM 教育的实施力度。但在 STEAM 课程实施背景下，中小学生创造力发展现状的实证研究较少。本研究基于威廉斯创造力倾向测量表，选取了北京市某小学 46 名学生进行问卷调查，探究 STEAM 教育理念下北京小学生创造力的现状。

二、文献综述

(一)STEAM 教育

1. STEAM 教育的起源与发展

随着世界经济的不断发展以及科学技术的不断革新，当下的人才质量已经不能够满足社会的发展，社会对多元型复合人才的需要日益剧增。1986 年，美国国家科学委员会首次提出“STEM”教育，即融科学(Science)、技术(Technology)、工程(Engineering)、数学(Mathematics)学科于一体的教学模式，并迅速在全美推广。

随着教育的不断改革，原有的 STEM 教育已经不能满足当下的教育需求，需要融合更加广泛的学科内容。STEM 教育更加侧重理工科目，缺少对人文艺术的关怀，在此基础上美国弗吉尼亚理工大学的吉特·亚克曼(Georgette Yakman)加入了“A”(Art)元素，独创性地提出了 STEAM 教育理念。他强调，这里的 A 不仅仅指的是艺术，而是一种更为广泛的人文范畴，包括美学、语言学、动作和形体展示等方面的内容。

随着 STEAM 教育的不断发展，众多学者在自己的研究中增添了“R”元素，成为现在的 STREAM 教育，并把它解释为“阅读和写作”。

其实，从 STEM，到 STEAM，再到 STREAM，它们之间并没有较大的区别，都直指未来教育，都希望所培养的学生能够适应未来社会的发展。

无论是加入了“A”(艺术)元素，还是“R”(阅读和写作)元素，都没有脱离其本质内容——跨学科整合的教育，都是为了更好地帮助学生们在学习过程中不束缚于单一学科的知识体系，实现全面发展。

2. STEAM 教育的研究现状

由于 STEAM 教育理念符合时代发展的要求，近年来吸引了国内外众多学者的研究。国外的 STEAM 教育研究时间较长，研究领域集中于中小学阶段；研究方向较为全面，且主要集中在发达国家。

STEAM 教育在我国经历了理解—引进—生根三个阶段。研究者主要聚焦于 STEAM 教育的基础研究、STEAM 教育的实践研究、STEAM 教育与创客教育结合的研究、STEAM 教育与不同学科的融合研究四个方面。但是，关于 STEAM 教育评价方面的研究相对较少，目前尚未形成一套系统的评价方案。在已有研究结果的基础上，如何推进 STEAM 课程改革，走一条具有中国特色的 STEAM 教育之路是后续研究者需要努力的方向。

(二)创造力的研究与发展

1. 创造力的界定

创造力，即创造能力，最初属于心理学范畴。由于研究者的研究角度和领域不同，关于创造力的定义至今无统一说法。据不完全统计，关于创造力的定义多达 60 多种。M. Rhodes 在对所有的创造力定义进行研究的基础上，总结出创造力的 4P 模型，即创造力涉及个人(Person)、创造性过程(Process)、创造性产品(Product)和创造力产生的环境(Place)四个方面。目前，许多学者比较倾向于从产品的角度定义创造力，即根据一定的目的和任务，主动积极地开展创造性思维，对已有信息(知识、经验)进行加工处理，产生某种新颖、独特、有社会价值或个人价值的产品的能力。这种产品应该具备新颖性和有用性。

2. 创造力的测量与评价

创造力是创新的前提和基础，测量与评价创造力是研究者们关注的重点之一。由于创造力概念的多维性，创造力的测量与评价标准也不唯一，国内外研究者关于创造力的测评倾向主要分为发散思维与个体的性格特征两种。

发散思维是创造性的核心特征。以美国心理学家吉尔福特首创的南加利福尼亚创造力测验为代表，以发散思维为起点，将发散思维的外在行为表现为人的创造性。其中最著名的是美国心理学家托兰斯所构建的创造性思维测验(TTCT)，分别从思维的流畅性、灵活性、独特性、精确性四个角度测评。

将创造力作为个体的性格特征来测验，其中，应用比较多的创造性人格测试是威廉斯创造力倾向测量表。通过测试来了解一个人在好奇心、想象力、冒险性和挑战性四方面的性格特征，综合各项得分判断被测人的创造力水平。

但是，无论是以 TTCT 为代表的创造性思维测量方法，还是以威廉斯创造力倾向测量表为代表的创造力个性特征测评方法，都受到不同程度的争议和质疑。基于研究对象的特征，本研究选取威廉斯创造力倾向测量表为测评工具，并结合实际情况做了一些修改与调整。

三、研究设计

(一)研究对象

本研究以北京市小学 STEAM 课程区域实施的基本情况为线索，从海淀区选取某所小学三年级、五年级学生为研究对象，展开对 STEAM 课程实施背景下北京小学生创造力现状的分析。

通过描述、统计调查对象的性别和年级信息，以频数和百分比来显示性别和年级的分布情况。其中调查对象总人数为 46 人，男生 25 人，占总数的 54.3%，女生 21 人，占总数的 45.7%。三年级学生 21 人，占总数的 45.7%，五年级学生 25 人，占总数的 54.3%。

(二)研究方法与工具

本研究采用问卷调查法。基于威廉斯创造力倾向测量表，结合实际情况，编制了 STEAM 教育理念下北京小学生创造力调查问卷。

威廉斯创造力倾向测量表共设有 50 个“三选一”的题目，包括冒险性、好奇性、想象力和挑战性四个维度，经测试后累加计分可得四个维度分数及一个总分。对某一维度累加计分，可得到该维度的创造力特征，得分越高表明越具有该种创造力特征；就总体而言，得分越高表明创造力倾向越强，得分越低表明创造力倾向越弱。

"STEAM 教育理念下北京小学生创造力"调查问卷从两个专题进行调查，分别是学生对科学课的兴趣和创造力的表现。创造力包括冒险性、好奇性、想象力和挑战性四个维度。问卷一共 19 道题，1—3 题是检测学生对科学课的兴趣，4—19 题评估学生创造力的现状，其中 4—7 题属于冒险性维度，8—11 题属于好奇性维度，12—15 题属于想象力维度，16—19 题属于挑战性维度。本次共发放 46 份问卷，收回了 46 份问卷，有效问卷为 46 份。

关于小学生创造力的现状评估，我们采用客观记分的方法。问卷包括正向题和反向题，正向题计分规则是：完全符合记 3 分、部分符合记 2 分、完全不符合记 1 分。反向题则相反。

利用 SPSS、Excel 软件对调查的数据进行整理和分析，并对问卷做了信效度检验，如下表 1、表 2 所示，该问卷具有良好的信度、效度。

表 1　内部一致性信度统计表

Cronbach's Alpha	基于标准化项的 Cronbach's Alpha	项数
0.826	0.831	19

由表 1 得到信度 α 系数值为 0.826，大于 0.6，表明此问卷内部一致性系数高，有很好的信度。

表 2　KMO 检验和 Bartlett 检验表

取样足够度的 Kaiser-Meyer-Olkin 度量		0.685
Bartlett 的球形度检验	近似卡方	362.194
	df	171
	Sig.	0.000

由表 2 数据可知，问卷调查数据的 KMO 值为 0.685，且 Bartlett 球形检验结果为：近似卡方=362.194，$df=171$，$P<0.05$，通过了显著性水平为 0.05 的巴特利特球形的检验。这表明了数据适合做探索性因子分析，并且效度较好。

四、研究结果

(一)描述性分析

根据第 1 题“你喜欢上科学课吗”的问卷数据制作饼图(见图 1)，可以发现 58.7%的学生喜欢科学课，32.6%的学生比较喜欢科学课，8.7%的学生不喜欢科学课，表明大部分学生都喜欢科学课。

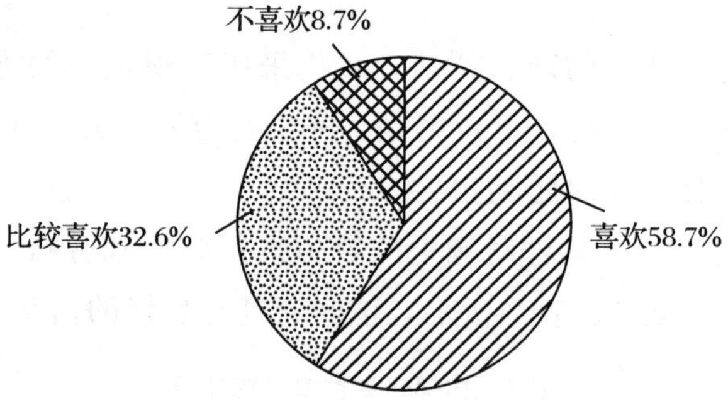

图 1 “你喜欢上科学课吗”统计图

通过制作定值表，可以发现，不同性别、不同年级的学生对“科学课堂上什么最能吸引你”这一问题的回答大多集中在可以动手做有趣的实验，也有少部分人是因为对于知识的渴望和课本上精美的插图而喜欢科学课。

从表 3 可以看出，三年级的男生中有 8 人认为科学课上最吸引他们的是“可以动手做有趣的实验”，占该年级男生总人数的 72.7%，五年级男生中有 13 人，占该年级男生总人数的 92.9%；三年级的女生中有 9 人认为科学课上最吸引她们的是“可以动手做有趣的实验”，占该年级女生总人数的 90.0%，五年级女生中有 11 人，占该年级女生总人数的 100.0%。由以上数据可以发现，不管是男生还是女生，选择“可以动手做有趣的实验”的人数所占比率随着年级的升高而增高，相较于低年级的学生，高年级的学生更喜欢在科学课堂上动手做有趣的实验。

表 3　科学课吸引学生的原因统计表

性别	年级	原因					
		课本上精美的插图		可以动手做有趣的实验		对于知识的渴望	
		人数/人	占比/%	人数/人	占比/%	人数/人	占比/%
男	三年级	1	9.1	8	72.7	2	18.2
	五年级	0	0	13	92.9	1	7.1
女	三年级	1	10.0	9	90.0	0	0
	五年级	0	0	11	100	0	0

有 18.2%的三年级男生和 7.1%的五年级男生因为“对于知识的渴望”而对 STEAM 科学课堂感兴趣，而女生中没有人选择“对于知识的渴望”，体现出男生的求知欲要高于女生。而对于“课本上精美的插图”这一选项，从数据可以发现，随着学生年级的升高，学生对于课本上有无精美的插图变得越来越不关注。

(二)创造能力现状分析

根据客观记分的方法，我们得到创造力四维度(冒险性、好奇心、想象力、挑战性)的平均分，由图 2 可以看出，学生在好奇心和挑战性维度的平均分是最高的，分别是 2.609、2.603，相较于冒险性和想象力维度明显突出。第三是冒险性，平均分为 2.467，最后是想象力，平均分是 2.255，每题的最高分为 3 分，最低分为 1 分。通过对以上数据的分析可以发现，在 STEAM 课程的教学下，小学生是具有一定创造力倾向的。在满足学生好奇心并且内容具有挑战性和冒险性以外，STEAM 课程的教学设计和课堂教学还要注重学生想象力的培养。

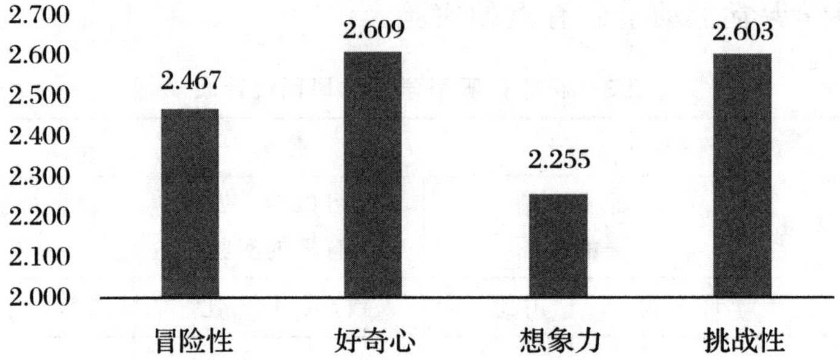

图 2　学生在创造力四维度的平均分

(三)差异性分析

1. 不同性别差异性分析

下面将男女生作为分组变量对学生"你喜欢上科学课吗"和"当你想知道一件新鲜事情的结果时，你会有勇气尝试探索和解答吗"做独立样本 t 检验，分析其中的性别差异情况。

从表 4 中"你喜欢上科学课吗"这一栏可以看到，"方差方程的 Levene 检验"中 Sig. 的值为 0.112，大于 0.05，因此男女生的方差相等，"均值方程的 t 检验"中的 $P=0.266>0.05$，所以男生和女生对"喜欢上科学课"不存在显著性差异。

表 4　独立样本 t 检验不同性别的差异分析

项目		方差方程的 Levene 检验		均值方程的 t 检验						
		F	Sig.	t	df	Sig.(双侧)	均值差值	标准误差值	差分的 95%置信区间 下限	差分的 95%置信区间 上限
你喜欢上科学课吗	假设方差相等	2.624	0.112	−1.128	44	0.266	−0.219	0.194	−0.611	0.172
	假设方差不相等			−1.103	37.509	0.277	−0.219	0.199	−0.621	0.183

续表

项目		方差方程的 Levene 检验		均值方程的 t 检验						
		F	Sig.	t	df	Sig.（双侧）	均值差值	标准误差值	差分的 95% 置信区间	
									下限	上限
当你想知道一件新鲜事情的结果时，你会有勇气尝试探索和解答吗	假设方差相等	4.062	0.050	−2.836	44	0.007	−0.507	0.179	−0.867	−0.147
	假设方差不相等			−2.793	39.279	0.008	−0.507	0.181	−0.873	−0.140

从表 4 可以看出，性别与“当你想知道一件新鲜事情的结果时，你会有勇气尝试探索和解答吗”之间的 $P=0.007<0.05$，说明男女生在此问题上的做法有显著性差异。结合图 3 频数统计图，我们发现男生比女生更具有冒险性。

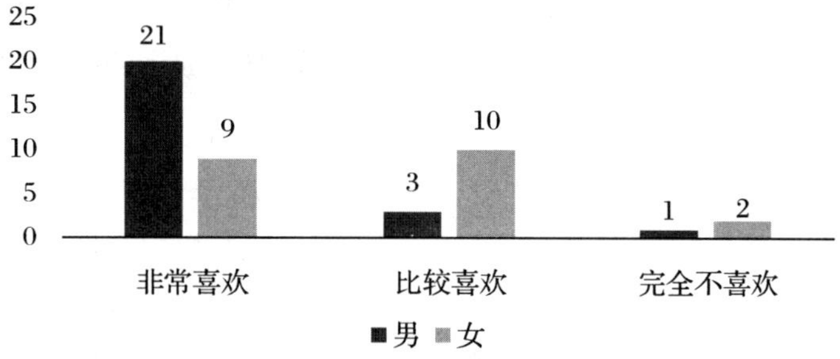

图 3　男女生探索新鲜事情勇气的频数统计图

2. 不同年级差异性分析

对不同年级和“你喜欢被太多的要求和规则限制吗”做独立样本 t 检验，如表 5。

表 5　独立样本 t 检验不同年级对太多的要求和规则限制态度的差异分析

项目		方差方程的 Levenen 检验		均值方程的 t 检验						
		F	Sig.	t	df	Sig.（双侧）	均值差值	标准误差值	差分的 95% 置信区间	
									下限	上限
你喜欢被太多的要求和规则限制吗	假设方差相等	11.606	0.001	−2.124	44	0.039	−0.490	0.230	−0.954	−0.025
	假设方差不相等			−2.054	34.097	0.048	−0.490	0.238	−0.974	−0.005

由表 5 和图 4 可以发现，不同年级的学生与“你喜欢被太多的要求和规则限制吗”的 t 检验中，当假设方差相等时，Sig. 值为 0.001，因此不同年级的学生的方差是不相等的，方差不相等时，$P=0.048<0.05$，所以不同年级的学生在这一问题上有显著性差异。相较于三年级的学生，五年级学生更不愿意受到太多的要求和规则限制，这也能反映出高年级学生比低年级学生更不喜欢受到限制。由此可以给 STEAM 课程一些启发，课程教学过程中要给学生一定的思考空间，不限制其思维，从而促进学生创造力的发展。

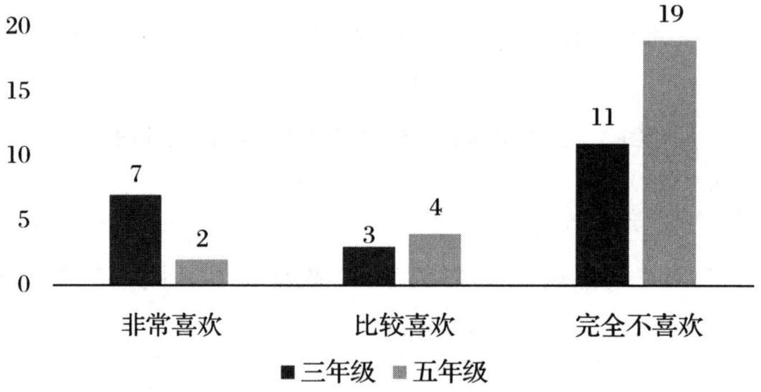

图 4　不同年级对太多的要求和规则限制态度的频数统计图

五、研究结论

(一)STEAM 教育理念会对学生创造力的发展产生正向影响

立足小学生创造力培养的时代背景，STEAM 教育理念下北京小学生的创造力水平较为良好。STEAM 教育在很大程度上帮助小学生形成了科学的态度和创新性的思维，因此 STEAM 教育对创造力的培养具有一定程度的积极影响。作为一种新型课程，它是提升学生创造力的重要途径之一。

(二)不同性别、不同年级的小学生对 STEAM 课程的喜爱程度无显著差异，小学生创造力四维度发展不均衡

在 STEAM 课程的教学之下，通过 SPSS 数据分析我们发现，不同性别、不同年级的学生对科学课的喜欢不存在显著差异。学生创造力的发展在冒险性、好奇心、想象力和挑战性四个维度上存在不均衡的现象，学生在好奇心和挑战性维度上的平均值得分最高，其次是冒险性，而在想象力方面的发展相对落后。

(三)STEAM 教育有利于学生能力的培养

由于 STEAM 课程本身具备体验性的特点，它极大地增强了课堂教学的实用性和有趣性，学生们在课堂上跨学科地解决真实情景中的问题。跨学科融合的教学更加有助于学生各方面能力的培养，例如动手操作能力、小组合作能力、解决问题的综合能力和跨学科的思维能力等。

本研究展现了 STEAM 课程教育理念下北京小学生创造力的现状，同时也在一定程度上证实了 STEAM 教育在培养学生创造力上的作用，希望本文章能为今后的 STEAM 教育提供参考依据。

后　记

为深入贯彻落实习近平总书记在全国高校思想政治工作会议和学校思想政治理论课教师座谈会上的重要讲话精神，不断增强大学生思想政治工作的针对性和实效性，充分展现学校实践育人的丰富成果，学校党委于2020年7月编辑出版了《行走的思政课——首都师范大学实践育人文集》。文集一经出版，就取得了良好的社会反响，成为我校开展思想政治教育的特色品牌。为进一步加强实践育人平台建设，充分发挥“行走的思政课”品牌效应和示范作用，今年学校党委决定编辑出版《行走的思政课——首都师范大学实践育人文集(第二辑)》，将学校组织开展的社会调研成果予以展现，从更深更广的层面呈现我校实践育人的典型经验和教育实践。

学校党委高度重视《行走的思政课——首都师范大学实践育人文集(第二辑)》的编辑出版工作。学校党委书记孟繁华为本书作序，并强调要认真总结实践育人工作中好的经验做法，加强典型宣传引领，进一步拓展社会实践活动的载体、方式、途径、领域，积极探索校内外协同创新机制，提高实践育人成效。宣传部、教师工作部、学生处、研工部、团委等部门给予充分重视，协同配合，并组织力量参与了本书统稿、审校等工作。党委宣传部常务副部长黄延敏负责本书的策划、统筹、审核等工作。教师工作部部长苏寄宛、学生处处长周举坤、研工部部长梁占军、团委书记齐成龙、教师教育学院党委书记张琪、宣传部副部长刘晓鑫、教师工作部副部长田至美、研工部副部长师保国、团委副书记周峰、教师教育学院党委副书记胡强参加了本书的选稿、编校等工作。张璐、刘莉、史磊、陈越、贾奇隆、刘阳河、沈纪等参与了本书的编辑、校对工作。宣传部副部长张加春、挂职副部长刘健负责本书统稿、编校工作。

本书在编写过程中还得到了首都师范大学出版社领导和编辑同志的大

力支持。在此，对所有参加本书编写和修改工作的领导、作者、指导教师和工作人员表示衷心的感谢！

由于时间和条件的限制，加之我们的编辑水平有限，书中不当之处，敬请批评指正。

编者

2022 年 6 月